河南省"十二五"普通高等教育规划教材
普通高等教育公共基础课"十四五"系列教材

U0503038

大学生
职业规划与就业指导教程

（第2版）

王献玲　刘　莹　主编

郑州大学出版社

图书在版编目(CIP)数据

大学生职业规划与就业指导教程／王献玲，刘莹主编. -- 2 版. -- 郑州：郑州大学出版社，2024. 8(2025.8 重印).
ISBN 978-7-5773-0501-1

Ⅰ. G647.38

中国国家版本馆 CIP 数据核字第 2024BJ3359 号

大学生职业规划与就业指导教程

DAXUESHENG ZHIYE GUIHUA YU JIUYE ZHIDAO JIAOCHENG

策划编辑	祁小冬		封面设计	苏永生
责任编辑	李 蕊		版式设计	王 微
责任校对	樊建伟		责任监制	朱亚君

出版发行	郑州大学出版社		地　址	河南省郑州市高新技术开发区
经　销	全国新华书店			长椿路 11 号(450001)
发行电话	0371-66966070		网　址	http://www.zzup.cn
印　刷	河南文华印务有限公司		印　张	17.5
开　本	787 mm×1 092 mm　1 / 16		字　数	372 千字
版　次	2012 年 5 月第 1 版		印　次	2025 年 8 月第 6 次印刷
	2024 年 8 月第 2 版			

书　号	ISBN 978-7-5773-0501-1		定　价	39.00 元

本书作者

DAXUESHENG ZHIYE GUIHUA YU JIUYE ZHIDAO JIAOCHENG

主　编　王献玲　刘　莹

副主编　郭连锋　汪冰冰　常小芳

编　委　（以姓氏笔画为序）

于珍珠　王献玲　刘　莹　李伟薇

汪冰冰　高　升　郭连锋　常小芳

程亚芬　樊颖达

一直以来,党中央、国务院对高校大学生就业指导工作十分重视,发出了一系列的政策和指导意见,响应号召,各学校在教学和管理上不断加强和完善。大学生是国家的财富,是优秀的人才资源,他们应该顺利走上社会岗位并充分发挥其才智。时下我国高校毕业生人数逐年增加,就业形势逼人,而职业规划与就业指导教学在增强大学生职业规划能力、提升就业竞争力、端正就业观念等方面能够发挥显著作用。所以,加快大学生就业指导课程建设,提高就业指导教学效果,是促进大学生高质量充分就业,贯彻党和国家"就业优先战略"的必然选择和根本途径。

职业规划与就业指导作为高校大学生的公共必修课程,已有近20个年头,全国各高校为配合课程实施而编写的教材也有数百种之多。大学生职业规划与就业指导课程虽然在不同高校和地区存在共同的教学内容和目标,但并没有形成一个全国统一的课程大纲。各高校根据自身的教育理念、办学目标、专业设置以及学生择业需求,制定了各自的教学大纲。这些教学大纲通常涵盖了课程性质、目的、教学内容以及教学方法等方面,以确保大学生就业指导的实效。

为适应当前我国教育改革和发展需要,服务大学生高质量就业,促进我国新质生产力发展,我们在前期教学和研究的基础上,考虑编写大学生职业规划与就业指导教材。大学生职业规划与就业指导这门课讲什么?这是教材编写要明确的最根本的问题。作为引导、促进大学生高质量就业的一门公共课,重在讲述人生观培育、职业生涯发展规划、科学择业就业,以及职业心理健康,将这些知识和能力要求置于当代社会经济、政治、文化条件下进行审视、加工和整合,通过课堂教学内化为青年学生们的职业生涯发展素养,这是大学生就业指导教学目标的基本要求,也是教材编写的灵魂所在。根据就业指导的教学目标和特征,教材编写要全面地、系统地体现出大学生就业指导在高等教育中的重要地位,要突出"培养什么人、怎样培养人、为谁培养人"这一教育的根本问题。为此,教材要凸显时代特点,紧跟时代发展,能够充分反映时代的需求、个体发展的需要以及未来社会的走向。在具体内容设计上,遵循个体职业生涯发展的规律和阶段性特征,主要有职业规划概述、自我探索、职业探索、职业决策、职业规划管理、就业指导概述、就业信息的搜集与处理、求职方法与技巧、就业程序及权益保障、就业心理调适与职业适应等。全书具有较强的知识性和实用性，引用了很多案例，融汇了大量的国家关于大学生就业的法规和政策，介绍了一部分权威的职业心理和人格测评工具，整体来看，知识系统、资料翔实、观点明晰、信息量大、体例紧扣教学要求，适合大学生就业指导教学。

此次《大学生职业规划与就业指导教程》的编写工作承担者以郑州大学教师为主，部分学校的教师也参与了编写。各章编写人员如下：第一章，郑州旅游职业学院，樊颖达；第二章，郑州大学，汪冰冰；第三章，河南交通职业技术学院，李伟薇；第四章，郑州大学，郭连锋；第五章，河南水利与环境职业学院，于珍珠；第六章，郑州大学，王献玲；第七章，郑州轻工业大学，程亚芬；第八章，郑州大学，刘莹；第九章，黄河水利职业技术学院，常小芳；第十章，河南城建学院，高升。

本书在编写过程中得到了郑州大学出版社的大力支持，参考了相关教材及研究成果，我们在此一并表示衷心感谢！

我们欢迎读者、专家的批评指正，以便于进一步完善本书内容。

编者

2024 年 3 月

目 录

第 一 章

职业规划概述

🎯 学习目标

1. 了解职业规划的基本内涵、意义以及对实现人生价值的意义。
2. 认知大学生活和学习对于职业规划的作用。
3. 掌握职业规划的基本理论。
4. 了解职业规划的基本步骤。

📝 学习导读

在日益复杂和多变的就业环境中,职业规划逐渐成为个体发展的重要环节。职业规划不仅关乎个人的事业发展,更是其人生规划的重要组成部分。通过对职业规划的深入了解和实施,人们能够更好地认识自己、发掘潜能,从而在职业道路上取得更大的成功。

职业规划是一个系统的过程,它涉及个人的兴趣、价值观、能力和目标等多个方面。通过对这些因素的深入分析,个人可以明确自己的职业方向,并制订相应的行动计划。在职业规划的过程中,我们不仅需要了解自身的特点,还需要对外部环境进行深入的洞察,如行业趋势、市场需求、政策法规等。只有知己知"彼",个人才能做出科学、合理的职业规划决策。

职业规划的重要性不言而喻。首先,它能帮助个人明确自己的职业方向,避免在求职过程中走弯路;其次,一个科学合理的职业规划有助于提升个人的职业竞争力,使其在竞争激烈的就业市场中脱颖而出。此外,职业规划还有助于个人实现自我价值,提升生活满意度和幸福感。

对于不同的人而言,职业规划的具体步骤可能会有差异。但大体上,这一过程可以分为以下几个关键步骤:自我评估、环境分析、目标设定、策略制定与执行、评估与调整。通过不断地反思与调整,职业规划的过程将成为一个动态的、持续的过程。

在实施职业规划时,需要注意几个关键点:首先,要充分了解自己,包括自己的兴趣、价值观、能力和潜能等;其次,要对外界环境进行深入分析,把握市场动态和行业趋势;再次,要根据自己的实际情况制定可行的目标和策略,并付诸实践;最后,要不断地进行评估和调整,确保职业规划的有效性。

职业规划的实施需要借助一定的工具和方法。例如,职业测评可以帮助我们更准确地了解自己的性格特点、职业倾向等,而市场调查和行业分析则能帮助我们把握市场动态和行业趋势。另外,在制定具体的目标和策略时,我们需要结合自己的实际情况进行思考和实践。评估与调整则是整个职业规划过程中的一个重要环节,通过不断地反思和修正,确保职业规划的顺利实施。

在未来的发展中,随着科技的进步和社会环境的变化,职业规划将面临新的挑战和机遇。例如,新兴技术的出现将催生新的职业领域和就业形态,而全球化的发展也将为个人提供更多的国际就业机会。因此,我们需要不断地更新自己的知识,培养新的技能,以适应未来的就业市场需求。同时,我们也需要关注社会变化和发展趋势,积极拓宽自己的视野和思路。

总之,职业规划是一个关系到个人事业发展的重要课题。通过深入了解和实施职业规划,我们能够更好地把握自己的未来发展方向,并在职场中取得更好的成绩。在未来的人生旅程中,让我们一起努力,为自己的职业发展创造更加美好的明天!

第一节　职业发展基本认知

 案例导入

人民数据研究院联合北京师范大学新闻传播学院、粉笔发布的《青年群体职业规划数据分析报告(2023)》显示,60.85%的受访青年对职业规划和发展的重视程度很高。

更懂自己想要什么,青年群体择业观更清晰

一名"95"后网络博主"池早是我"(以下简称"池早")前不久意外走红。今年年初,她从公司辞职后,选择成为一名"职业体验师"。半年多的时间里,她已经体验了30多份工作:网管、外卖员、私人管家、茶馆员工、消防员,甚至还用了1个月的时间体验了川剧花旦。

"池早"的目标是体验100份职业,每一份工作经历都带给她更多思考世界、思考人生的空间。如今,再谈起工作是什么,她说:"工作的本质不是一味地奉献,而是我们每个人用自己的方式赢得尊重。"

报告显示,受访青年择业时对于政府部门、事业单位、央企国企的选择比例分别为64.59%、56.36%、48.63%。"薪资水平高"和"工作稳定"是受访青年群体择业的主要考虑因素。尽管稳定性成为青年群体找工作时关注的重要因素,但通过横向对比择业因素发现,就业倾向民营企业和自主创业的青年,更看重发展空间、个人兴趣、锻炼成长和企

业文化。

"这届青年群体更懂自己未来要什么,他们对职业市场的了解更深入,择业观念也更清晰。"在粉笔CEO张小龙看来,随着互联网技术的发展,年轻人有更多的创新活力,职业选择也更丰富多元。"'00后'接触新生事物更多、更快,他们能够深刻地感知到社会的变化,这增强了他们对自己的就业、人生等方面思考的独立性,他们需要提高的是综合素质和职场应对能力。"

工信部信息中心专家委主任、原总工程师童晓民认为,当前国际国内环境错综复杂,我国经济由原来的高速增长转向了高质量发展阶段,一些传统产业在转型升级,也有一些新兴产业亟待兴起,这对青年就业产生了很大的影响,新产业、新业态催生了新职业,带来新的机会。

(《调查显示超九成受访青年希望提升工作技能》)

如何规划自己未来的发展路径,如何选择自己未来的职业和终生的事业,是现阶段摆在大学生面前的主要问题。我们大学生从开始接受教育至今已十余年,但对于职业的认知和相关的学习较少,这不利于个人今后的就业择业和职业发展,所以大学生群体需要对职业发展的概念、方法等有一个基本认知。

一、职业

职业的产生和发展是人类社会发展到一定阶段的重要标志,是社会分工不断发展的结果。职业是经济运行和社会生活中客观存在的社会现象。从人类社会诞生之日起至今,随着社会的发展,生产力的进步,社会分工不断细化,职业的类型也随之发展和丰富起来。

职业是人们从事的相对稳定的、有经济收入的、专门类别的并且是合法的社会劳动。它是对人们的工作内容、能力、兴趣、情感以及生活方式、经济状况的综合性反映,同时代表了一个人的权利、义务、职责,是一个人社会角色的一般性表征。

(一)特征

从职业的内涵中我们可以看出职业具有以下明显的特征:

(1)时代性 由于科学技术的发展,人们生活方式、习惯等因素的变化,职业会随着时代的变化而变迁。有新的社会需求就会有新的职业产生,同样的,当社会不再需要某一职业时,这一职业也会逐步消亡。

(2)社会性 职业是社会分工的产物,职业的产生与发展反映了当时的社会需求,是劳动者获取的可以满足社会需求的一种分工角色。职业也是社会结构和文化的一部分,它反映了社会的经济、文化、政治和技术等多方面的特征。

(3)经济性 职业有固定的报酬,劳动者从事职业活动主要是为了获取保障生存的物质生活来源,同时,劳动者从事职业活动也促进整个社会的经济运行与发展。

(4)规范性　职业的规范性确保了职业活动的质量、安全和公正,同时也是职业群体内部及其与社会之间信任与合作的基础,包含两层含义:一是指各种职业内部有自身的规范操作要求;二是指职业活动要符合职业道德。

(5)专业性　职业具有一定的知识和能力要求,需要劳动者具备足够的专业知识和技能,不同类型的职业对劳动者专业水平的要求也有所差别。

(二)功能

职业作为社会生产和生活的载体,无论对个人还是对社会都发挥着重要的功能。

对个人来说,职业是维持个人生存并实现个人社会价值的必要条件。职业帮助个人参与到社会生产活动中,为个人提供收入来源,从而保障个人的物质和精神生活;同时职业让个体与社会产生连接,并通过对社会的发展做出贡献,从而实现个人的社会价值。

对社会来说,职业促进了社会的发展进步与和谐稳定。个体通过职业劳动促进社会生产力水平的提高,推动社会不断向前发展。同时,职业也通过满足其社会成员的劳动需要,将不同的人安置在不同的职业岗位上,从而实现整个社会的和谐稳定。

(三)未来职业的发展趋势

第一,职业周期缩短,职业本身的变化也在加速,许多旧的职业在消失,新的职业不断涌现,更新的速度不断加快。劳动者就业选择权越来越得到承认和落实,就业实现自主化。

第二,不同类别的职位数量比例不断变化,第三产业中的职位数量不断增加。社会经济组织数量增多,形式多样,劳动关系、劳动内容、劳动形式也随之多样化和灵活化。

第三,现在职业对从业人员的知识、经验、能力的要求越来越全面,职业综合化趋势明显。职业对就业者的要求不断提高,学习行为不断融入职业活动中,随着技术进步和知识更新的加速,人们需要不断地进行"职场充电",补充工作岗位对新知识、新技能的要求,防止"人才折旧和贬值"。

第四,科技的高速发展使得专业分工越来越细、越来越专,职业岗位对专业技术水平的要求也越来越高。职业劳动的知识含量大大增加,要求从业人员具有相当高的知识水平。体力劳动比重下降,脑力劳动比重增加,出现体力劳动脑力化、知识智能化的特点。

第五,职场竞争会加剧,职业危机会加剧,员工在一个组织里"从一而终"的现象将再难出现,从业人员一生中更换多个岗位和更换多家单位已成常态,职业的流动性呈加速趋势。

第六,全球经济一体化大势所趋,发达国家的职业管理模式,职业种类,职业劳动技能、工具、手段会大量进入我国,国际贸易交流增多,提供了更多国际规范的职业岗位。

生涯小贴士

《中华人民共和国职业分类大典》（以下简称《大典》）编制工作于1995年初启动，历时4年，1999年初通过审定，1999年5月正式颁布，分别于2015年和2022年进行了两次全面修订。

最近一次修订时间为2022年，2022年版的《大典》以2015年版《大典》为基础，将近年来已发布的新职业纳入其中，保持大类体系不变，增加或取消了部分中类、小类及职业（工种），优化调整了部分归类，修改完善了部分职业信息描述。公示稿中，职业划分为8个大类、79个中类、449个小类、1636个细类（职业）、2967个工种。其中绿色职业133个（标注为L）、数字职业97个（标注为S），既是绿色职业又是数字职业23个（标注为L/S）。

具体来说，2022年版《大典》围绕数字经济、绿色经济、制造强国和依法治国等要求，专门增设或调整了相关中类、小类和职业。与此同时，根据实际，取消或整合了部分类别和职业，例如：将报关专业人员和报检专业人员2个职业，整合为报关人员1个职业；取消了电报业务员等职业。与2015年版《大典》相比，增加了法律事务及辅助人员等4个中类，数字技术工程技术人员等15个小类，碳汇计量评估师等155个职业（含2015年版《大典》颁布后发布的新职业）。

2022年版《大典》的一个亮点，就是首次标注了数字职业（标注为S）。数字职业是从数字产业化和产业数字化两个视角，围绕数字语言表达、数字信息传输、数字内容生产三个维度及相关指标综合论证得出。标注数字职业是我国职业分类的重大创新，对推动数字经济、数字技术发展以及提升全民数字素养，具有重要意义。新版《大典》中共标注数字职业97个。新版《大典》沿用2015年版《大典》做法，标注了绿色职业133个（标注为L）。新版《大典》中，既是绿色职业又是数字职业的有23个（标注为L/S）。

二、职业发展

职业发展是指一个人在其一生中所经历的职业历程，包括职业选择、职业成长、职业转换等方面。它是一个人在职业生涯中不断学习、发展和提高自己的过程，同时也是实现个人职业目标和理想的过程。

职业发展的重要性在于，它不仅影响着个人的职业生涯和生活质量，也影响着组织和社会的发展。对于个人来说，职业发展可以帮助其实现自我价值和人生目标，提高生活质量和幸福感；对于组织来说，职业发展可以提高员工的工作满意度和忠诚度，促进组织的发展和创新；对于社会来说，职业发展可以提高整个社会的劳动力素质和生产力，促进经济和社会的发展。

(一)职业发展的过程

职业发展是一个长期的动态的过程,个人可以根据自身发展情况不断进行调整。具体而言,职业发展的过程主要包括以下几个方面:

(1)职业选择　个人基于自己兴趣、能力、价值观、教育背景以及对工作和生活方式的期望,从众多职业中挑选一个或几个作为长期发展方向的过程。这一过程涉及自我探索、市场研究、决策制定和行动实施等多个阶段,对于个人的职业发展和生活满意度有着深远的影响。

(2)职业规划　个人根据自己的兴趣、能力、价值观和生活目标,结合对就业市场、行业趋势和职业发展的理解,制定的一系列长期和短期目标,以及实现这些目标的策略和行动计划。职业规划不仅仅是选择一份工作,而是构建一个有意义、有成就感的职业生涯的过程。

(3)职业成长　个人在其职业生涯中,通过不断学习、积累经验、提升技能和拓展职业网络,实现个人能力、职业地位和工作满意度的持续进步。它需要个人的主动性和持续努力,同时也依赖于组织的支持和资源。通过职业成长,个人可以实现自我价值,达到职业与个人发展的和谐统一。

(4)职业转换　个人从一个行业、职业或工作岗位转移到另一个行业、职业或工作岗位的过程。职业转换是一个复杂但充满潜力的过程,需要个人的深思熟虑、勇气和决心,以及适当的规划和准备。通过有效的策略和持续的努力,职业转换可以成为个人职业发展中的一个重要转折点。

(5)职业支持　个人在职业发展过程中从各种来源获得的帮助和资源,旨在促进职业发展、提升工作满意度、增强职业适应性和应对职业挑战的能力。职业支持对于个人的职业成功和幸福感至关重要,建立一个全面的职业支持体系,整合个人、家庭、组织、社会和政府等多方面的资源,是实现职业生涯可持续发展的重要保障。

(二)职业发展的关键要素

职业发展的关键要素是个人在职业生涯中取得成功和满足的关键因素,这些要素覆盖了个人的内在特质、技能、知识、经验、网络以及外部环境的互动。职业发展的关键要素主要包括以下几个方面:

(1)个人特质　包括进取心、责任心、自信心、情绪稳定性、社会敏感性和社会影响力等,这些特质不仅塑造了个人在职场中的行为模式和决策方式,还决定了个人在特定职业领域的适应性和成功潜力。

(2)职业能力　涵盖与人交流、创新革新、解决问题、信息处理、团队合作、自我学习和数字应用等能力,这些能力是职业发展的核心,直接影响到个人在职场中的表现、晋升机会以及长期职业目标的实现。

(3)教育与培训　通过正式教育和职业培训,获得必要的学术资格和专业认证,不仅提升了个人的职业技能和竞争力,还拓宽了职业领域、提高了适应能力和创新能力。个人应该高度重视教育与培训在职业发展中的作用,并积极参与其中以实现个人职业的发展。

(4)人际关系网络　加强人际关系网络建设,个人可以获得更多的职业机会、促进学习与发展、获得支持与鼓励、增强影响力与声誉,以及提升团队协作能力等方面的益处,为自己的职业发展打下坚实的基础。

(5)身心健康　良好的身心发展状况是从事职业的基础,身心健康不仅能够提高工作效率和创造力,增强适应力和抗压能力,促进自我认知和成长,改善人际关系和团队合作能力,还能够提高职业满意度和幸福感。个人在职业和日常生活中应高度重视身心状态,出现问题及时调整,避免造成不可挽回的伤害。

(6)职业道德　职业道德是职业发展的基石,关乎个人的职业形象和声誉、职业发展路径和机会及个人成长与提升。职业道德对个人的职业发展及整个行业和社会的健康发展具有重要意义。

三、树立正确的职业发展观

我国高等教育进入"大众化就业"的时代,树立正确的职业发展观念,有利于大学生顺利就业,并在今后的工作中克服困难,做出成绩和贡献,得到社会的认可,为今后事业的发展打下良好的基础。反之,如果没有正确的职业发展观作指导,就像一艘没有航向的轮船,最终会迷失航程,严重的可能会葬身大海。

那么,什么是正确的职业发展观呢?首先,要衡量自己的综合素质、专业知识和实践操作能力,结合自身的基本条件,分析自己比较适合从事什么工作;其次,要结合国家经济社会发展需要,有针对性地进行求职择业。具体来说,树立正确的职业发展观应做到以下几点:

(一)认清就业形势,珍惜就业机会

近些年来,我国经济建设发展迅速,与之相应的社会就业岗位逐年增多,但仍无法与高速增长的高校毕业生人数相匹配,高校毕业生就业难问题备受关注。劳动力市场供大于求的局面在我国相当长时段内还不能完全解决。

面对严峻的就业形势,大学生群体需要:①不断提升自己的能力,保持积极的心态和良好的形象,并做好职业发展规划;②注重沟通与合作,了解行业动态和市场需求;③认真地选择就业单位,把握面试机会。珍惜每一次可能的机会,以便更好地实现自己的职业发展目标,取得更好的职业成就。

(二)以大局为重,服从国家需要

机遇与挑战并存,大学毕业生在面临严峻就业挑战的同时,也获得了难得的人才发展和成长的机遇:一是我国经济稳步增长,为广大毕业生提供了就业空间;二是以高校毕

业生为主体的就业市场逐步完善,政策性障碍正在被消除;三是"一带一路"倡议、"京津冀协同发展"、"粤港澳大湾区"、"乡村振兴"等发展项目正在逐步推进,由理念变为现实。作为受党和国家教育多年的大学生,在选择自己的职业时,应该把国家利益和社会需求放在首要位置加以考虑,把个人意愿和社会需求结合起来,以国家的富强和民族的振兴为己任,自觉地投身于社会主义现代化建设的伟大事业。无论是国家重点单位还是需要人才的基层单位、艰苦行业、边远地区,都是国家的利益所在。毕业生投身到祖国最需要的地方工作,既能使自己拥有更广阔的发展空间和更好的前途,又为国家和社会做出了贡献,实现了自己的人生价值。

大学生在实现自我价值的过程中可以从基层做起,从小事做起,面向基层就业。基层是高校毕业生熟悉当代中国社会、了解现阶段国情、磨炼意志、砥砺品格、增进与人民群众感情的最好课堂,也是施展才干的广阔舞台。

拓展阅读

秦玥飞,生于1985年,重庆市人。2001年考入重庆南开中学。毕业时,他以优异的成绩通过美国入学标准化考试,获得耶鲁大学的全额奖学金。

在耶鲁大学完成学业后,秦玥飞选择了一条不同寻常的道路。他回到祖国的农村,担任湖南省衡山县福田铺乡白云村的大学生村官,并且是公益组织"黑土麦田"的联合发起人。这一决定让他的国外同学感到支持和敬佩,因为他们认为,秦玥飞选择去农村服务并不代表屈才,而是他真实地对于社会服务的热爱。

秦玥飞在白云村的工作主要是帮助村民解决生活困难,推动村庄的发展。他利用自己的专业知识,为村民们提供农业技术指导,帮助他们提高农作物的产量和质量。同时,他还积极引导村民们发展乡村旅游业,增加收入来源。

在秦玥飞的带领下,白云村发生了翻天覆地的变化。村民们的生活条件得到了改善,村庄的经济也得到了发展。秦玥飞的事迹被媒体报道后,他被誉为"中国最美的村官"。

秦玥飞的案例展示了正确的职业发展观——不拘泥于传统的就业选择,如高薪高职或在大城市工作,而是根据自己的兴趣和能力,为社会做出有意义的贡献。

(三)立足求真务实,合理制定职业发展目标

大学生群体常常陷入理想与现实的矛盾中,可能抱有远大的职业理想,却缺乏实现这些理想的具体行动。这便需要求真务实的精神,将理想与现实相结合,通过实际可行的途径去实现职业发展目标。这就需要大学生在面临职业选择时,客观真实地对自我进行全方位的认知和分析,通过分析自我的职业兴趣、职业能力及职业价值观等方面,全面客观地认知自我;然后通过"生涯任务访谈"等方法务实地开展职业分析,对自己感兴趣的相关职业进行认知和了解,在熟悉各个职业的从业要求和发展路径之后,结合自身实

际情况制定符合自身发展需求的职业发展目标。

在实现职业发展目标的过程中,大学生还需要破除"一项职业定终身"的传统观念,在具体地选择工作单位和岗位时,不必强求一步到位,也可以在就业后,随着工作阅历的不断丰富和职业能力的提升,根据自己的实际情况和发展需求,动态地调整自己的工作岗位。

(四)积极投身社会主义建设,挑战非本专业领域

随着我国经济体制的改革与发展,集体经济及个体、私营、外资等非公有制经济不仅成为国民经济的重要组成部分,而且成为扩大就业的重要渠道。无论是在国有企事业单位工作,还是在私营或个体企业就业,只要是从事社会所需要的职业,在不同程度上推进社会主义建设,就是个人价值的体现。对当今的大学毕业生而言,不同的工作岗位只反映社会主义建设过程中社会分工的不同,而没有高低贵贱之分。

大学生如果能将眼前利益与长远目标统一起来,那么前景会更好。因此,在双向选择过程中,大学生不能固守"专业不对口,我就不选择"的观念,而要勇于迎接挑战,大胆向专业相近或非本专业的用人单位推荐自己。实际上,许多大学生在与自己所学专业联系不多的职业领域都找到了真正适合自己的工作,并学到了新的知识,为自己开拓了更广阔的前程。

(五)树立自主创业和终身学习的观念

大学生自主创业是指大学生通过个人及组织的努力,利用所学到的知识、才能、技术和所形成的各种能力,以自筹资金、技术入股、寻求合作等方式在有限的环境中努力创新、寻求机会不断成长、创造价值的过程。应当看到,自主创业对能力和资源的要求较高,且具有一定的风险。目前,国家鼓励毕业生自主创业,很多地方都出台了一系列鼓励毕业生自主创业的优惠政策,这对于解决毕业生的后顾之忧、引导毕业生自主创业起了很大的促进作用。

随着知识经济时代的到来,现代职业的变化日新月异,高校毕业生还要树立终身学习的观念,只有不断学习新知识才能适应不断发展的社会需要,否则将会被社会无情地淘汰。因此,高校毕业生在毕业后的延伸教育和不断学习,对于适应职业的需要和重新选择职业无疑具有十分重要的作用。已走向工作岗位的大学生必须不断充实自己,将理论与实践相结合,有的放矢地进行学习,提高自己的工作能力和业务水平,从而为今后的职业发展打下良好的基础。

第二节 职业发展规划基本理论

一、职业选择理论

职业选择理论注重从个体的角度思考职业行为,重视个体的价值观、兴趣、性格和能力等特质在选择职业时所起的作用。职业选择理论重视个体的特质与职业要求的匹配度问题。

(一)特质-因素论

特质-因素论是最早期的职业辅导理论,由被誉为"职业指导之父"的美国职业指导专家弗兰克·帕森斯在其1909年出版的《选择一个职业》一书中进行诠释,是职业生涯规划最基本的理论,至今仍对职业生涯规划工作具有重要的指导意义。

特质-因素论最基本的观点是"个人的特质与职业的匹配,即人-职匹配"。特质-因素论认为,每个人均有稳定的特质,包括能力倾向、兴趣、价值观和人格等;而职业亦有一组稳定的条件(因素),所谓"因素"是指在工作上要取得成功所必须具备的条件或资格。将个人与职业相配,个人的特质与工作因素越接近,则个人的职业选择将会越成功。

帕森斯认为,在选择职业的过程中,涉及三个主要的因素,即对自我的认知、对工作的认知以及自我与工作的协调与匹配。

根据特质-因素论,职业生涯规划工作就是要解决人的特性和职业相匹配的问题。我们在进行职业生涯规划时,分以下三步进行:

第一步,全面了解自己。除了自己的能力、智力、兴趣爱好、气质、性格等个人的身心因素之外,还要分析个人的经济情况、家庭背景以及相关学习实习经历等,构建起对自己全面而客观的认知。

第二步,全面了解职业。包括职业的岗位职责,所需的相关知识和职业技能,职业的发展前景,工作的福利待遇,以及职业所要求的个人的应有特质等。

第三步,使个人与职业相匹配。在了解了自己的特性和职业的因素之后,就要通过分析比较,选择适合自己特点的又有可能受聘的职业。

特质-因素论具有重要的理论启示意义,可以帮助我们在职业生涯规划时把握好以下三点:一是个体差异现象普遍存在于每个人心理和行为中,每个人都有独特的能力模式和人格特征;二是某种能力及人格模式又与某种特定职业相关联,每种模式、每个人都有与之相适应的职业;三是人人都有选择职业的机会,每个人的特性都是可以客观测量的。

通过学习特质-因素论,我们可以认识到:每一个人都具有独特的能力模式和人格特征,差异是普遍存在的,要找到自己独特的优势和特长,同时每一个职业都有与之相对应的人格模式,每一个人都可以找到合适自己的职业。

(二)职业锚理论

职业锚理论是由美国麻省理工学院的心理学家埃德加·H.施恩于20世纪70年代提出来的。施恩通过长达12年的职业生涯研究,最终总结分析提出了职业锚理论,并将职业锚归结为八种类型。职业锚是职业生涯发展理论中一个重要的内容,它能帮助我们进行职业定位。

1.基本观点

职业生涯发展实际上是一个持续不断的探索过程,在这一过程中,每个人都在根据自己的天资、能力、动机、需要、态度和价值观等慢慢地形成较为明晰的与职业有关的自我概念。随着一个人对自己越来越了解,这个人就会越来越明显地形成一个占主要地位的职业锚,并把它作为自己终身的职业归宿。

职业锚是指一个人无论如何都不会放弃的职业中重要的动机或价值观。正如"锚"的含义一样,选定水域就停泊抛锚,起到定位的作用。这时,人生之舟虽然还在摇摆,但基本上保持在固定区域。我们大多数人的第一份职业,往往不是自己的终身职业,一个人的职业锚是经过多年的实际工作才能被发现的,发现自己的职业锚意味着你已经接近了职业生涯高峰。

2.职业锚的类型

(1)技术/职能型 注重工作的专业化,喜欢追求在技术、技能和专业领域内水平的提高。这类人喜欢有挑战性的工作,他们期望的不是地位的提升,而是技能水平和专业知识的提升。

(2)管理型 有强烈的组织和管理的意愿,目标是追求工作上的晋升。这类人具有较强的分析问题和解决问题的能力,有较强的人际交往能力和组织能力,具有充沛的精力和坚韧的毅力,能够做到在各种情况下冷静合理地处理问题。喜欢承担有责任、有挑战的工作,适合从事各项管理工作和领导职务。

(3)创造/创业型 热衷于承担风险,直面挑战。他们希望能靠自己的双手创立企业,为大众提供自己设计的产品或服务,以便证明自己的实力。尽管这类人目前可能就职于其他企业为他人工作,但他们不断学习、积累经验并等待着未来的机会,一旦时机成熟,他们就会自立门户、大展宏图。在他们眼中,工资等远不如所有权重要。他们希望自己在一定范围内能扮演满足创业需要的任意角色,对他们而言最大的认可是创建一定规模的企业并从中实现自己的价值。

(4)安全/稳定型 追求工作中的安全感和稳定感,乐意去服从并接受组织的价值准则。他们追求对未来的把控感,对可预测的将来的成功感到格外心安与放松。在工作薪酬方面,他们希望薪酬能根据工龄等因素稳步上涨。这种类型的人十分关心财务安全,比起完成具有挑战性的工作,他们更乐意接受加薪等激励方式。若因稳定的工作绩效和对组织的忠诚而被大家认可,他们会感到骄傲与自豪。

（5）自主/独立型　喜欢目标明确的工作,喜欢自由安排个人的生活方式、工作方式等,希望拥有既能充分施展个人才华又能最大限度地不受组织约束的工作环境。在他们的心中,自由、独立占据重要位置。如果得到组织提拔,那么他们希望新岗位能给予其更大的自主权。同时,这种类型的人非常喜欢直接的表扬和认可,比起金钱、勋章、奖状等更具吸引力。

（6）服务/奉献型　希望用自己的努力让世界变得更好。他们以帮助别人、改善环境等为自身追求。无论在哪个组织,无论是升职还是岗位轮换,他们都希望工作能允许自己践行这种价值观。在这类人心中,符合价值观的工作比符合技能的工作更令人满意。至于薪酬补贴,他们认为用劳动换来的报酬已经足够,金钱作为身外之物并不是最重要的,认可他们的贡献比给予金钱更重要。他们也渴望获得上级、同事等的支持,乐意并期待与人分享自己的价值观。

（7）挑战型　具有强烈的征服欲望,希望接受有难度、有挑战性的工作。这种类型的人渴望不断超越自我,解决别人看来难以解决的问题,不断克服困难,战胜强硬的对手。在工作类型上喜欢能够不断提供各类困难和挑战的工作,缺乏这样的机会会觉得无趣和厌烦。

（8）生活型　追求各方面的均衡,不愿顾此失彼。这种类型的人希望拥有能平衡个人需要、家庭需要、职业需要的工作环境,甚至愿意牺牲职业的发展来换取这种环境。相较于组织的态度,他们更在意组织的文化是否顾及个人和家庭的需要,个人能否与组织建立真正的心灵契约。他们注重享受生活,认为工作只是生活的一个方面,工作是为了让自己活得更好。在这类人眼中,"成功"是比单纯的"职业成功"更广泛的概念。

二、职业生涯发展理论

职业生涯发展理论关注的是个体职业生涯发展的阶段和周期问题,帮助个体了解人生发展的各个阶段的特点和规律,从而更好地规划自己的职业生涯。个体在不同的职业发展阶段有不同的职业需要以及追求的方式和方法,只有充分认识到这些规律和特点,才能更好地规划自己的职业生涯。

（一）金斯伯格的职业生涯阶段理论

美国著名职业指导专家金斯伯格是职业发展理论的代表人物之一,也是职业发展理论的先驱者。他研究的重点是从童年到成年阶段的职业心理发展过程。他在1951年出版的《职业选择》一书中提出,职业发展是一个与人身心发展相一致的、连续的、长期的发展过程,他将职业生涯的发展分为幻想期、尝试期和现实期三个阶段。

1.幻想期（11岁之前）

这个时期是儿童将现实生活中接触或体验到的事,通过直觉与想象再次呈现,较少运用理智思考,处于幻想状态中。这一阶段的儿童对外部职业世界充满了好奇,此时职业需求的特点完全凭个人的喜好,而不考虑自身的能力、机遇以及社会需求等其他因素,完全处于幻想之中。

2. 尝试期(11~18岁)

这是少年向青年过渡的时期。在这一阶段,人的心理和生理都在迅速地成长,自我意识以及价值观开始形成,知识和能力显著增长和增强,初步懂得社会生产和生活的经验。不仅有浓厚的职业兴趣,而且会客观地审视自身各方面的条件和能力,开始关注职业角色的社会地位、社会价值以及该职业的社会需要。这一阶段又可以进一步分为兴趣、能力、价值和过渡四个阶段。

3. 实现期(18岁以后)

实现期也分几个子阶段,第一个为探索阶段。个体在这个阶段将兴趣和能力进行整合,随后再将两者与社会的、个人的价值观结合。完成整合后,开始以各种方式实现尝试期的职业选择。探索阶段与尝试期中的各个阶段具有明显的区别,个体会在评估职业行为的反馈时将更多的现实因素纳入考虑,例如进入工作单位或接受大学早期教育。这些评估结果会逐渐调和,进而进入第二个阶段——结晶阶段。在结晶阶段,个体拥有了更加清晰的职业模式,而且这些职业模式以探索阶段的成功或失败经验作为基础。一旦完成结晶,就进入最后一个阶段,即专精阶段。在专精阶段,个体根据先前的职业模式,选择特定的专业或职业。

(二)舒伯的生涯发展理论

1. 舒伯的生涯发展理论概述

舒伯从人终身发展的角度,结合自己的研究成果,指出人的职业意识和要求,产生于早期童年阶段,并随着个人的发展而不断变化。他将人的生涯规划分为成长、探索、建立、维持和退出5个连续的阶段。

(1)成长阶段(14岁以前) 这一阶段的儿童随着年龄的增长,开始以各种的方式表达自己的需求,并且不断尝试与现实世界开展互动,提升自我形象,了解工作的意义。这一阶段最主要的任务是发展儿童对工作世界的正确态度。这个阶段包括三个时期:一是幻想期(0~10岁),以"需要"为主要考虑因素,在这个时期幻想中的角色扮演很重要;二是兴趣期(11~12岁),以个人喜好为主要考虑因素;三是能力期(13~14岁),以"能力"为主要考虑因素,能力逐渐具有重要作用。

(2)探索阶段(15~24岁) 这一阶段的主要角色为学生,青少年学生通过学校活动、社团活动、兼职等对自我能力和职业世界进行探索和了解。这一阶段的主要任务是对自我能力及角色、职业进行探索,使职业偏好逐渐具体化、特定化并实现职业偏好,接受职业培训和锻炼。

探索阶段属于学习打基础阶段,这阶段共包括三个时期:一是试探期(15～17岁),初步、简单的职业选择,多种职业的抉择;二是转变期(18～21岁),恐惧职业压力;三是尝试期(22～24岁),选定工作领域,开始从事某种职业,对职业发展目标的可行性进行试验。

(3)建立阶段(25～44岁) 这一阶段是大多数人职业生涯周期中的核心部分,该阶段的主要角色为工作者,经过个人在探索阶段的尝试,合适者会谋求变迁或做其他探索,因此该阶段较能确定在整个事业生涯中属于自己的职业和发展方向。这一阶段的任务主要体现为自我与职业的结合,促进职业的稳定,即通过调整、稳固并力求上进,并在生活上保持安稳的状态。

(4)维持阶段(45～65岁) 这一阶段的个人事业逐步达到顶峰。个人进入升迁和精专阶段。在这一阶段,个人发展的主要任务是通过进修和培训,以提高技能,维持已获得的职业成就和社会地位。

(5)退出阶段(65岁以上) 进入这一阶段,由于个体生理、心理机能的逐渐衰退,逐渐从原来的工作中退出来,进入退休生活。这一阶段的主要任务是适应新的角色,寻找新的生活方式,发展新的需求,获得新的生活。

在舒伯的生涯发展理论中,每一阶段都有一些特定的发展任务需要完成,每一阶段需达到一定的发展水准或成就水准,而且前一阶段发展任务的达成与否关系到后一阶段的发展。

后来,舒伯对发展任务的看法又向前跨了一步。他认为在人一生的生涯发展中,每个阶段都同样面对成长、探索、建立、维持和退出的问题,因而形成"成长—探索—建立—维持—退出"的小循环。比如一个大学一年级的新生,刚刚进入大学,他必须适应新的角色与学习环境,经过"成长"和"探索",一旦"建立"了较固定的适应模式,同时"维持"了大学学习生活之后,又要开始面对另一个阶段——准备求职。在找到工作之后,原有的已经适应了的模式会逐渐退出,继而新阶段的角色和任务又要求建立新的适应模式,因此又要进行"成长—探索—建立—维持—退出"的循环,如此周而复始。

2. 舒伯生涯彩虹图

1981年,舒伯提出了一个更为广阔的新观念——生活广度、生活空间的生涯发展观,这个生涯发展观除了具有原有的发展阶段理论之外,加入了角色理论,并根据生涯发展阶段与角色彼此间交互影响的状况,描绘出一个多重角色生涯发展的综合图形。这个生活广度、生活空间的生涯发展图形,舒伯将它命名为"生涯彩虹图"(图1-1),形象地展现了生涯发展的时空关系,更好地诠释了生涯的定义。

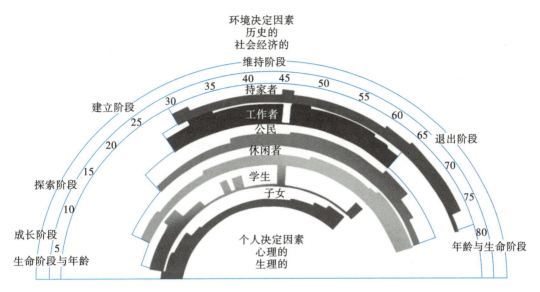

图 1-1　舒伯的"生涯彩虹图"

（1）横贯一生的彩虹——生活广度　在生涯彩虹图中，横向层面代表的是横跨一生的"生活广度"，又称为"大周期"。彩虹的外层显示人生主要的发展阶段和大致估算的年龄。在这几个主要的人生发展阶段内，各个阶段还有小的阶段，舒伯特别强调各个时期年龄划分有相当大的弹性，应依据个体的不同情况而定。

（2）纵横上下的彩虹——生活空间　在生涯彩虹图中，纵向层面代表的是纵贯上下的"生活空间"，由一组角色所组成。舒伯认为人在一生中必须扮演主要的角色，依序是子女、学生、休闲者、公民、工作者、持家者。各种角色之间交互影响，交织出个人独特的生涯类型。各个角色之间是相互影响的，一个角色的成功，特别是早期的角色如果发展得比较好，将会为其他角色提供良好的关系基础。但是，在一个角色上投入过多的精力而没有平衡协调各角色的关系，则会导致其他角色的失败。

在每一个阶段对每一种角色投入的程度可以用涂颜色来表示，颜色面积越多表示该角色投入的程度越多，空白越多表示该角色投入的程度越少。它除了受年龄增长和社会对个人发展、任务期待的影响外，往往跟个人在各个角色上所花的时间和感情投入的程度有关。生涯彩虹图的作用主要是对自身未来的各阶段如何调配做出各种角色的计划和安排进行指导，使人成为自己的生涯设计师。

从内向外的第一层是子女角色（图 1-1）。个人小时候对角色投入较多，之后渐渐减少，直到中年后开始迅速增加。个体早期享受被父母养育照顾的温暖，随着成长成熟，慢慢开始独立，脱离父母的照顾和约束，而在父母年迈之际，则要开始多花费心力来陪伴、赡养父母。

第二层是学生角色。学生角色前期对应了我们从小学到大学毕业的求学过程。但进入职场以后,学生角色又出现,特别是在中年阶段,学生角色竟然涂满了颜色,但几年后又完全消失,直到退休以后。这是由于在现代科技发展日新月异、知识爆炸的社会,青年在离开学校、工作一段时间之后,常会感到自身学习已不能满足工作需要,须重回学校以进修的方式来充实自我。也有一部分人甚至等到中年,儿女长大之后,暂时离开原有的工作,接受更高的教育,以开创生涯的"第二春"。

第三层是休闲者角色。这一角色在前期较平稳地发展,直到退休以后迅速增加。休闲是人生中非常重要的一个环节,平衡工作和休闲是一项非常重要的任务,特别是在如此快节奏、高效率的社会中,休闲是我们维持身心健康的一个重要手段。

第四层是公民角色。这种角色个人成年开始,逐步增强。公民的角色,就是承担社会责任、关心国家事务的一种责任和义务。

第五层是工作者角色。个人从进入职业开始,工作者角色的颜色阴影几乎填满了整个层面。但在中年时,对工作者的角色的投入大幅度减少。对比其他角色,不难发现,这一阶段,学生角色和持家者角色都有不同程度的增强。在这一阶段进入职业的维持期,个人事业发展进入高原期,个人的发展将会更加关注学习提升和家庭生活,在度过高原期后,职业会进入新的发展阶段,而工作者的角色又被颜色涂满,直至退休。

第六层是持家者角色。从个人成家开始,随着个人的结婚生子,头几年精力投入较多,之后维持在一个适当水平,一直到退休以后才加强了这一角色。

舒伯的生涯发展理论和生涯彩虹图关注职业生涯发展的各个阶段的任务和工作,有助于大学生更好地认知职业发展和人生成长的一般阶段,更好地制定职业生涯规划和行动方案。

(三)施恩的生涯周期理论

美国职业心理学家埃德加·H.施恩根据人的生命周期的特点和不同年龄段个人所面临的主要问题和任务,将生涯分为九个阶段,如表1-1所示。在每一个阶段,他给出了一个大致的年龄跨度,同时在每个职业阶段上存在年龄交叉。

表1-1 生涯发展阶段表

阶段	角色	主要任务
成长、幻想、探索阶段(0~21岁)	学生、职业工作的候选人、申请者	发现、发展自己的兴趣和能力,为将来的职业做好准备;学习职业相关知识和技能,培养个体的职业决策能力
进入工作(16~25岁)	应聘者、新学员	开启职业生涯;学会评估职业,并根据对职业的评估做出合适的职业选择;与雇主达成正式的契约,成为组织内的成员
基础培训(16~25岁)	实习生、新手	融入组织,接受组织文化,学会与人相处,能够团队合作;能独立完成任务

续表1-1

阶段	角色	主要任务
成员资格(17~30岁)	取得组织正式成员资格	主动承担责任,能够完成组织任务;发展自己的特长,为职业成长和提升做准备;对现有职业进行评估,做出理性的职业决策;寻找良师益友
职业中期(25岁以上)	正式成员、任职者、终身成员、主管、经理等	选定一个专业或者进入管理部门;成为业内专家,承担较大工作责任,确定自己的职业地位;制订自己的长期职业发展目标和计划;寻求家庭、工作和生活之间的平衡
职业中期危险阶段(35~45岁)	正式成员、任职者、终身成员、主管、经理等	现实、客观地评估自己的职业能力,进一步明确自己的职业目标和前途;在接受现状和争取进步间做出选择
职业后期(40岁到退休)	骨干成员、管理者、有效贡献者等	成为一名工作指导者;学会影响他人,提高能力以担负更大的责任;选拔培养工作接班人;能够接受自己能力的下降
衰退和离职阶段(40岁到退休)		学会接受权、责、地位的下降;能够接受和发展新的角色;培养工作以外的兴趣爱好;准备退休
退休(到达退休年龄)		适应个人角色、生活方式等的变化;运用积累的经验和智慧,以各种资深角色对他人进行传帮带

施恩的生涯周期理论和舒伯的生涯发展理论近似,均认为个体的职业生涯发展是一个有次序、有阶段的过程,每个阶段都是可以预测的,但是对于个人而言,每个阶段出现的时期是存在差别、因人而异的。学习职业生涯发展周期理论可以帮助我们更好地了解每个阶段所扮演的职业角色,以及承担的职业任务,为我们的职业生涯规划提供良好的依据。

三、职业适应理论

职业适应理论研究的是个体与其从事工作是否相符,由戴维斯与罗奎斯特等人在20世纪60年代提出,是强调个人和环境符合的理论,该理论强调人与工作环境互动的动态过程,认为工作调适是实现个人和工作相互匹配的过程,在这个过程中通过强化系统(物质激励和精神激励)进行调整,以实现个体和组织满意,从而实现工作持久。简单来说,就是只有当工作环境能满足个人的需求(内在满意),个人也能满足工作的技能要求(外在满意)时,个人在该工作领域才能够得到持久发展,如图1-2所示。

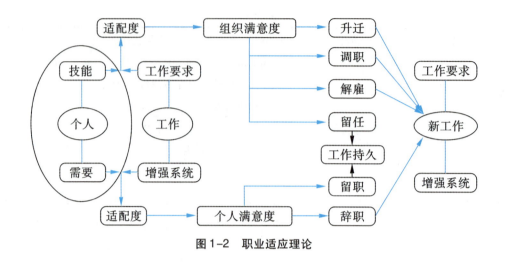

图1-2 职业适应理论

该理论认为,职业的选择或生涯的发展固然重要,但就业后的适应问题更值得注意,在工作上能否持续稳定,对其生活、信心与未来发展都是重要的影响因素。基于此种考虑,戴维斯等人认为,每个人都会努力寻求个人与环境之间的符合性,当工作环境能满足个人的需求,个人又能顺利完成工作上的任务和要求时,个人与环境之间的符合程度会随之提高。不过,个人与工作之间存在互动的关系,两者符合与否是互动交流过程的产物,个人的需求会变,工作的要求也会随时间或经济情势而调整,如个人能努力维持其与工作环境间的符合一致关系,则个人工作满意度愈高,在这个工作领域也愈能持久。

职业适应理论的独特之处在于其强调个人能力、需要和工作环境之间的互动关系,可以很好地解释个人对组织的满意度问题和组织对个人的满意度问题。个人走上工作岗位后,如果感到工作不顺心、不如意,要分析清楚原因,是自身的能力不足,还是组织无法满足自身的需求。厘清工作中问题的原因,有利于个人更好地进行职业调整,从而做出正确的职业决策。

🎓 生涯小贴士

小王是一个年轻有活力的市场销售人员,她在一家公司工作了几年,但渐渐地她感到自己的行为观念与公司的文化和价值观不匹配。她对于创新和灵活性的追求与公司的保守、守旧的环境格格不入。尽管她尽力适应,但她始终感到自己无法充分发挥才能。最终,她决定寻找一个更适合自己观念的工作环境。

她加入了一家初创公司,这里注重创新和团队合作。在这个新的环境中,她发现自己的热情和能力得到了充分发挥,她与团队成员们紧密合作,共同推动公司的发展。她感到工作变得有趣和有意义,她的自信心和动力也得到了提升。她找到了那个能够与自己行为观念相匹配的工作环境,实现了自我成长与个人价值的实现。

正如这个案例所示,当我们找到与自己行为观念相契合的工作环境时,我们会更容易实现个人成长和职业发展。我们将拥有更多的机会去发挥自己的价值,同时也会感到更加满足和有成就感。

四、生涯建构理论

建构是个体用来解释世界的方式,个人是其经验的组织者,每个人都以独特的方式看待自己所处的世界,因而也会以独特的方式来看待自己的各种生涯角色以及生涯发展轨迹。

生涯建构理论由美国教授萨维科斯提出,该理论研究的是个体如何通过一系列有意义的职业行为和工作经验来建构自身的职业发展过程。主张个体应该综合考虑自己以往的经验,当前的感受和未来的职业抱负而做出职业生涯发展的选择。个体的职业生涯发展就是围绕职业生涯这一重要主题而展开的、内涵丰富的主观建构过程。

(一)生涯建构理论基本观点

萨维科斯于 2005 年提出生涯建构理论的三个内容,包括:不同个体间的特质存在差异;个体在不同的生涯发展阶段所面临的任务和应对策略具有连续性和发展性;生涯发展是一个充满内动力的变化过程。由此,生涯建构理论分别用职业人格类型、生涯适应力和人生主题回应了个体职业行为中"是什么""怎么样"以及"为什么"三个问题。

1.形成对职业自我的概念

以往的理论所探讨的个人特质差别和职业兴趣等,都是生涯发展中不可或缺的重要组成部分。但是仅有这些还是不够的,生涯建构理论认为,个体职业人格应该包括能力、需要、价值观和兴趣等,这些因素都是职业自我概念必须考虑的,深刻地影响着个人生涯建构的过程和结果。

2.用适应来实现发展

这里所说的适应主要关注的是个体生涯发展中的应变过程,即个体与环境如何在各种转换中实现顺利过渡和相互匹配,包括身份角色的转换、职业的转换以及岗位的转换。这是一个积极能动的过程,在适应—不适应—适应的循环中不断地进行内外调整,以实现个体与环境的协调,以实现生涯的发展。

3.把职业生涯发展动态视为人生主题

人生发展是生涯建构的一个重要视角,以往的生涯发展理论希望通过找到合适的员工来塑造职业成功和工作满意,人生主题视角则注重在主、客观世界建立关联,主张个体通过具体的工作经验来体现自身价值和能力。

(二)适应:生涯架构的核心

生涯适应主要体现在个体与环境的交互上,这是生涯建构理论特别强调的,个体通过对过去的回忆,对当前的经验以及对未来的抱负进行意义解释,并结合外在的环境因素,最终确定生涯发展方向。生涯建构的过程可以视为个体将自我融入社会角色之中的一次尝试,个体根据内在的自我概念,对承载着不同要求和期望的社会角色进行协调和整合,使各个层面的生涯角色成为一个有机的整体。

1. 生涯适应力

生涯适应力是个体在应对各种工作任务及角色转变过程中进行自我调适的准备状态和心理过程,体现了个体在生涯发展中面对外部挑战所具备的核心能力。适应力是生涯建构理论的最关键要素,依照从抽象到具体可以分为三个层次,分别是抽象层次、中间层次和具体层次,如图1-3所示。

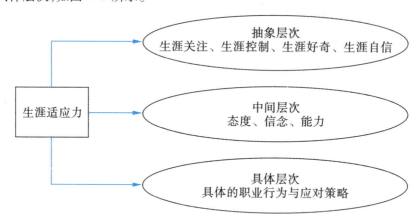

图1-3　生涯适应力内涵的三个层次

2. 自我建构生涯适应模型

生涯建构理论认为,个体要达到每一个生涯阶段的稳定状态,都包含以下四个环节:

(1)适应动机　即主观上的适应意愿或者准备状态。

(2)生涯适应力　即有助于进行自我调节的社会心理资源。

(3)适应行为　即通过特定的应激反应或职业行为选择发挥作用。

(4)适应结果　即最终实现个体与环境的互动整合。

这四个环节都会受到相应的情境因素的影响,如图1-4所示。

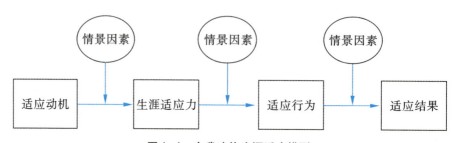

图1-4　自我建构生涯适应模型

生涯建构理论强调个体在生涯发展中主动诠释与自我概念的建构。这一过程使生涯决策权回归到发展的主体身上,而不再被一个封闭的、固定的系统所局限。从这一角度看,生涯适应力的概念契合了当前复杂多变的社会形势和个体面临多种机遇与挑战的现实。

五、生涯混沌理论

混沌理论最早产生于自然科学领域,旨在解释复杂动力系统发展中的不确定性与非线性特征。21 世纪初,普瑞与布赖特在总结前人研究的基础上,将自然科学经典理论引入生涯发展中,提出了生涯混沌理论,研究目的是关注当今世界的复杂性、不确定性和动态性,帮助个体在掌握更多的信息的情况下提高个体的生涯应变能力,找到适合自己的生涯发展模式。

生涯混沌理论关注生涯发展的复杂性,认为生涯发展具有非线性、初值敏感性和不可预测性等特点,主张对个体职业生涯心理指导给予定性分析。

生涯混沌理论的基本观点有:

(一)职业生涯发展的非线性

生涯混沌理论认为影响职业生涯发展的并不一定是那些巨大的、长期的事情,一个不起眼的因素足以改变一切。比如生活中有不少人从事着与自身的性格特质不相符的职业,且乐此不疲,他们往往在职业中找到了某种"吸引力",如收入、稳定性等,他们甚至不惜通过改变自身来适应职业。这正好符合了生涯混沌理论的研究——人们在做出生涯决策时更多地关注"可接受"原则,而非"人职匹配"。

(二)职业生涯发展的初值敏感性

初值敏感性,就是我们常说的"蝴蝶效应",是混沌理论中的一个重要概念,它是指对初值条件敏感性的一种依赖现象。在杂乱无章的混沌系统中,初值条件的微小差异可能导致整个系统发生巨大的改变。生涯混沌理论认为个体对生涯早期的各项条件和经历特别敏感,个体生涯发展中的各项决策和生涯的发展路径可能很大程度上受到生涯早期的某个或多个因素的影响。

(三)职业生涯的不可预测性

个体的职业生涯发展是一个动态的过程,我们可以发现不论处在职业生涯发展的什么阶段,只要存在新的刺激因素或者信息,个体都会重新考虑做出生涯决策,对职业进行重新选择。所以个体的职业生涯发展很难用特定的模式、方式进行测评和推导结果。

(四)吸引子的作用

吸引子可分为点吸引子、极限环吸引子和奇异吸引子三类。吸引子一般可理解为动态系统运动所趋向的目标状态,具有在空间上吸引进入目标区域的运动轨迹的作用。吸引子可以用以反映个人的价值观、自我认同感和使命感。如果个体想将"关注"转为"职业",那么吸引子作用于必要的选择过程。个体在生涯发展过程中总是要面对各式各样的抉择,经历许多意想不到的变化,生涯路径则在有序与混沌之间徘徊。在这样的过程中,个体总是倾向于选择理想中的最佳点。然而,这种努力要受诸多因素的制约,这些因素以吸引子的形式影响个体在相变转折点的行为。比如,在大学生的生涯发展中,点吸引子可能是一个特别的职业愿景,如特定的职位;极限环吸引子则是一个封闭的环,将周围的轨道吸引到这个周期性的循环中,例如老师每学期的授课、寒暑假的循环以及一些常规性工作,这些都带有极限环吸引子的特征;奇异吸引子则是功能复杂的系统,例如家长或者同学不经意在学生面前做了某个动作或者是说了某句话,可能会改变他的发展方向。

(五)注重职业心理的定性分析

基于生涯发展的混沌状态,生涯混沌理论强调对个体特质及职业环境的定性分析,主张用一种描述的方法来了解个体的生涯心理和生涯模式,如叙事、分析、隐喻等。这种定性的分析方式虽不能分析出各项事件对个人的影响,但通过对各类生涯事件的分析,特别是生涯早期事件的分析,可以认识到个体的独特的行为模式,了解个人之前的生涯发展是如何进行的,从而帮助个人在总结以往的基础上对未来的生涯发展提出比较有效的建议。

六、无边界职业生涯理论

无边界职业生涯的概念是由亚瑟于1994年提出的,其意为"超于单一雇佣范围设定的一系列的工作机会"。之后其概念不断丰富,并被企业人力资源管理广泛借鉴。

随着社会变迁和组织管理理念的发展,加之新社会成员的思想和人生观念发生了巨大的变化,让组织和职业的边界不再成为束缚个人发展的边界,无边界职业生涯理论应运而生。

(一)无边界职业生涯的内涵

亚瑟将无边界职业生涯的内涵界定为以下六个方面:

(1)跨越不同组织的就业;

(2)从现在的雇主之外获得从业资格的职业;

(3)受外部关系网络或者信息的支撑,员工通过广泛的关系网来发展自身的职业;

(4)打破了传统的关于职位与等级的晋升,员工更加关注自身心理上的职业成功;

(5)个体因个人或家庭原因拒绝现有工作机会;

(6)个体对职业生涯的选择依赖于自己的理解和认知。

与传统的职业生涯发展不同,无边界职业生涯更关注个人的职业能力,强调以能力的提升代替长期雇佣的保障,使个人可以实现跨越不同组织的就业。无边界职业生涯更加强调个人生涯的内在动力,强调个人对自己的生涯发展负责,个体需要不断地发展自身的职业能力从而获得更多的就业机会。

(二)无边界职业生涯管理的特点

1.个体职业生涯开发的主动意识增强

在当今的职业环境中,个人与组织之间的雇佣关系逐渐松动,个人已经意识到自身是职业生涯发展的主导者,所以个体将会更加注重将自身的经历、学识等转化为生涯发展的资本。个体为了实现跨组织的就业将会更加关注个人能力的提升,同时也会更加主动地关注个体生涯开发的路径,不断提升自我的各项职业能力。

2.员工心理契约演变为利益交换

随着社会的发展进步,员工与组织之间的关系由原来的注重心理契约,重视组织给员工带来的稳定性转变为组织与员工之间的利益交换,员工开始越来越关注组织为其提供的经济利益和自身能力的提升。

3.职业生涯成功标准的社会价值多元化

传统的职业生涯成功的标准主要依据的是职业表现出来的各种客观事实,比如薪资待遇的提升、职位职级的上升等,而无边界职业生涯成功的标准发生了方向性的变化,对于传统标准的关注变少,转而更多地关注精神层面的各项指标,如职业的满意度、再教育和培训以及工作和生活的协调等。

4.中介模式的助力作用

无边界职业生涯为人力资源中介机构提供了更多的机会,同时中介机构对无边界职业生涯起着强大的推动作用。如网络招聘为个人和用人单位双方提供了巨大的便利,缩短了双方求职、招聘的时间成本和经济成本。

无边界职业生涯是社会发展的产物,标志着个人职业发展路径的多元化和丰富化,个体将从组织的束缚中解脱出来,更多地关注自身的发展和能力的提升。

第三节　职业发展规划与人生价值

案例导入

黄大年(1958—2017)是我国著名的地球物理学家,被誉为"中国地球物理学界的重量级人物"。他出生于广西南宁的一个知识分子家庭,自幼就对科学产生了浓厚的兴趣。他本科和硕士毕业于长春地质学院,1993年又公派至英国利兹大学,1996年获得了地球物理学博士学位。

博士毕业后,黄大年放弃国外优越条件,选择回到祖国,将自己的知识和技能奉献给国家的科技事业。他带领团队在地球物理学领域取得了多项重要成果,包括在深部探测技术和装备方面的突破。他的工作为中国的资源开发和国家安全做出了重要贡献。

除了科研工作,黄大年还十分注重人才培养。他言传身教,致力于培养年轻一代的科学家。他倡导"为人治学"的理念,要求学生们不仅具备扎实的专业知识,更要具备高尚的道德品质和社会责任感。

黄大年的职业发展之路,充满了对国家和人民的奉献精神。他用自己的科研成果和人才培养为国家的科技事业做出了卓越的贡献。他的事迹和精神,是对职业发展和爱国精神的最好诠释。

黄大年的故事告诉我们,职业发展不仅仅是个人成长和成功的过程,更是与国家、与人民的命运紧密相连的。只有将自己的职业发展和国家的需要结合起来,才能真正实现个人价值和社会价值的最大化。黄大年用自己的实际行动践行了这一理念,为我们树立了光辉的榜样。

一、人生价值

人生价值是人的社会价值与自我价值的统一,它反映着人的实践活动对于社会和自身共同具有的意义和作用。

(一)社会价值

人的社会价值是指个人对于社会的意义。个人社会价值的大小,在于其对社会需要的满足程度。社会价值表现为个人通过劳动、创造对社会和他人做出贡献,满足社会和他人的需求。社会价值是社会生产力产生的基础,也是人类社会存在与发展的前提。人的社会价值构成了人生价值的基本内容。

(二)自我价值

人的自我价值是个体的实践活动对于自身生存和发展的作用和意义,即对自身物质需求和精神需求的满足程度。也就是说,人的自我价值是需要通过劳动、创造、奉献不断完善自我、超越自我而实现的。正因如此,人才可以实现创造社会财富、推动社会进步的理想,达到自我价值与社会价值的统一。

二、职业发展与人生价值实现

职业在个人的一生当中具有重要的地位,是个人与劳动生产资料结合的主要方式。因此,个人职业的发展对人生价值的实现具有重要作用。

(一)职业在人生中占有重要的地位

职业在人生当中占有的重要地位主要体现在两个方面:第一,人一生一半以上的时间都在参与和职业相关的活动,其中包括个人参与具体工作的时间、学习、思考与工作相关内容的时间等;第二,职业能给人带来物质上的回报,满足个人的基本生活需求,是个人生活的基本收入来源。

(二)职业发展可以满足人生需求

人生活在社会当中,会存在许多的需求,根据马斯洛的需求层次理论,个人的需求有高层次和低层次之分。在职业生涯初期,职业能够满足个人较低层次的需求,如生存、安全等。而随着职业生涯的发展,职业将会逐渐满足个人较高层次的需求,如社交、尊重和自我实现等。

(三)职业发展促进人生价值实现

一个人在生活中最看重什么,追求什么,选择什么,成为什么样的人,过怎样的生活,体现着个人对于人生价值的追求。每个人都有独特的人生价值追求,通过职业,可以逐步实现人生价值追求,可以做自己觉得最值得做的事,努力实现自己的各项目标,在不断地付出和努力的过程中实现自我的价值。

📖 拓展阅读

屠呦呦,1930 年 12 月 30 日出生于浙江省宁波市,是中国著名的药学家,被誉为"青蒿素之母"。她的杰出贡献主要体现在抗疟药物青蒿素的发现与研究上,这一成就不仅挽救了全球数百万疟疾患者的生命,也为中医药的现代科学研究开辟了新的道路。

1951 年,屠呦呦考入北京医学院药学系。1955 年毕业后,被分配在卫生部中医研究院中药研究所工作。20 世纪 60 年代,全球疟疾肆虐,原有抗疟药物氯喹失效,中国启动了"523"疟疾防治研究项目。1969 年,屠呦呦被任命为中药抗疟科研组组长,承担起艰巨的抗疟药物研发任务。

通过整理中医药典籍、走访名老中医,她汇集编写了 640 余种治疗疟疾的中药单秘验方集。在青蒿提取物实验药效不稳定的情况下,东晋葛洪《肘后备急方》中对青蒿截疟的记载——"青蒿一握,以水二升渍,绞取汁,尽服之"给了屠呦呦新的灵感。通过改用低沸点溶剂的提取方法,富集了青蒿的抗疟组分,屠呦呦团队最终于 1972 年发现了青蒿素。

2000 年以来,世界卫生组织把青蒿素类药物作为首选抗疟药物。世界卫生组织《疟疾实况报道》显示,2000 年至 2015 年期间,全球各年龄组危险人群中疟疾死亡率下降了60%,5 岁以下儿童死亡率下降了 65%。

屠呦呦于 2011 年获美国拉斯克临床医学奖;2015 年获诺贝尔生理学或医学奖,成为第一位获得诺贝尔奖的中国本土科学家和第一位获得诺贝尔生理学或医学奖的华人科学家,并入选感动中国 2015 年度人物;2017 年获 2016 年度国家最高科学技术奖;2018 年获改革先锋称号;2019 年被授予共和国勋章。

屠呦呦的发现不仅为人类抗疟事业做出了巨大贡献,也极大地提升了中医药在国际上的地位和影响力。青蒿素的发现和应用,为全球特别是发展中国家的疟疾防控提供了有力武器,挽救了数百万人的生命。

三、大学学习与职业发展

大学学习与职业发展是紧密相连的两个领域。大学不仅是获取知识和技能的地方,也是个人职业与人生发展的重要阶段。

(一)上大学为了什么

上大学的具体目的可能会因人而异,有的同学是为了个人的学业理想,有的同学是为了个人的职业发展,也有的同学是为了改变现状。通过上大学,我们能够在较短的时间内学习自己未来将要从事的职业的相关知识,将知识转化为自身的职业能力,为将来个人的职业生涯发展获得一个较高的起点。职业生涯的每一次跨越式的发展,都是以学习新的知识,获取新的技能为前提条件的。

在大学阶段我们要完成的任务有很多,如学习和培养英语、计算机等相关知识和职业技能,培养独立生活能力、语言表达能力、人际交往能力等。在所有的任务中,大学阶段必须完成的是什么呢?

1.职业精神的培养

大学阶段是一个人进入职场前的准备阶段。一个人在大学里所养成的行为习惯和职业精神都将会被带到将来的工作环境中去,因此在大学阶段应着重培养职业精神。注重责任心、道德感以及诚信观念的培养,努力使自己成为堪当大任的社会主义建设者和接班人。

2.职业意识的培养

凡事预则立,不预则废。首先,要重点培养规划意识,认识到明确有规划的人生将会更加成功。一个人有了清晰的规划,在面对复杂多变的环境时就不会手忙脚乱,反而能够在职业中更加从容不迫,更好地实现自己的人生价值。其次,要培养自主意识。缺乏独立思考能力,不能够独立完成工作的人将会被社会淘汰。大学阶段不同于中小学阶段,我们需要走出家门,开展集体生活,需要在生活、行为、心理等方面,学会独立,能够自立。能够脱离父母他人而独立生存,能够遵守学校和社会的行为规范,履行相应的责任和义务,只有这样才能够在将来激烈的职业和社会竞争中得以生存。

3.职业一般能力的培养

首先,要培养人际交往能力和团队合作能力。职业具有社会属性,但凡从事职业就无法脱离与人的交往与合作。所以,具有良好的人际交往能力和团队合作能力的人,将会在职业中获得较大的优势,影响个人未来职业的发展。其次,要培养学习能力,养成终身学习的习惯。在这个知识大爆炸的时代,学校教育不可能教会我们所有的知识。所以在大学阶段,学生的主要任务并不全是知识的学习,还要培养独立思考和学习的能力。这样才可以在将来的职业生涯中不断地提升自己的专业知识和职业技能,从而立于不败之地。最后,要培养基本工作能力。在大学阶段,我们首先要提高自己的专业能力,通过专业课程的学习,掌握本专业的基本原理和知识;通过日常学习和训练,掌握基本的信息搜集技巧,掌握基本写作能力、语言表达能力以及运用一般办公软件和专业软件的能力。

(二)大学生角色转变与定位

从中学升入大学,我们的生活、学习、交友以及日常管理都在发生着巨大的变化,只有认识到这些变化,我们才能更好地实现角色的转换,从而更好地定位我们的人生。

1.生活环境的变化

随着大学生活的开始,我们的生活方式、习惯以及生活的领域也在发生着巨大的变化。在生活方式方面,我们离开了家,开始独立生活,日常生活由原来的父母"包办"变为"自力更生",对大多数缺乏集体生活和自主生活经验的同学将会是一场新的考验。在生活习惯方面,我们来自不同的地区,在生活习惯、饮食习惯以及语言等方面都存在着差别,而学校实行的是集体生活,这就需要我们与宿舍同学和班级同学相互包容,协调各自的生活习惯。在生活的领域方面,中学生的生活相对简单,而大学生的生活领域得到了极大的拓展,校园生活和社会生活丰富多彩。选择什么样的大学生活对将来的职业发展也会起到一定的影响。

2.学习方式的变化

大学的学习方式与中学相比发生了巨大的变化,在大学里,学习的目的由知识的学习变成能力、学习习惯、思维方式的培养。而学习的方法从一味地被动接受变成了主动地学习,同时从课堂教学到实验教学,自主学习能力逐步增强。

3.社交方式的变化

进入大学,我们的社交范围在不断地扩展,与不同的老师、不同专业的学生以及不同学院、学校的学生的交流不断增多。大学时期,社交的重要性正在日益突出,一个良好的社交圈将是日后工作人脉的基础。

4.管理方式的变化

大学的管理不像中学阶段那样具有硬性的规定。首先,大学的课堂更具有灵活性和选择性,可以根据个人兴趣选择课程,只要修满学分即可。其次,日常管理上相对宽松,更加注重自我管理,在学校的制度和规范引导下,通过学生会、社团组织、党团组织等开展自我管理。

四、职业生涯规划与个人成长

有意义的大学生活和学习有助于个人未来职业生涯的发展,反过来讲,职业生涯的规划又能促进大学生合理安排大学生活,度过有价值的大学时光。

(一)职业生涯规划促进个人更好地认知自我、完善自我

俗话讲,人贵有自知之明,对个人来说,不仅要知己所长,还要知己所短。要想在工作和学习上取得进步,就必须制定一个知自己之长短、知环境之利弊、扬长避短的职业生涯规划,充分认识自身的个性特征和理想抱负,搞清楚个人目标和现实情况之间的差距,找到有效的提升方法,不断提升自己的能力。

(二)职业生涯规划有助于个人尽早明确职业方向和发展路径

职业生涯规划即个人对自我全面的认知,分析自己,分析职业,了解自己处于职业的什么阶段,自己能做什么,自己想做什么,自己会做什么,明确自己的优势和不足,从而明确个人的职业生涯发展方向和目标。在个人有了清晰的目标之后,职业生涯规划可以帮助个人确定具体的职业生涯发展路径,从而帮助个人通过努力一步步地实现自己的职业理想。

(三)职业生涯规划可以激励个人不断进取

通过职业生涯规划,可以让我们更加清楚自身的价值和使命。在了解自我和职业的基础上,确定职业生涯目标,并制订行动计划。按照目标和行动计划不断提升自己的职业能力和专业能力,主动学习,全方位地提升自我的职业素养,为将来职业的发展奠定坚实的基础。

(四)职业生涯规划有助于培养个人树立正确的择业观、就业观

随着社会经济的发展,就业的竞争日益激烈,正确的择业观和就业观可以帮助我们保持坚定的理想信念。通过职业生涯规划,可以帮助我们在择业、就业的过程中树立从小做起、从苦干起的精神,不被一时的利益或者艰苦条件所影响,始终朝着自己的理想努力奋斗。

第四节 职业发展规划基本内容

案例导入

徐霞客(1587—1641),名弘祖,字振之,号霞客,明代地理学家、旅行家和文学家。自幼便对大自然充满了浓厚的兴趣和好奇,常常沉浸于山水之间,对山川地貌、风土人情有

着独特的观察和感悟。

徐霞客幼年好学,博览群书,尤钟情于地经图志,少年即立下了"大丈夫当朝碧海而暮苍梧"的旅行大志。15 岁时参加童子试,未能考上。父亲去世后,徐霞客便在家中种田侍奉母亲。万历三十六年(1608 年),22 岁的徐霞客正式出游。从此,直到 55 岁逝世,徐霞客绝大部分时间都是在游历中度过的。

徐霞客详细记录所经之地的地理状况、风土人情、物产资源等信息。他不畏艰险,达人所之未达,探人所之未知,以获取最真实、最详尽的资料。徐霞客的游历,不是单纯为了寻奇访胜,更重要的是探索大自然的奥秘,寻找大自然的规律。他在山脉、水道、地质和地貌等方面的调查和研究都取得了超越前人的成就。他对许多河流的水道源进行了探索,像广西的左右江,湘江支流潇、郴二水,云南南北二盘江以及长江等,其中以长江最为深入。

晚年,徐霞客在病榻上仍坚持整理自己的游记和研究成果,为后人留下了宝贵的地理文化财富。

徐霞客的"职业规划"之路,是一条充满挑战与坚持的道路。他凭借着对地理探索的热爱和坚定的信念,成就了非凡的一生,成为后世敬仰的旅行家和地理学家。

一、职业发展规划

在我国,职业发展规划是一个近几十年才出现的名词,并且随着职业市场竞争的不断加剧,人们越来越意识到一个好的职业发展规划在人一生中的重要作用。制定一份好的职业发展规划,可以充分发挥个人的优势和能力,让自己在竞争中脱颖而出,走向职业成功和幸福人生。

职业发展规划是指个人通过自我认知和职业认知,结合时代的特点,根据自身的职业倾向,明确个人的职业奋斗目标,并为实现这一职业目标预先进行的系统的活动或过程。

职业发展规划的目的绝不仅仅局限于帮助个人按照自身的能力、条件找到一份合适的工作。职业发展规划可以帮助个人实现职业发展和提升,提高工作满意度和绩效,同时实现个人价值和成就感。通过制订明确的职业目标和计划,更好地应对职业生涯中的挑战和机遇。

二、职业发展规划的要素

职业发展规划的各要素共同构成一个综合的职业发展框架,帮助个人在变化的职场世界中,通过不断的努力,实现自我的职业抱负。

(一)职业发展规划的基本要素

职业发展规划包含五大基本要素:知己、知彼、抉择、目标、行动。

俗话说"知己知彼,百战不殆",知己、知彼无疑是后面各项要素的基础,也是一个好的职业生涯规划的开始,如图1-5所示。

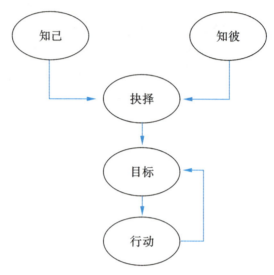

图1-5　职业发展规划五要素关系

(1)知己　对自己进行深入了解和认识,包括对兴趣、能力、价值观、性格特点和职业偏好的评估。个人只有清楚自己的优势和兴趣所在,才能设定合适的职业目标和路径。

(2)知彼　探索外在的职业环境,分为宏观和微观两个层面。宏观层面是指了解个人所处的社会环境、政治环境、经济环境,微观层面是指个人应了解行业职业的特性、所需能力、工作内容、发展前景等。

(3)抉择　就是指在知己、知彼的基础上,利用科学的职业决策方法对未来可能从事的职业备选项进行权衡、比较,分析各个选择的优势、劣势、阻力和助力等因素,然后做出最适合自己的选择。

(4)目标　指决策做出后,根据确定的目标方向,对目标进行分解,形成有可行性的小目标,进而形成一个职业生涯目标系统,包括短期目标、中期目标、长期目标。

(5)行动　在制定完成职业生涯目标之后就需要用踏实的行动来确保目标的实现,同时由于社会发展等各方面不确定性因素的影响,导致职业发展同确定的职业生涯发展目标偏离,这就需要我们不断地对行动和目标进行修正和调整。

拓展阅读

人力资源和社会保障部发布公示,拟增加网络主播、智能网联汽车测试员等19个新职业以及移动操作系统应用设计员等29个新工种。又一批新职业被"认证",丰富了青年人的职业赛道,也增强了从业者的职业归属感。

此前,从 2019 年到 2022 年,人社部已陆续发布了 5 批共 74 个新职业。从健康照护师到社区助老员,从 VR 工程技术人员到工业互联网运维员……新职业发布如此"频繁",背后是社会分工的不断细化和产业新动能的持续增长。可以说,新职业的出现,是时代发展、技术进步和产业结构不断升级的综合结果。

职业类目"上新",体现出规模庞大的人才需求。从人社部最新公示的 19 个新职业名单可以发现,新职业主要集中在数字经济、智能制造信息技术和现代服务等领域。以数字经济为例,中国数字经济快速发展带来旺盛的数字人才需求,据测算,中国数字化人才缺口在 2500 万至 3000 万左右,并且还在不断扩大。新职业名单的"扩列",恰好回应了市场对新型人才的渴求,有望引导越来越多的从业者投入新的市场蓝海中,促进人才队伍高质量发展。

(《新职业开辟新赛道》,光明网)

(二)影响个人职业发展规划的因素

1. 专业技能与特长爱好

无论是最初选择职业,还是今后长期的职业生涯规划,个人的专业技能与特长爱好都是首先要考虑的因素。一方面,专业技能保证个人在特定行业内具有实际的工作能力和专业知识;另一方面,特长爱好则可以增强个人特色,提供更多创新和灵活性,以及更广泛的职业选择。

2. 准确的信息

准确的信息是职业发展中的重要资产,它不仅增强了个人的职业竞争力,还促进了个人与职业目标之间的对齐,最终帮助个人实现职业上的成功和满足。在当今信息爆炸的时代,个人学会筛选、评估和利用准确的信息变得尤为重要。

3. 独立和连续的职业选择

在做出职业选择之前,一定要知道,你做出的每一个职业选择都在一定程度上影响今后的职业发展。例如:大学毕业时,在考虑是直接进入职场还是在某个领域继续深造时,选择了前者,这一决定在一定程度上影响今后继续学习深造的可能性。一方面,因为人毕竟精力有限,常常顾此失彼;另一方面,走入职场之后,当初在学校学习的热情,随着时间的推移,可能会越来越小。因此在进行职业选择时,不能只看眼前,还要把当前的选择与将来的职业生涯联系起来。有些职业工资虽低,但能提供难得的学习机会,这时,为了长远利益,不妨学习下象棋,走一步看三步。

4. 工作和家庭的协调

现实中,职业生涯成功与家庭生活密切相连,遵循并行发展的逻辑关系,职业生涯的每一个阶段都与家庭因素息息相关,或协调或冲突。每个人在生命周期中均扮演着多种社会角色,如作为父母、子女的角色,我们能放弃一份职业,却不能放弃这样的角色,相反要尽力完成好父母、子女的角色。

5. 机会成本

在每一个职业阶段,人们都需要花费较多的时间和精力去学习与本职工作相关的知识和技能,这就是所谓的职业生涯开发的机会成本。人的时间和精力是有限的,当职业生涯发展中所付出的机会成本与个人的生活发生矛盾时,就要对二者进行认真的考虑,权衡利弊得失:是为了职业上的晋升机会而放弃某些个人和家庭生活,还是为了个人和家庭生活而放弃职业上的发展,这需要做出慎重的选择,否则顾此失彼的矛盾心理会使工作和生活都受到影响。

6. 机遇与职业

毫无疑问,机遇在职业生涯发展中起着很重要的作用,但机遇不可能坐等而来,要靠人去把握。一个有积极主动生活态度的人更容易抓住机遇。更多的社会交往,积极地表达自己的愿望,勇敢的参与意识,强烈的竞争意识都会使一个人得到更多的机会。而消极等待、自我封闭、不善于表达自己的愿望和抱负则会使机会从身边悄悄溜走。

7. 单一职业和多种职业

21 世纪人类面临的科技与商业环境的急剧变化,使得工作的内容和组织本身的性质在短期内会发生很大的改变。因此,那种传统的、一成不变的职业生涯规划已经很不适应甚至几乎不可能了,职业发展的多元化已变得越来越重要。

三、职业发展规划的基本步骤

职业生涯规划步骤,强调的是职业生涯目标的探寻过程,其基本步骤包括确定志向、自我评估、环境评估、职业生涯目标设定、职业生涯路线选择、制订行动计划与措施、行动实施、反馈评估。

(一)确定志向

古今中外、各行各业的成功人士,都有一个共同的特点,就是具有远大的志向。志向是事业成功的基本前提,没有志向,事业的成功也就无从谈起。立志是人生的起点,一个人想成为怎样的人,过怎样的生活,体现出一个人的理想、情怀、情趣和价值观,影响着一个人的奋斗目标和成就的大小。所以,大学生在进行职业生涯设计时,首先要确定志向。

拓展阅读

1911 年,周恩来在沈阳东关模范学校上学。有一天,校长亲自为学生上修身课。他向同学们提出一个问题:"请问诸生为什么而读书?"有的回答:"为光耀门楣而读书。"有的回答:"为了明礼而读书。"还有的回答:"我是为了我爸而读书的。"当周恩来回答的时候,他非常郑重地说道:"为中华之崛起而读书!"这响亮的誓言、远大的志向,激励着周恩来为之奋斗了一生。在这个伟大理想的指引下，他跟其他老一辈革命家一起带领中国人民实现了民族的独立和解放，建设了新中国。

志向对人的生活具有导向功能，它能调动人自身的情感力量、意志力量、信念力量。人一旦有了远大志向，就会以惊人的毅力和不懈的努力，成就事业、创造奇迹。新时代青年应当树立远大志向，把奋斗作为自身青春的底色，书写出多彩的青春年华，让青春之歌更加嘹亮。

（二）自我评估

有效的职业生涯规划是在充分认识自身条件的基础上进行的。职业生涯规划是一个由内向外的过程，在进行职业生涯规划时，首先要全面、客观、实事求是地审视自己、认识自己、了解自己。我们可以通过多种途径开展自我评估，心理测验、自我对话和人际互动等都是了解自己的良好途径。

（三）环境评估

环境评估主要指评估各种环境因素对自己职业生涯发展的影响。制定职业生涯规划不仅要对职业环境进行分析，还要对社会、经济等大环境进行综合分析，重点分析环境的特点、发展变化情况以及自身与环境的关系等，充分了解环境中的有利因素和不利因素。只有对环境有充分的了解，才能做到在复杂的环境中趋利避害，使自己的职业生涯规划更具有针对性。

（四）职业生涯目标设定

职业生涯目标的设定是职业生涯规划的核心。一个人职业生涯的成败，与有无合适的职业生涯目标有着巨大的关系。成功者之所以能成功，皆是因为他们具有清晰的职业生涯目标。确定职业生涯目标时应把握好以下三点：一是我做过什么，要结合过去的学习、实践经验；二是我能做什么，充分认知自己的能力；三是我想做什么，结合自己的职业理想。职业生涯目标还应该具有具体、可量化和积极向上的特点。

（五）职业生涯路线选择

职业生涯发展路线是指个体在确定了职业生涯目标之后，从什么方向上实现自己的职业生涯，目标是行政路线，专业路线，还是自主创业，选择的方向不同，对自己的安排以及最后的结果也会大不相同。因此，在制定职业生涯规划时，必须慎重考虑，以安排今后的学习生活。

（六）制订行动计划与措施

在明确职业生涯目标和职业生涯路线之后，就要制订相应的行动计划来实现它，把目标和路线转化为具体的计划和措施。对于大学阶段，就是学生在学业上和实践上的行动措施，通过有针对性的学习和实践，提升自身的职业能力和职业素养。

（七）行动实施

在制定好计划与措施后，行动便成了关键环节。行动实施是职业生涯规划中的关键环节，职业生涯发展不仅要求个人有明确的目标和计划，还需要有持续的行动和努力。通过有目的的行动，个体才可以逐步实现其职业愿景，构建一个成功和满意的职业生涯。

（八）反馈评估

影响职业生涯规划的因素很多，有的变化因素是可以预测的，有些变化因素难以预测，因此要使自己的职业生涯规划行之有效，就必须对职业生涯规划进行评估和修订，将新的影响因素吸纳到职业生涯规划中去，将个人的职业生涯规划不断发展和完善。从这个意义上说，反馈和评估也是一个再认识、再发现的过程。

总之，职业发展规划是一个持续的过程，需要不断地进行自我评估、职业研究、制订发展计划并采取行动。同时，保持积极心态、寻求帮助和不断学习也是非常重要的。

📖 拓展阅读

范牧毕业于一所"双一流"建设高校。"当年，考上大学时，家里人甭提多高兴了。可入学后，没有家长管着，我天天打游戏、刷剧，毕业后也没找到满意的工作。"如今，工作五年的他，已经换了三家公司，职场之路颇为不顺。"当初为什么没好好读大学"，是他时常懊悔的一件事。

"部分学生在大学期间可能会感到迷茫，不知道将来想从事什么职业。但实际上，学生一进入大学就应该思考未来的职业道路。"华东理工大学学生就业指导服务中心教师陈伟杰表示，通过职业规划，学生可以更清晰地了解自己的能力、优势和潜力，从而设定较为明确的职业目标。

中国人民大学招生就业处处长丁莉婷认为，大学生求职，本质上是自身能力素质与社会发展需求相匹配、相适应的过程。"当前，存在两方面的供需匹配问题：一是大学生的综合素质与实际能力无法满足职场要求，二是社会资源供给无法完全满足大学生的发展需求。"

"因此，大学生要不断通过学习实践提升综合能力，以具备满足社会需求的职业发展力。而职业规划，正是深化学生对时代发展背景和职业发展规律的认知、形成客观稳定的自我认知，并提高职业发展力的有效途径。可以说，职业规划对大学生非常重要。"丁莉婷坦陈。

（《大学生职业规划：整合资源，提高职业发展力》，光明网）

? 思考题

1. 你认为职业发展规划对大学生的生活和学习有什么意义?

2. 请结合你的专业思考应树立什么样的职业发展观,具体有哪些内容?

3. 请结合舒伯生涯发展理论说说你现在正处在哪个生涯发展阶段。该阶段的任务是什么? 自己身上承担着哪些角色?

4. 大学生进行职业发展规划的步骤有哪些?

自我探索

学习目标

1. 正确看待兴趣、性格、能力及价值观在职业规划中的作用。
2. 了解各种职业生涯规划的理论与应用方式。
3. 学会运用各种方法对自我和职业规划进行分析。
4. 对自己的职业探索经历进行系统总结,明晰自我的职业追求。

学习导读

　　大学生小林在高中阶段一心埋头苦读,只为考上好大学,完全没有考虑过专业和未来职业的方向,最后被某大学的英语专业录取。进入大学后,小林发现自己对英语专业并不感兴趣,但在大一、大二期间忙于各种校园活动和兼职,分身乏术,难以兼顾专业课学习,也错过了转专业的机会。直到大三,小林才开始考虑职业方向的问题,发现他想从事的药剂师工作需要本科就学习药学专业,他想从事其他职业又缺乏相关能力。小林现在一心只想考研,无所谓什么专业,希望用考研来证明自己。但他又纠结考研的专业,很迷茫。

　　小林的故事并不是个例,在大学之前,很多学生致力于考取好的大学,但在金榜题名之后该如何度过自己的大学生活,如何将自己的专业所学与未来职业发展建立起紧密正向的联系,需要认真思考规划。大学作为个体从学校向社会过渡的中间阶段,也为我们进行自主职业探索提供了空间。美国诗人罗伯特·弗罗斯特在《未选择的路》中写道,黄色的林子里有两条路,很遗憾我无法同时选择两者。身在旅途的我久久站立,对着其中一条极目眺望,直到它蜿蜒拐进远处的树丛。站在人生的岔路口,面对未知的道路,罗伯特道尽了选择的困惑:我是什么样的人? 我想成为什么样的人? 我做了哪些职业探索? 自我探索既是对“过去我”的系统性总结,也是对“现在我”的持续不断探索和对“未来我”的持续追寻。认识自我是生涯规划的重要基础,因为我们的人生总是有限的,要想在某些领域取得成就,就需要将精力、时间、资源向它们聚焦。我们首先要做的就是认识我们自己,我们对什么感兴趣,并在学习和实践中一步一步实现我们的职业理想。

第一节 兴趣与职业

 案例导入

《红楼梦》中香菱学诗的情节可以被视为"兴趣是最好的老师"这句话的注脚。香菱的命运颇为悲惨,自幼被拐,后被薛蟠纳为妾,尽管遭遇不幸,但她仍保持对美的追求和向往,她喜欢读诗,觉得诗的好处有口里说不出来的意思,希望自己也能作诗,便向黛玉求教。黛玉指点她,若真心要学,且把王摩诘的五言律读一百首,细心揣摩透熟了,再读一二百首老杜的七言律,再李青莲的七言绝句读一二百首。肚子里先有了这三个人作了底子,然后再把陶渊明、应、刘、谢、阮、庚、鲍等人的一看。你又是一个极聪明伶俐的人,不用一年的功夫,不愁不是诗翁了。香菱拿了诗,回至蘅芜苑中,诸事不顾,只向灯下一首一首地读起来。宝钗连催她数次睡觉,她也不睡。香菱第一次作诗收到的反馈是:"意思却有,只是措辞不雅。皆因你看的诗少,被他缚住了。把这首丢开,再作一首,只管放开胆子去作。"香菱听了,默默地回来,越性连房也不入,只在池边树下,或坐在山石上出神,或蹲在地下抠土。香菱第二首诗作自认为妙绝,得到的指点是:"这一首过于穿凿了,还得另做。"香菱虽自觉又扫了兴,仍不肯丢开手,便思索起来。因见姊妹们说笑,便自己走至阶前竹下闲步,挖心搜胆,耳不旁听,目不别视。一时,探春探窗笑说道:"菱姑娘,你闲闲罢。"香菱怔怔答道:"闲字是十五删的,你错了韵了。"众人听了,不觉大笑起来。最终,香菱苦志学诗,精血诚聚,日间做不出,忽于梦中得了八句:

> 精华欲掩料应难,影自娟娟魄自寒。
>
> 一片砧敲千里白,半轮鸡唱五更残。
>
> 绿蓑江上秋闻笛,红袖楼头夜倚栏。
>
> 博得嫦娥应借问,何缘不使永团圆。

香菱对诗歌的热爱是她学习的主要动力,她在学诗的过程中展现出了极大的热情和专注,这种热情和专注消解了世俗的眼光和过程的艰辛,甚至在睡梦中都在吟诗,完全沉浸到诗的世界中,这种反复练习的精神,最终使香菱在诗歌方面的才华逐渐显现,她的诗得到了众人的认可。既可以说她在这件事中忘记了自我,又可以说她在这件事中发现了自我。这是一种全神投入、专心致志的状态,由此我们可以看出兴趣对个人潜能的发掘作用。

一、兴趣是一种专注和指引

兴趣是指个体经常趋向于认识、掌握某种事物,力求参与某项活动,并且有积极情绪色彩的心理倾向,是人们在学习、工作等活动中最活跃的因素。杜威在《民主与教育》一书中提出,我们可以在三种层面上理解兴趣一词:积极发展的整体状态,人们所预知、期盼的客观结果,以及个人的情感倾向性,比如人们常说一个人对教育感兴趣,对考古感兴趣,或对政治感兴趣等。当人们谈到一个人对这个或那个东西感兴趣时,他们侧重的是自身的态度。有兴趣,就是专注于某个对象。个体在兴趣所在的领域往往更愿意投入时间和精力,并展现出更高的积极性和主动性。对于个体来说,从事自己感兴趣的领域也往往能够更好地发挥自己的潜力,更容易获得满足感和成就感。

二、兴趣与职业兴趣

兴趣与职业之间存在密切关系,早期的职业生涯发展专家就把兴趣视为职业选择的重要影响因素。个体的兴趣与所从事的职业相关度越高,他们往往越会享受工作并感到满意,职业生涯咨询师也会将兴趣作为一个人探索未来可能从事职业的方法,让人们列出他们感兴趣的职业或领域。兴趣是职业生涯选择的重要依据,当个体产生了对某项事物的兴趣,就可以提升该方面的工作效率,充分发挥才能,还可以提高工作满意度,增强职业稳定性。

拓展阅读

珍妮·古道尔与黑猩猩

珍妮·古道尔(Jane Goodall)于1934年出生在英国伦敦。她从小对动物和自然充满了兴趣,并梦想着成为一名动物行为学家。1960年,她有机会前往坦桑尼亚研究野生黑猩猩,这成为她一生中的重要转折点。在开始研究黑猩猩之前,珍妮·古道尔虽没有正规的科学背景,但她有强烈的好奇心和敏锐的观察力。她的观察方式与传统的科学方法不同,更加强调亲身接触和深入理解动物行为。她与黑猩猩建立起了亲密的联系,逐渐获得它们的信任,并在长期观察中有许多重要的发现。珍妮·古道尔的研究揭示了黑猩猩的许多行为和社会结构。她观察到黑猩猩使用工具,比如用树枝捕捉白蚁,这对于当时认为只有人类具备使用工具能力的科学界来说是一项重大发现。她还观察到黑猩猩之间建立了复杂的社会关系,在社群中存在着阶层、家庭和友谊关系。珍妮·古道尔的研究还涉及黑猩猩的生态和保护。她发现黑猩猩所处的栖息地面临森林砍伐和非法狩猎等威胁,这促使她开始致力于保护工作。她通过教育和倡导,提高了人们对黑猩猩和自然保护的意识。她也成立了珍妮·古道尔研究所(Jane Goodall Institute),该机构致力于保护黑猩猩及其栖息地的可持续发展。珍妮·古道尔通过观察和发现,改变了传统对动物和人类之间关系的看法,强调了生物多样性和环境保护的重要性,也激励了全球许多人参与到自然保护和可持续发展的事业中。

珍妮·古道尔的故事向我们揭示了兴趣作为一个人在工作中取得成功的重要推动力,它能将一个人的潜力最大限度地挖掘出来,对个人的职业发展具有积极的影响。职业兴趣是指人们对某种职业活动具有比较稳定和持久的心理倾向,并不是所有的兴趣都能发展成职业兴趣,只有一些经过精心训练和培养的兴趣才有可能发展成职业兴趣,也就是说,职业兴趣是与职业和工作内容相关联的,这会激发和维持个体的目标定向行为。

约翰·霍兰德(John Holland)是美国约翰·霍布金斯大学心理学教授,著名的职业指导专家。他将职业分为实际型、研究型、艺术型、社会型、企业型及传统型六种类型,并将这六种类型按照顺序呈现在一个六边形中(图2-1),然后分析了每种类型的特征及相对应的职业。

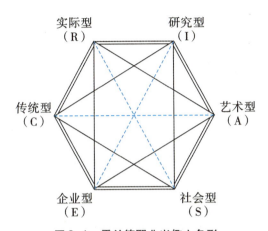

图2-1 霍兰德职业兴趣六角形

━━━ 表示一致性高; ── 表示一致性中等程度; ----- 表示区分性

1. 实际型(realistic)

特征:喜欢与物体、机械和工具打交道,注重实际操作和体力劳动,具有机械技能和技术能力,喜欢户外活动和体验性的工作。

相应职业:建筑工人、工程师、农民、护理工、机械师、消防员、警察、木匠等。

2. 研究型(investigative)

特征:喜欢思考和解决复杂问题,具有分析和研究能力,喜欢独立工作和进行科学、数学或理论性工作,喜欢探索和发现新知识。

相应职业:科学家、研究员、医生、数学家、程序员等。

3. 艺术型(artistic)

特征:注重创造性表达和个人表现,喜欢艺术和创作活动,具有艺术技能和审美能力,喜欢自由和独立的工作环境。

相应职业:艺术家、设计师、摄影师、作家、音乐家、演员、广告创意人等。

4. 社会型(social)

特征:关注他人的福祉和发展,具有人际关系和沟通能力,喜欢与他人合作和支持他人,擅长帮助、教育和咨询他人。

相应职业:社工、教师、医生、护士、心理咨询师、公关人员、社区组织者、儿童保育员等。

5. 企业型(enterprising)

特征:具有领导才能和商业意识,喜欢冒险、竞争和经商,擅长说服和影响他人,喜欢挑战和实现个人目标。

相应职业:企业家、销售员、市场营销经理、投资银行家、政治家、公关经理、项目经理等。

6. 传统型(conventional)

特征:喜欢有组织、规范和实用的工作环境,注重细节和秩序,擅长数据处理和组织管理,喜欢按照规则和程序进行工作。

相应职业:会计师、图书管理员、行政助理、审计员、统计员、人力资源专员、财务规划师等。

我们可以借助霍兰德职业兴趣理论及其他相关量表帮助了解自己的兴趣类型和特征,发挥兴趣的积极作用以及将兴趣转化为职业发展的能力。

三、探索兴趣的方法

兴趣是人认识某种事物或从事某种活动的心理倾向,它是以认识和探索外界事物的需要为基础的,是推动人认识事物、探索真理的重要动机。感兴趣意味着与那个事物发生关联,保持警觉、关注与注意,意味着能专心致志、全神贯注于某个对象。兴趣强调的是一种状态,一种积极关切、能动的心理状态。探索职业兴趣是个体职业发展的重要组成部分,它有助于个人找到与自己兴趣和价值观相匹配的工作,从而提高工作满意度和生活质量。以下是一些探索职业兴趣的方法:

(1)开放心态　尝试接触和学习新事物时,不要预设立场或偏见。愿意接受新的观点和经验,这样才能真正探索和发现自己的兴趣。探索多样的兴趣有助于发现自己的偏好和激发新的兴趣。不要局限于狭窄的范围,而是敢于尝试各种不同的领域。

(2)增加实践经验　积极参与实践是探索兴趣的关键。通过实习、兼职、志愿活动或参与社群活动等,亲身体验不同的工作环境和职责,与不同行业的专业人士交流,获取第一手的职业信息和建议,这有助于了解自己在实践工作中的感受和适应情况。

(3)持之以恒　探索兴趣需要时间和耐心。不要期望立即找到自己的真正兴趣,有时候需要尝试和探索多个领域才能发现。保持耐心和坚持,并在探索过程中逐渐调整和精炼自己的兴趣。

(4)自我反思　定期进行自我反思,思考自己的兴趣是否真正使你感到满足和充实。兴趣可能会发生变化,需要及时调整自己的探索方向。

第二节　性格与职业

一、性格与职业的关系

性格与职业之间存在着密切的关系。一个人的性格特质和职业选择会相互影响和塑造彼此。首先,性格特质可以影响一个人在特定职业中的表现和适应能力。例如,外向的人通常更适合与他人合作和领导团队,因此可能在销售、公共关系或管理领域中表现出色。而内向的人则可能更适合独立工作或从事需要深度思考和分析的职业,比如研究员或编程员。其次,职业选择也会受到个人性格的影响。例如,具有冒险精神和创造力的人可能更倾向于选择艺术家、设计师或企业家等创造性的职业,而注重安全稳定的人可能更倾向于选择稳定的职业,如会计师、行政人员或公务员。最后,性格与职业的匹配度也对工作满意度和获得职业成功至关重要。当一个人的性格特质与所从事的职业要求相匹配时,他们更有可能在工作中表现出色,获得成就感和满足感。相反,如果一个人的性格与所从事的职业不相符,可能会导致工作压力、不适应和不满意。

因此,在选择职业时,了解自己的性格特点及其与不同职业之间的关联是非常重要的,这可以帮助人们找到与自己的兴趣、能力和价值观相匹配的职业,从而提高工作满意度,获得职业发展的机会。性格特征可以影响个体在工作环境中的表现、偏好和适应能力,如果想发挥自己在职业中的优势,我们需要系统地认识自己的性格特征。

📖 拓展阅读

小琴是一个性格外向的女孩子,热情、乐于助人,学习能力也很强。在班级里担任班长一职,脑子里总有新鲜的点子,经常组织班级联谊活动。小琴大学念的是会计专业,专业技能较强。她用迈尔斯-布里格斯个性分析指标(MBTI)对自己进行了性格测试,结果显示其性格类型为ENTJ型。这一类型的人在职业上反映出的共同特点是头脑灵活,善于计划,有创新创业意识,能够独立处理各种复杂的问题。小琴根据自己的性格特征、兴趣爱好结合专业技能,在校期间就确立了自主创业的目标,并利用寒暑假到会计师事务所实习,积累了一定的工作经验和人脉关系。毕业后,小琴创立了自己的公司并经营得有声有色。

二、MBTI人格类型理论

MBTI人格类型理论,即迈尔斯-布里格斯个性分析指标(Myers-Briggs type indicator, MBTI),提供了一种理解个体认知方式和决策风格的框架。它根据个体的认知方式、倾向和偏好,将人分成16种不同的类型。其核心理论是个体在处理信息和做决策时有着不

同的偏好。根据这种理论,MBTI 将个体的偏好分为四个维度:

(1)外向(E)—内向(I) 外向型个体喜欢与人交往、与外界互动,并从中获取能力;内向型个体更喜欢独处,从内部思考和反思中获取能量。

(2)感觉(S)—直觉(N) 感觉型个体倾向于依据实际经验和具体信息,注重细节和现实;直觉型个体更注重事物的整体和未来发展趋势,重视想象力和独创性,更喜欢探索新的可能性。

(3)思考(T)—情感(F) 思考型个体更加注重逻辑、原则和客观分析,倾向于通过理性决策解决问题;情感型个体更注重价值观、情感和人际关系,倾向于通过情感和共情解决问题。

(4)判断(J)—知觉(P) 判断型个体更喜欢用有结构和组织的方式来生活,偏好计划和决策;知觉型个体更灵活、开放,喜欢探索和适应新情况。

通过将这四个维度的偏好结合在一起,就可以得到 16 种不同的 MBTI 类型,如 ENTJ、INFP 等,每种类型的具体特征和偏好如表 2-1 所示。

表 2-1 16 种性格类型及其特征简述

性格类型	特征简述	性格类型	特征简述
ISTJ	责任感强,注重细节和实际情况; 善于制订计划和执行,有组织性; 坚持秩序和规则,喜欢稳定的工作环境; 喜欢实际可行的解决方案,注重实用性	ISFJ	忠诚,有责任感,善于关心他人; 注重细节和实际情况; 善于观察他人的情感需求,擅长维护和谐的人际关系; 坚持价值观,喜欢有明确规则和期待的工作
INFJ	富有洞察力,善于发现模式和意义; 具有同理心,善于理解他人的需求和情感; 对于个人和组织的发展有远见,喜欢追求个人价值观; 喜欢有深度和意义的工作,擅长创造性思考和解决问题	INTJ	独立思考者,理性,注重策略和目标; 喜欢解决复杂问题,善于分析和归纳信息; 追求自己的高标准,善于制订长远目标和计划; 喜欢独立工作和自主决策,擅长战略性思考
ISTP	实际、灵活,喜欢动手操作和解决技术问题; 善于分析和理解现实情况,善于发现问题的根源; 喜欢具体实用的解决方案,注重实践和经验,看重工作效率	ISFP	敏感,友善,富有创造力; 喜欢自由自在的工作环境,注重个人价值观; 擅长观察和理解他人的情感和需求; 不喜欢冲突与争吵,不会将自己的观念强加于人

续表 2-1

性格类型	特征简述	性格类型	特征简述
INFP	理想主义者,富有同情心,富有创造力; 注重个人价值观和内在意义,喜欢追求自我成长; 善于感知他人的情感和需求,善于倾听和支持他人; 喜欢独立思考和探索新观念,擅长创新性思维	INTP	好奇、逻辑性强,喜欢理论和抽象概念,追求知识和理解; 在需要深入分析和理论构建的环境中表现出色; 热衷于思考而非社交活动
ESTP	擅长在紧张环境中做决策,灵活适应变化; 喜欢实际可行的解决方案,注重结果和效率; 对理论和抽象的事物感到厌烦; 喜欢与他人合作和团队工作	ESFP	友善,乐观,善于交际和社交; 喜欢活跃和充满动力的工作环境; 擅长处理和关心他人的情感和需求; 喜欢通过行动和实践来解决问题
ENFP	热情,富有想象力,富有创造力; 能很快将事物和信息联系起来,根据自己的判断解决问题; 激励他人和团队,善于倾听和理解他人; 喜欢尝试新事物和探索新的可能性; 有很强的即兴发挥能力和语言表达能力	ENTP	热情,有创造力,喜欢辩论、寻求挑战,喜欢创新和解决问题; 在需要智力和创新思维的环境中表现出色; 容易对常规工作感到厌烦,不喜欢例行公事
ESTJ	实际,有决心,注重组织和纪律; 善于制定计划和目标,喜欢有明确规则和期待的工作; 重视效率和结果,善于处理实际问题; 喜欢与他人合作和团队工作	ESFJ	热心,有责任心,善于人际交往; 善于观察和满足他人的需求,善于建立和谐的人际关系; 注重细节和实际情况,喜欢帮助他人实现目标; 喜欢有明确期待和规则的工作环境
ENFJ	热情,富有同理心,富有说服力; 善于理解他人的需求和情感,善于激励他人发挥潜力; 注重人际关系和合作,喜欢帮助他人实现目标; 追求个人价值观,希望为社会做出贡献	ENTJ	自信,果断,组织者,善于领导和制定策略; 善于识别问题和解决方案,善于分析和长期规划; 注重目标和效率,喜欢挑战和竞争; 表达自己的观点时强而有力

目前，MBTI被广泛应用于个人发展、职业规划、团队建设等领域，可以帮助个体更好地了解自己的个性特点，提高自我认知和发展能力。然而，需要注意的是，MBTI和很多测试工具一样，所测得的结果只是为我们了解自己提供一个参考，不能完全定义一个个体，个体的行为和偏好既会受其他多种因素如兴趣、能力、价值观等的影响，也会随着我们自身的不断学习探索发生动态调整和变化。

第三节　能力与职业

 案例导入

小松是2022年毕业的大学生，可毕业两年来他一直很烦恼，原因是他没有找到自己的职业发展方向。他最初的梦想是做主持人，但觉得自己外在条件没有优势，于是想转而从事与主持人相关的记者工作，他参加了2022年的研究生考试，报考新闻学专业，最终以失败告终，现在他觉得自己似乎对新闻学的热情也降低了。最近他正在准备考注册会计师，觉得考到注册会计师以后收入会好点儿，在备考的过程中有时候因为解出了题感觉很不错，但有时候又觉得很烦。他觉得自己毕业两年来总处在一个十字路口处，不知道自己适合做哪项工作，擅长做哪项工作。

小松的案例告诉我们，知道了自己的职业兴趣之后，我们还要进一步了解自己是否具备相应的能力，因为仅凭兴趣做事是行不通的，没有能力的支撑，一切事情都只能是镜中花，水中月。一个人的能力水平在很大程度上决定了在特定职业中的表现。首先，职业往往对特定的技能和知识有要求，而这些技能和知识正是通过个人的能力得以展现和应用的。如果一个人具备出色的分析和解决问题的能力，可能更适合从事科学研究、工程师或数据分析师等需要逻辑思考和数据分析能力的职业。其次，个人的能力水平也会影响职业的发展和晋升。在竞争激烈的职场环境中，拥有出色的能力和技能将使个人在工作中脱颖而出，获得更多的机会和挑战。例如，具备领导能力和团队管理技能的人更有可能晋升为管理层，而拥有创新能力和创业精神的人可能会成为企业的创始人或高级管理人员。最后，个人的能力和职业之间的匹配度也会影响到工作的满意度和幸福感。当一个人能够充分发挥自己的能力，并在工作中得到认可和发展的机会时，他们更有可能感到满足和快乐。相反，如果一个人的能力与所从事的职业不匹配，可能会导致工作压力、不适应和不满意。

因此，在选择职业时，了解自己的能力和技能，并将其与所从事的职业要求进行匹配是非常重要的。这有助于人们找到适合自己能力和兴趣的职业，提高工作的成功和满意度，并为个人的职业发展铺平道路。同时，也可以通过不断提升和发展自己的能力，为职业发展和晋升创造更多的机会。

一、多元智能理论

多元智能理论是心理学家霍华德·加德纳（Howard Gardner）提出的一种理论,该理论认为人类具有多个独立的智能。这与传统上将智能仅仅定义为智商（IQ）的观点不同,加德纳认为智能是多维度的,每个人在不同的智能领域上存在着不同的天赋和能力。加德纳提出了以下几种智能类型：

（1）语言文字智能　指的是对语言的敏感度和运用能力,包括阅读、写作、口语表达等方面的能力。

（2）数学逻辑智能　指的是数学和逻辑推理能力,包括解决问题、分析思考、抽象思维等方面的能力。

（3）视觉空间智能　指的是对空间的感知和处理能力,包括图像思维、空间导航等方面的能力。

（4）音乐智能　指的是对音乐的感知和理解能力,包括音乐表演、作曲、乐感等方面的能力。

（5）身体运动智能　指的是对身体运动和动作的控制与协调能力,包括运动技能、舞蹈、体育等方面的能力。

（6）自然观察智能　指的是对自然界、动植物的敏感度和理解能力,包括自然科学、生态学等方面的能力。

（7）人际关系智能　指的是与他人交流与合作的能力,包括社交技巧、情商等方面的能力。

（8）自我认知智能　指的是对自我思考和情感认知的能力,包括自我意识、情绪管理等方面的能力。

加德纳的多元智能理论强调每个人在不同智能类型上可能存在不同的天赋和潜能,没有一个单一的智能测试可以全面衡量个体的智能。这一理论对教育和学习的影响很大,教育者可以通过多样化的教学方法和评估方式,充分发展学生在不同智能领域的潜能。加德纳的多元智能理论也启示我们,个体既能够根据自己的能力结构倾向选择自己的职业,也可以对比自己感兴趣的职业所需要的能力结构与自己现有的能力之间的差距,进行针对性的努力与发展。

二、COMET 职业能力测评

COMET 职业能力测评（competence measurement）主要采用大规模能力诊断方法,对学生的职业能力、职业承诺和职业认同感发展情况进行评价。在这里职业能力不仅是简单地遵照指令完成常规性具体任务需要的技能,更强调包含计划、反思、评估等完成任务所需的主观认知能力。

COMET 职业能力模型包含三个维度：内容维度、要求维度和行动维度。

（1）内容维度　包括职业定向性任务、程序化任务、蕴含问题的特殊任务和不可预见的未来任务四个职业工作范围。

（2）要求维度　包括四个能力级别，分别为名义能力、功能性能力、过程性能力和整体化的设计能力。

（3）行动维度　包括获取信息、制订计划、做出决策、实施计划、控制和评价六个阶段。

COMET 职业能力测评中的职业能力强调个体在真实的工作情境中整体化地解决综合问题的能力。这意味着该测评方式能够将多个相关因素和不同维度的信息进行综合考虑，侧重个体针对具体职业问题的全局性策略和解决方案。

第四节　价值观与职业

个体的价值观指他们对于什么是重要、有意义和正确的事物的信念和观念。个体的价值观会对其职业选择产生重要影响。如果某个职业目标和文化与一个人的价值观相符合，他们更有可能选择从事该职业。比如，一个重视公益性的人可能会选择从事志愿服务活动或社会工作等相关领域的职业。而且，当个体的职业与其价值观相符合时，职业活动所带来的意义感和成就感会促使个体更加投入和持久地追求职业发展。这就要求个体职业生涯规划应重视对自身职业价值观的澄清。

一、职业价值观测评

职业锚理论作为一种职业价值观理论，由美国职业指导专家施恩教授提出，他认为个体在选择和发展自己的职业时，无论如何都不会放弃的东西所围绕的中心就是职业锚。职业锚是个体进行职业决策时的核心因素，在职业生涯规划实施中具有战略地位。根据长期研究，施恩教授提出了八种职业锚，分别是技术/职能型、管理型、自主/独立型、安全/稳定型、创造/创业型、挑战型、服务/奉献型及生活型。

 拓展阅读

大山里的校长张桂梅

张桂梅忠诚党的教育事业，坚守滇西贫困地区 40 多年，放弃优越的工作条件，毅然投身深度贫困山区教育扶贫主战场，攻坚克难，执着奋斗，为当地教育发展和脱贫攻坚做出重要贡献。她矢志不渝，克服种种困难，努力阻断贫困代际传递，建成针对贫困山区家庭困难女孩的全国第一所全免费女子高中，使 1600 多名贫困家庭学生圆梦大学，托举起贫困家庭脱贫发展的希望与信心。她立德树人，始终坚持一线言传身教，加强师生思想政治和理想信念教育,给予困难学生母亲般的呵护,深受师生和群众爱戴。她敬业奉献,长期拖着病体忘我工作,将自己工资、所获奖金和社会捐助诊疗费等100多万元全部用于兴教办学,在与时间赛跑和病魔抗争中,以实际行动兑现着自己"只要还有一口气,就要站在讲台上"的诺言,用不懈追求书写着不忘初心、牢记使命,为党和人民事业永远奋斗的绚丽人生。

张桂梅的事迹展现了一种服务/奉献型的职业锚样板。她积极向上的职业价值观,激励我们在职业生涯中追求更高的目标,为他人和社会做出积极的贡献。

如果你被迫要做出选择,你无论如何都不会放弃的是什么,这就是你的职业锚。在我们未来漫长的职业生涯中,许多职业可以作为实现多种能力与价值观统合的载体,从而不需要我们一定要做出某种选择。但我们对自身职业锚优先级的深入理解,能够帮我们在职业生涯的关键岔口做出更好的选择。

二、职业价值观量表

美国心理学家舒伯认为,一个人若能从事其认为有价值的职业,则较容易获得满足并充分发挥其能力,职业价值观是个体寻求工作满意度的根源,是人生目标和人生态度在职业选择方面的具体体现,它对一个人的职业目标和择业动机起着决定性的作用。为了测量和工作满意状况有关的价值观,舒伯于1970年编制了职业价值观量表(Work Values Inventory,简称WVI),该量表从内在价值观、外在价值观和外在报酬三个维度来考察个体的价值观。

(1)利他主义 工作的目的和价值,在于直接为大众的幸福和利益尽一份力。

(2)美的追求 工作的目的和价值,在于能不断地追求美的东西,得到美的享受。

(3)智力激发 工作的目的和价值,在于不断进行智力的操作,动脑思考,学习以及探索新事物,解决新问题。

(4)成就感 工作的目的和价值,在于不断创新,不断取得成就,不断得到领导与同事的赞扬,或不断完成自己想要做的事。

(5)独立性 工作的目的和价值,在于能充分发挥自己的独立性和主动性,按自己的方式、步调或想法去行动,不受他人的干扰。

(6)社会地位 工作的目的和价值,在于所从事的工作在人们的心目中有较高的社会地位,从而使自己得到重视和尊敬。

(7)管理权力 工作的目的和价值,在于获得对他人或某事物的管理支配权,能指挥和调遣一定范围内的人或事物。

(8)经济报酬 工作的目的和价值,在于获得优厚的报酬,使自己有足够的财力去获得自己想要的东西,使生活过得较为富足。

(9)社会交际 工作的目的和价值,在于能和各种人交往,建立比较广泛的社会联系和关系。

（10）安全稳定　不管自己的能力怎样，希望在工作中有一个安稳局面，不会因为奖金、工资、调动工作或领导训斥等经常提心吊胆。

（11）舒适　希望能将工作作为一种消遣、休息或享受的形式，追求比较舒适、轻松、自由、优越的工作条件和环境。

（12）人际关系　希望一起工作的大多数同事和领导人品较好，相处在一起感到愉快、自然，认为这就是很有价值的事，是一种极大的满足。

（13）追求新意　希望工作的内容应该经常变换，使工作和生活显得丰富多彩，不单调枯燥。

舒伯的职业价值量表综合了多个职业价值维度，这使得评估结果更具综合性，能够帮助个体更好地了解自己对不同价值的偏好。一个人不可能同时获得这些价值观的满足，可以认真思考在上述的职业价值量表中哪些价值观是你最重视的，另外，该职业价值量表允许个体根据自己的特点和背景对职业价值的重要性进行个性化的评估，有助于帮助我们在职业选择和发展中做出更明智的决策。

第五节　自我探索经历的总结

在当今以智能化、数字化为特征的社会中，学习和工作模式发生了巨大的变化。比如技术的快速发展要求人们要在短时间内熟悉新业务领域的工作过程和工作环境，这促进了高度灵活、个性化、数字化工作和学习模式的形成。个体在对自身兴趣、性格、能力和价值观充分了解的基础上，还要开展多元的职业尝试，并在职业探索过程中不断调试，积极实现高质量充分就业。

一、多元发展的职业尝试

当前互联网和数字技术的发展使得获取职业信息变得更加便捷，我们在职业生涯准备阶段就可以通过各种在线招聘平台及社交媒体来搜索各种就业机会和行业动态，了解职业信息，这为我们更全面分析各种职业发展路径提供了依据。大学也为学生的职业生涯规划和探索提供了更多的平台和支持，比如可以参加全国大学生职业规划大赛、大学生创新创业大赛，参赛的过程就是一个探索自我和了解行业发展趋势的过程。大学生还可以通过志愿服务活动、实习、支教等多种方式，获得更广泛的经验和技能，进行多元的职业尝试，可以了解不同的职业领域和职业角色，增强自身对职业的亲知，拓展自己的视野和能力。多元的职业探索经历可以将不同领域的知识和技能结合起来，培养创新思维和跨学科的能力，能够帮助学生发现和抓住新的机遇。

二、职业探索过程中的动态调试

与传统职业不同,在未来职业环境中,一辈子只从事一种职业、一个岗位的情况越来越少。在职业探索过程中,动态调试是一个重要的策略,可以帮助我们更好地了解自己,发现适合自己的职业方向。在实践中不断进行调整,需要有自我挑战和自我颠覆的勇气,在职业生涯发展遇到困境或所在行业明显走下坡路的情况下,要有敢于探索新的职业领域的勇气。比如近年来有不少传统媒体从业者转行到了新媒体领域,创办自己的公众号或专业频道。

以下是一些关于在职业探索过程中进行动态调试的建议。

(1)尝试不同的职业领域　在职业探索过程中,尝试不同的职业领域是很重要的。通过实习、兼职、志愿者工作或自主项目等方式,亲身体验不同领域的工作环境和职责。这样可以帮助我们了解自己对不同领域的兴趣和能力,并逐步缩小自己的职业选择范围。

(2)探索自己的兴趣和价值观　动态调试也包括深入了解自己的兴趣和价值观。思考自己对哪些事物感兴趣,什么样的价值观和原则对自己很重要。这可以通过自我反思、参与兴趣小组、阅读相关书籍或参加相关活动等方式来进行。

(3)寻求反馈和建议　在职业探索过程中,与他人交流并寻求反馈和建议是很有帮助的。和身边的朋友、家人、老师或职业导师等人分享自己的思考和疑惑,听取他们的观点。他们给予我们启示和建议,帮助我们更好地调试自己的职业选择。

(4)反思和调整　在进行动态调试时,要不断进行反思和调整。如果发现某个职业方向并不如自己所期望的那样适合,不要害怕调整和重新评估。通过反思自己的经验和实践反馈,调整自己的职业目标和方向,逐渐趋于更适合自己的职业选择。

(5)持续学习和发展　动态调试是一个持续的过程,需要不断学习和发展。通过继续学习和培训,不断提升自己的技能和知识,可以更好地适应职业市场的变化和需求,并为自己的职业发展打下坚实的基础。

动态调试在职业探索中是非常重要的,可以帮助我们逐步明确自己的职业目标,并找到适合自己的职业方向。在这个过程中,要保持开放的心态,勇于尝试和调整,不断寻找适合自己的职业路径。作为决策者,我们并不是总能掌握完备的信息,有时候限于自身的眼界和有限的经验,我们做决定的依据甚至有可能是不准确的信息,但是很多时候需要我们在紧迫的时刻做出决策,就像一首歌里面唱的"对于未来的想法,有太多疑问没有回答",但是"时间会回答成长,成长会回答梦想,梦想会回答生活,生活回答你我的模样"。如果我们有明确的方向,即便在人生的不同阶段选择了不同的路径,我们还是有机会接近自己的目标。殊途同归、梦想成真是对不懈努力人们的一份惊喜。

资源链接

1.职业搜索引擎,全球最大的中文职业分类信息系统,www. jobsoso. com

2.郑州大学就业指导中心,http://job. zzu. edu. cn/

3.全国大学生就业公共服务立体化平台,http://www. ncss. org. cn/

思考题

1.在日常生活中,你都是通过哪些途径了解自己的,效果如何?

2.如果你有机会与一些在某领域的卓越人才面对面交流,你准备咨询一些什么问题?

3.结合兴趣、性格、能力及价值观等分析你的职业竞争力在哪里。

4.你在实践中进行了哪些职业探索?有哪些收获?还有哪些地方需要调整?

职业探索

 学习目标

1. 认识职业环境及其发展变化、对大学生职业生涯方向选择的影响。

2. 掌握收集和评估职业信息资源的途径和方法，建立对职业环境的全面认知。

3. 主动将职业世界的客观现实与自身理想相结合，做出恰当的职业定位，为明确职业方向目标提供参考。

学习导读

如果我们经过冷静的考察，认清了所选择的职业的全部分量，了解从事它所要面临的困难以后，仍然对它充满热情，仍然爱它，觉得自己适合于它，那时我们就可以选择它，那时我们既不会受热情的欺骗，也不会仓促从事。

…………

一个选择了自己所珍视的职业的人，一想到他可能不称职时就会战战兢兢——这种人单是因为他在社会上所处的地位是高尚的，他也就会使自己的行为保持高尚。

在选择职业时，我们应该遵守的主要指针是人类的幸福和我们自身的完美。不应认为，这两种利益会彼此敌对、互相冲突，一种利益必定消灭另一种利益；相反，人的本性是这样的：人只有为同时代人的完美、为他们的幸福而工作，自己才能达到完美。如果一个人只为自己劳动，他也许能够成为著名的学者、伟大的哲人、卓越的诗人，然而他永远不能成为完美的、真正伟大的人物。

历史把那些为共同目标工作因而自己变得高尚的人称为伟大的人；经常赞美那些为大多数人带来幸福的人是最幸福的人；宗教本身也教诲我们，人人敬仰的典范，就曾为人类而牺牲自己——有谁敢否定这类教诲呢？

如果我们选择了最能为人类工作的职业，那么，重担就不能把我们压倒，因为这是为大家做出的牺牲；那时我们所享受的就不是可怜的、有限的、自私的乐趣，我们的幸福将属于千百万人，我们的事业将悄然无声地存在下去，但是它会永远发挥作用，而面对我们的骨灰,高尚的人们将洒下热泪。

——节选自卡尔·马克思《青年在选择职业时的考虑》

"知己知彼,百战不殆",出自《孙子兵法·谋攻篇》,意思是对敌人的情况和自己的情况都有透彻的了解,打多少次仗都不会输。在职业道路的选择上,我们也遇到同样的问题,仅对自身的条件和需求有充分的认知是远远不够的,还需要对外部职业世界进行较为详尽的了解,才能在拥有千千万万工作岗位的社会环境中定位属于自己的职业道路。自身价值的实现,是建立在社会需要的基础之上的,外部职业世界为我们提供一个能够实现自身价值和理想抱负的平台。如何更好地认识当今社会职业环境、借助外部平台发展机遇,帮助个人实现其远大的理想抱负,是职业生涯规划中非常重要的一个环节。

第一节 职业认知

 案例导入

张同学是某大学大四的学生。入校时,听学长讲,其所学的专业在全国高校中名列前茅,往届同专业的毕业生在招聘市场非常受欢迎,找到一份不错的工作不是一件难事。于是张同学心想:只要我好好学习,找工作应该不成问题。到了毕业招聘季,张同学接连参加数场校园招聘会,从"秋招"到"春招",经历了面试国企总部的岗位到国企二级单位的岗位,始终没有找到合适的,不免逐渐失去信心,对用人单位的期待一降再降。原来,张同学在面试国企总部时,尽管用人单位给出了不错的岗位和薪资待遇,但想着自己能够轻易就面试上,自己的能力应该绰绰有余,还想再等等看,有没有更好的工作机会。张同学虽然了解自身的求职优势,也有着优秀的学业表现,但对就业市场环境缺乏了解,殊不知校园招聘虽然持续的时间相对较长,但在"秋招"和"春招"中招聘的企业和岗位还是存在较大的差异。优质企业的招聘会集中在秋招,之后春招会作为补招进行。张同学就这样一拖再拖,错过了一次又一次就业的机会。

从张同学的求职经历可以看到,求职这件事上,不仅要做到"知己",更要做到"知彼",只了解自己的优势是不够的,更要对就业市场的招聘信息有一定认知,才能准确定位自己的求职目标,避免错失良机。

一、职业世界的认识

(一)职业的基本含义

职业是指人们为谋生和发展而从事的相对稳定的、有收入的、专门类别的社会劳动。这种社会劳动是对人们的社会方式、经济状况、文化水平、行为模式、思想情操等方面的综合反映,也是一个人的权利、义务、职责的具体体现。

对职业的理解,我们可以把它作为一种社会现象,是人类社会发展到一定阶段,出现了社会分工后的产物。人类要生存、社会要发展,需要有人从事不同的社会劳动,在劳动分工不断细化的演变下,形成了不同职业。其含义与时代、社会经济水平、社会制度有关,在一定时期也包含社会地位的成分,如仆人、佣人在旧社会代表某种社会地位和社会阶层的意思,在当前社会,则被家政这一名词所取代,其更多体现的是该职业在社会中的劳动分工以及专业化。

对职业的概念有一个正确的认识,是制定职业生涯规划的基础条件。职业是参与社会分工,利用专门的知识和技能,为社会创造物质财富和精神财富,获取合理报酬作为物质生活来源,并且满足精神需求的工作。

(二)职业的分类

职业分类是采用一定的规则和标准,对不同性质的职业进行划分或归总的过程。对职业进行分类,从宏观上讲,有助于国家对劳动力实行分类管理,根据不同的职业特点和工作要求,采取相应的录用、调配、考核、培训、奖惩等管理方法;从微观上讲,有助于人们有效了解和掌握职业的变动和发展,了解各种职业对人才的需求状况和评价标准,增强职业意识,提高职业素质。

职业的分类与各国的国情密不可分,国情不同,采用的分类标准不同。

1. 我国的职业分类

目前,我国的职业分类标准有二。

一种是依据从业人口所从事工作性质的统一性进行分类。《中华人民共和国职业分类大典》对各个职业的定义、工作活动的内容和形式以及工作活动的范围等做了具体描述,科学、客观、全面地反映了当前我国社会的职业构成,是我国对职业进行科学分类的权威性文献。在最新修订的《中华人民共和国职业分类大典(2022 年版)》中,将我国职业归为 8 个大类、79 个中类、449 个小类、1636 个细类(职业)、2967 个工种。8 个大类包括:①党的机关、国家机关、群众团体和社会组织、企事业单位负责人;②专业技术人员;③办事人员和有关人员;④社会生产服务和生活服务人员;⑤农、林、牧、渔业生产及辅助人员;⑥生产制造及有关人员;⑦军队人员;⑧不便分类的其他从业人员。

另一种是按所属行业进行分类。依据《国民经济行业分类(2017 年版)》,把职业分为 20 个门类:①农、林、牧、渔业;②采矿业;③制造业;④电力、热力、燃气及水生产和供应业;⑤建筑业;⑥批发和零售业;⑦交通运输、仓储和邮政业;⑧住宿和餐饮业;⑨信息传输、软件和信息技术服务业;⑩金融业;⑪房地产业;⑫租赁和商务服务业;⑬科学研究和技术服务业;⑭水利、环境和公共设施管理业;⑮居民服务、修理和其他服务业;⑯教育;⑰卫生和社会工作;⑱文化、体育和娱乐业;⑲公共管理、社会保障和社会组织;⑳国际组织。

生涯小贴士

理解职业与行业的关系,精准定位职业目标

行业一般是指其按生产同类产品或具有相同工艺过程或提供同类劳动服务划分的经济活动类别,如饮食行业、服装行业、机械行业等。围绕某一行业下的产品不断升级发展,其生产规模和从业人员数量不断扩张,工作岗位逐渐分工细化,衍生出新的职业集群。因此,可以理解为,职业的产生依赖于行业的发展,行业的发展提供了一大批新职业的岗位需求。近些年,人社部发布的新职业中,依托人工智能、物联网、大数据和云计算等技术的广泛应用,与此相关的高新技术产业对从业人员的需求大幅增长,形成了相对稳定的从业人群。在这一产业背景下,人工智能工程技术人员、物联网工程技术人员、大数据工程技术人员和云计算工程技术人员应运而生。行业和职业可以作为我们进行职业定位的两个重要指标,如果能够锁定这两点,就能顺利地确定自己的职业目标和方向。

2. 国外的职业分类

国外的职业分类主要有三种:一是按照脑力劳动和体力劳动的性质、层次把工作人员分为白领和蓝领两类。二是按照心理的个体差异进行分类,其代表是霍兰德所创立的人格和职业类型匹配理论,将人格和职业对应划分为六种:实际型、艺术型、研究型、社会型、企业型和传统型。三是按照各个职业的主要职责或从事的工作进行分类。如加拿大的国家职业分类(National Occupational Classification,简称NOC)[①],根据新的培训、教育、经验和责任(TEER)系统将工作进行分类,加拿大NOC 2021版采用五级分类方式,将职业分为10个大职业类、45个大组、89个子大组、162个小组和516个单元组;美国标准职业分类系统(Standard Occupational Classification)中,将职业分为23个主要职业群、98个小组、459个广泛职业、1016个职业名称。

二、当前时代职业世界的发展变化

(一)新旧职业日益更迭出新

随着时代变迁、社会生产技术革新以及人民生活方式的变化,一批像扳道工、补锅匠、寻呼转接员等曾经的职业逐渐过时,因不再需要而消亡;与此同时,在国家政策导向、

---

① 加拿大NOC每年审查一次,每五年更新一次,以确保它反映加拿大不断变化的劳动力市场。它大约每10年进行一次大修,最新版本为NOC 2021版,此次改版将新的TEER系统取代了NOC职业列表,即根据新的培训、教育、经验和责任系统对工作进行分类,而不是目前根据技能类型对工作进行分类的方法。

产业结构调整、新兴科学技术发展、人们消费需求升级等因素的影响下,产生了一批新的职业,且职业分化越来越细,越来越多。如基于"双碳"战略的碳汇计量评估师、基于数字经济的机器人工程技术人员、基于市场需求细分下的民宿管家等。鉴于职业产生和消亡的客观规律,我们在选择职业类型时,不仅要考虑个人职业发展意愿,更要考虑时代前进的步伐所引起的社会需求趋势的变化。

实践活动

围绕当前你所学的专业,尽可能多地列举出可以从事的相关行业或工作岗位,并在小组内讨论。

(二)劳动力市场对人才需求的变化

首先,在工业4.0的时代背景下,企业期望通过采用人工智能(artificial intelligence,AI)技术升级占据市场竞争力,对机器学习、自然语言处理、机器人技术等领域的人才需求激增;其次,通过"大数据+算法"推送信息渠道接触消费者的企业,对具备数字营销、电子商务和网络安全等技能人才需求也会来来大;再次,随着物联网(internet of things,IoT)技术和自动化技术在工业领域大量投入使用,我国传统制造业正在面临数字化、自动化转型的压力,对具备数字素养、能够熟练操作和维护复杂数字系统的工人的需求不断增长。另外,劳动力市场对人才的综合素质也提出了新的要求,如解决复杂问题的能力、团队工作能力、推理能力、适应能力以及自我效能等。从以上情况可以看出,新兴技术进步、产业升级加速推动下的劳动力市场环境,对高学历层次人才和高技能型人才的需求不断增加,并且对劳动者的技能、素质要求也在不断提高。这就要求我们要秉持终身学习的思想心态,以适应未来持续变化的劳动力市场。

(三)就业形态和工作方式的变化

相较于传统的就业模式,人们不再满足于追求单一的全职工作。无边界职业生涯、"斜杠青年"、自由职业、自主创业、灵活就业等新就业形态的出现,为年轻人提供了更多工作方式的选择。无边界职业生涯中,员工不再是在某一两个组织中完成终生的职业生涯目标,而是在多个组织、多个部门、多个岗位实现自己的目标,这种工作方式更加看重个人在工作中的内在感受,对职场社交网络的依赖性更强,对具备核心竞争力的职业能力要求更高。一些拥有兼职工作的人,被称作"斜杠青年",他们不满足从事单一的全职工作,而去选择拥有多重职业和身份的多元生活,以增加收入来源,体验多样变化的工作环境,拓展自己的视野、交际圈和生活方式。网约车、外卖、在线零售等行业为代表的平台经济,为自由职业者提供了大量的工作机会,推动零工经济时代的到来,使得越来越多的年轻人更愿意寻求灵活的工作方式,以满足他们对平衡工作与生活、实现个人职业发展的需要。

拓展阅读

"斜杠青年"

小明是一名刚毕业的大学生,他在工作中担任着软件工程师的角色。然而,在业余时间,他对音乐产生了浓厚的兴趣,他自学乐器和音乐理论,并不断学习和探索音乐制作的技术,经常在社交媒体上发布自己的原创音乐作品。他白天为公司开发和优化软件系统,晚上和周末投入音乐创作和制作中,通过音乐表达自己的情感和创造力。小明的"斜杠青年"身份为他带来了机会和认可,他的音乐创作得到了不少粉丝关注,不过他感觉自己的音乐作品相比专业音乐人还有非常大的差距,而他如果想要在软件工程师工作上实现转型,还需要将业余时间更多地投入专业成长中。会经常性感到工作时间贫乏,担忧影响职业未来发展。但这两个工作都是他所热爱的事业,他也乐在其中。

随着信息技术的发展和经济结构的变化,传统的职业模式和固定的工作岗位已经不再是唯一的选择。如今越来越多的年轻人不再满足于从事"专一职业",而是尝试通过从事多种职业来体验更丰富、更精彩的生活。"斜杠青年"成为一种新的就业方式和现象,他们通常有一个主要的职业或身份,同时也从事其他兼职、副业或创业活动。"斜杠青年"的典型特征是多面性、灵活性和创新性,成为"斜杠青年"群体最重要的内涵在于善于把握社会发展趋势,注重长期自我投资和积累,并不断拓展自身的学习、沟通、合作与创新等职业核心能力,从而提高自身的职业适应力。"斜杠青年"凭借其快速学习能力、整合不同领域资源的能力、较强的社会环境适应能力及其拥有的多个身份和多种技能,能够适应快速变化的职场环境,实现自己的职业抱负和生活目标。

"斜杠青年"代表了当代职业发展的一种趋势和可能性,他们灵活的工作方式在一定程度上能够适应变化和挑战,也能够更好地应对不确定性和风险。在职场中,灵活适应能力是一项重要的竞争优势,能够帮助我们在不同的工作环境中取得成功。然而,"斜杠青年"也面临一些挑战,如时间管理、资源分配和身份认同等,身兼数职的属性使得他们很难在某一领域持续性投入时间和精力,因此难以形成需要经过长期专业学习和经验积累的专业核心能力,而专业化人才往往是企业的稀缺人才资源及核心竞争力所在,具有较强的不可替代性。因此,对于个体而言,需要认真思考自己的兴趣、目标和能力,合理规划和管理自己的职业发展路径。

以上提到的几种工作形态,都属于灵活就业的范畴,因其工作方式自由灵活,较大限度地发挥个人的自主性和创新性,受到部分青年的追捧。但其也存在一定的弊端和风险,选择灵活就业形式的从业者,因其没有稳定的雇主与之建立明确的劳动关系,缺乏可靠的社会保障;从长远角度来看,其工作能否稳定持续发展,还存在很多不确定因素;为保持市场竞争优势,从业者需要具备较强的自我管理能力、综合职业素质、抗压抗风险能力以及心理安全感和自信心。

(四)职业观念的转变

"择一业,干一生",注重个人与雇主之间忠诚度和工作任期的传统职业观念,已不再适用当前的职业环境,从"为他人打工"到"为自己打工"的意识转变逐渐萌发。追求工作环境的平等和自主性,自身创造的劳动价值与实际收入成正比,在职场上拥有充分的自我成长和发展空间,在工作中发挥更多的创业创新和参与感,自身的劳动者权益能够得到合法保障,在工作与个人生活之间寻求平衡等,成为新一代青年就业观念中更加看重的因素。

三、大学生应当如何看待个人发展与职业世界之间的关系

(一)应当积极主动探索,客观全面地认识职业世界

处在学业阶段的大学生,对职业世界普遍缺乏广泛、直观的认识和了解,看待职业尚未建立成熟的价值观念。在探索职业世界时,往往不知从何开始,需要收集哪些职业相关信息,通过何种渠道获取信息以及如何将信息资源进行整合,并成为做出合理决策判断的重要依据,是大学生当前最常遇见的问题,因此他们也很难做出理性、正确、坚定的生涯方向选择。就此情况,大学生要化被动为主动,通过搜集信息资源、力行到工作场所实习实践等方式,尽可能地从多方面、多角度探究,深入了解不同行业、职业领域的真实环境。

(二)应当理性思考分析职业世界的内在发展逻辑

影响个人职业生涯发展前途的因素盘根错节、交错复杂,有时代演变、社会发展、科学技术进步、政策导向、行业发展周期等外在因素,也有个人特质、职业能力素养等内在因素。当前,我们能看到的就不胜枚举:如国家提出的"双碳"政策,将带动高耗能行业进行产业结构升级,推动绿色经济发展;在科技的推动下,"无人银行""无人超市""无人驾驶汽车""无人仓储"等,逐渐出现在我们大众的现实生活当中,取代大量人工岗位。在未来,这些因素对职业的变革速度还将不断加快。我们必须,也不得不去关注、挖掘其内在深层运行发展规律,认真研究未来职业的发展趋势,积极寻求适应变化的方法,及早为应变做充足准备。

(三)应当将个人的职业选择与时代、国家的前途命运相联结

当前,人们对职业的评价标准相对单一,浮于表面,择业时大多将关注点停留在工作内容、薪资待遇等问题上,但对工作本身的价值和意义、对能否担当国家前途发展的历史使命等问题,考虑欠佳。有些人能在平凡中创造奇迹,有些人却在平庸中碌碌无为。能够在职业中体验幸福感、满足感和自豪感的人,恰恰是前者,像袁隆平、樊锦诗等,他们把个人的职业理想抱负与国家需求联结在一起,坚守自己认为正确的事,克服艰苦的工作

条件,不计回报得失,追求更加纯粹的人生价值。我们当代大学生,应当更多地从长远、综合全面的角度,从人类社会发展进步、国家和社会发展需要等角度考量个人的未来职业和人生方向。

📖 **拓展阅读**

袁隆平的"禾下乘凉梦"

从赤脚下田,到穿套鞋,再到田边……时光飞逝。在本该"颐养天年"的年龄,袁隆平依然坚持奋斗在科研第一线。

从 1964 年开始研究杂交水稻起,他把大半辈子都交给了稻田。1973 年实现"三系"配套,1986 年提出杂交水稻育种的战略设想,1995 年研制成功"两系"杂交水稻,1997 年提出超级杂交稻育种技术路线……他在稻田里走的每一步,都引领着我国杂交水稻技术的发展。因为在这个领域扮演了创始者的角色,他被誉为"杂交水稻之父"。

梦想永不止步。如今,超级杂交稻在大面积示范情况下已经达到了每公顷 17 吨的产量,"高产更高产"是他永恒的目标,他正在向每公顷 18 吨的目标迈进;袁隆平还带领耐盐碱水稻科研团队努力攻关,要在 8 年时间里在盐碱地推广 1 亿亩耐盐碱水稻。

采访最后,袁隆平又一次谈及了他的一个梦想——"禾下乘凉梦"。他曾梦见试验田里的超级杂交水稻长得比高粱还高,穗子有扫帚那

袁隆平院士

么长,谷粒有花生米那么大,他和助手便坐在稻穗下乘凉。目前,超级稻正不断向高产进行一场没有尽头的冲刺。谈及理想,他这样说:"理想要高雅一点儿,不要专门向钱看,赚钱应该要赚,要赚对社会、对老百姓有益的钱。做好事赚钱,这是原则。"

(全国高校思想政治工作网《杂交水稻之父,共和国勋章获得者——袁隆平》)

第二节　职业环境因素

一、社会环境分析

职业是处于社会环境中的职业,职业的发展是以社会的发展和需要为前提的。个体进行职业选择时,要充分认识到社会环境对职业发展的影响。对职业进行社会环境分析,主要是从政治环境、经济环境、法律环境、科技环境、文化环境等宏观因素进行分析。

（一）政治环境

政治环境主要涉及国家的职业方针、政策,能够对职业或行业发展、就业创业等发挥引领导向作用,如国家每年基于高校毕业生就业形势的判断,发布相关就业创业工作的相关文件,通过实施"特岗计划""三支一扶""西部计划"等基层就业项目、"城乡社区专项计划"、"大学生乡村医生专项计划"等提供大量政策性岗位,开拓市场化、社会化就业渠道,构建就业指导服务体系,促进大学生充分高质量就业;各地为招才引智,纷纷出台人才引进政策,吸引大量高层次人才流向该地区,对地域经济、社会发展做出贡献。

 生涯小贴士

"3.0 版"郑州人才政策重磅解读

2020 年 9 月,郑州市委、市政府共同印发的《关于实施"黄河人才计划"加快建设人才强市的意见》,这是结合郑州实际,针对人才痛点,打通政策堵点,继 2015 年"1125 聚才计划"、2017 年"智汇郑州"人才工程之后,推出的"3.0 版"郑州人才新政。

该文件针对不同人才需求,实施分层分类、精准有效的人才激励政策。其中,针对青年的人才支持专项,主要有以下几点:

(1)给予青年人才普惠性支持政策 对毕业 3 年内(海外留学优秀人才毕业 6 年内)来郑工作的全日制博士研究生、35 岁以下硕士研究生、本科毕业生和技工院校预备技师(技师),按每人每月 1500 元、1000 元、500 元的标准发放生活补贴,最长发放 36 个月。

(2)实行更加积极的青年人才创业政策 高校毕业生自主创业可申请最高 40 万元的创业担保贷款;合伙经营或组织创业的,可获得最高 200 万元的创业担保贷款。

(3)面向海内外吸引优秀博士来郑从事博士后研究 对设立国家级、省级、市级博士后工作平台的市用人单位,给予最高 100 万元、50 万元、20 万元资助,重点保障博士后的科研工作。给予进站博士后每人每年 10 万元生活补贴,国(境)外优秀博士在站生活补贴提高至 15 万元,资助期限为 2 年。

(4)给予人才安家补助 对市企业引进或出站留企工作的博士后,给予 20 万元安家补助,国(境)外优秀博士后安家补助提高至 30 万元。每年选送资助一批青年人才赴国(境)外进行中长期培训进修,根据培养时间和层次给予人才 3 万 ~10 万元资助。

(整理自澎湃新闻网《"3.0 版"郑州人才新政重磅解读》)

（二）经济环境

经济环境主要涉及经济形势、劳动力市场供求关系、收入水平、经济发展水平等方面。经济形势好，企业经济效益高，对其自身未来发展倾向看好，会通过扩招岗位方式储备培养一批人才，因此就业机会也就越大。供求关系是否平衡直观地反映在劳动力市场的就业机会和工资水平上。当劳动力供给大于需求时，劳动力市场提供岗位少，失业现象增加，就业竞争压力增加，工资水平也可能下降。收入水平则通过间接的方式影响就业，当人们收入水平提高，其消费水平、对商品在数量和质量上的需求也随之增加，从而刺激企业扩大生产规模，加大对新产品的研发力度，增加相应岗位数量。经济发展水平体现了国家在一定阶段的经济增长方式和增长速度，以及产业结构和产业布局等诸多方面，经济发展水平越高，就会创造出更多、更优质、更具包容性的就业岗位，并增加高技能劳动就业。

 生涯小贴士

从求人倍率看劳动力市场供求关系

求人倍率是指劳动力市场需求人数与求职人数之比，它表明了劳动力市场中每个岗位需求所对应的求职人数。当求人倍率大于 1.0 时，劳动力市场招聘需求人数大于求职人数，就业环境相对宽松；当求人倍率小于 1.0 时，劳动力市场招聘需求人数小于求职人数，就业环境相对紧张，竞争激烈。根据人力资源和社会保障部的数据，全国职业求人倍率近年来维持在 1.0 以上，且不断走高；部分"卡脖子"行业，如芯片、集成电路、医药核心技术、新材料核心技术等岗位的结构性矛盾更加突出，高技能、高技术人才的求人倍率甚至超过 2.0。该现象说明我国正逐渐向"人才红利"时代过渡，企业为获取合适的求职者需支付越来越多的成本（包括薪酬以及招聘过程成本）。

劳动力市场对技术技能型人才的需求，恰恰给我们大学生就业提供选择方向，大学生作为优秀青年人才，也将会在未来的工作岗位上，为社会、企业创造更广阔的价值回报和经济收益。

（三）法律环境

法律环境主要指与职业相关的法律、法规，其中《劳动法》《劳动合同法》《就业促进法》等，对用人单位和劳动者双方在劳动关系中的权利和义务进行法律约束，如工作时间和休息休假、工资、劳动安全卫生、女职工和未成年工特殊保护、职业培训、社会保险和福利、劳动争议等方面作出详细阐述；同时，针对某一具体职业，国家也有有关的法律、法规，如《教师法》《执业医师法》，对从业人员的职业行为进行法律规范。

（四）科技环境

当前，我们正在经历工业 4.0 变革时代，以人工智能为代表的科学技术逐渐影响着各行各业的发展。在人类历史发展进程中,每一次科技进步都会催生新兴产业,并改造传统产业;在推动经济发展的同时,也使就业结构发生了变化。如机器人和算法提高了现有工作的生产率,创造出一大批新岗位,一些高风险、高重复性、劳动密集型的岗位也逐渐消失。

(五)文化环境

文化环境主要指教育条件和水平、社会文化设施等。教育普及化程度越高,人们受教育程度、所掌握的知识和技能水平也就越高,更能满足社会对人才的需求,从而获得更好的就业机会和发展空间。健全的社会文化设施,良好的社会文化氛围,对个人的文化熏陶、行为规范,对创建规范、良性发展的职业环境,都会发生潜移默化的影响。

(六)社会价值观念

我们的生存、生活处于社会当中,个人的价值观念直接或间接地受着社会价值观念的影响,甚至影响着个人的职业选择和职业发展。例如在我国,受传统文化的影响,很多人都希望自己能有一个安身立命的"房子",希望自己所从事的工作能够"有面子",所以在职业选择时会更多考虑这些因素。处在新时代的大学生,应当响应国家主流价值观的倡导,在择业时将个人前途与国家需要相结合,用所学为社会发展贡献一份力量。

风华在群众中放歌,乡村在提振中正茂——郑大学子董艺文扎根基层

基层是高校毕业生成长成才的大舞台。党的十八大以来,以习近平同志为核心的党中央高度重视引导鼓励高校毕业生到基层工作,教育部等有关部门推出一系列政策措施,越来越多高校毕业生积极响应国家号召,奔赴基层干事创业,涌现出一大批先进典型。郑州大学学子董艺文便是其中之一,于2023年入选教育部"基层就业卓越奖"。

2016年9月,大学毕业的董艺文同志放弃了炙手可热的创业项目,选择扎根基层,来到登封市大冶镇垌头村。在基层岗位上,董艺文始终坚信求学理论要与具体实践相结合、树大志做难事,致力于构建垌头村"会唱歌的村庄"文化符号,创办全国首家乡村文化合作社,将传统文化与乡村产业相结合、再创新。目标定下了,行动马上开始。2019年,他辗转多地筹措资金,谋划垌头村产业发展。当他带着投资人、规划师、村发展蓝图与老乡们见面,乡亲第一次看到未来的垌头时,村民眼前一亮、投资人争相参与。两年的建设期,他践行着"红旗渠精神",发动村民不等不靠、点滴做起,建成了大剧场、小吃街、道路绿化等。面貌焕然一新的垌头村,人流物流争相涌入,村民纷纷开起了农家乐,700多名群众实现就地就业。整个村子日均人流量达5000人,产业蒸蒸日上,研学游、乡村游、家庭游为主体的产业纷纷涌入,小村庄热闹了,乡亲们喜笑颜开。

2020年村委换届,董艺文当选村支部书记、村委主任,思路清晰、敢抓敢干的他,以农村实景演出为主的第三产业带动一二产业联动,从产业上下手改变山村穷面貌。如今,峒头村建成非遗文化街、农产品作坊、农家乐、服装厂、纯净水厂等实体产业,乡亲们更是走上了精神富足、物质富裕的双丰收式"一村一品"特色之路。新农民、新职业、新增收,董艺文正在用责任与担当一步步改变这个曾经贫穷的小山村,也始终践行着一名共产党员的理想信念,奉献着自己无悔的青春。

(摘自《从振兴乡村到远赴边疆,河南毕业生用青春书写最美注脚……》)

二、行业环境分析

(一)行业的划分

当前,我国对行业的分类主要依据《国民经济行业分类》(GB/T 4754—2017),国家质量监督检验检疫总局和国家标准化管理委员会联合发布,分类采用经济活动的同质性原则划分,每一个行业类别按照同一种经济活动的性质划分,其中共包含门类20个,大类97个,中类473个,小类1382个。另外,为适应建立国民生产总值统计的需要,国家根据《国民经济行业分类》标准规定,对三次产业划分范围进行调整,具体如下:第一产业是指农、林、牧、渔业;第二产业是指采矿业、制造业、电力、热力、燃气及水生产和供应业、建筑业;第三产业是指服务业,即除第一产业、第二产业以外的其他行业。

同时,我们还要关注到国家战略性新兴产业,其代表新一轮科技革命和产业变革的方向,是国家培育发展新动能、赢得未来竞争新优势的关键领域。具体包括新一代信息技术产业、高端装备制造产业、新材料产业、生物产业、新能源汽车产业、新能源产业、节能环保产业、数字创意产业、相关服务业九大领域。国家战略性新兴产业在经济发展和全球竞争中发挥重要优势,对技术革新、产业升级、经济发展有着巨大的驱动力量。因此,我们在定位行业时,可以将其作为参考的依据。

(二)行业的要素分析

行业由一定数量的企业集合而成,其发展态势和职业的发展前景休戚相关,是我们进行职业选择时确定发展方向的指针。行业环境分析主要是对拟选择的职业所属行业的环境分析,包括该行业的发展状况和前景趋势、对人才的需求等。要想了解某一行业的发展现状和前景趋势,除了看国家对此行业有无政策性的扶持之外,还可以从行业的发展历史和态势着手,如考察这一行业的商业模式、市场规模、盈利能力、细分市场、竞争格局、行业价值链以及所处行业生命周期的哪一阶段等。行业的发展离不开从业者对其付出劳动,创造价值。了解行业人才需求状况,对我们评估自身是否具备进入该行业的条件、就业竞争优劣势,是十分重要的参考依据。我们需要了解从事该行业的准入门槛,即行业规范和标准、行业道德和行为规范等,还需要了解该行业对人才素质能力的基本要求,如人才胜任素质能力模型、从业资格证书等;另外,需要了解行业当前在就业市场中的供需关系,依此考察就业竞争是否激烈。总之,对行业的了解越详细越充分,我们在职业定位时才会更加清晰自己的选择方向。

三、企业组织环境分析

(一)企业实力分析

企业实力体现在诸多方面,如企业生产规模、内部组织体系规模、市场规模和资金状况等,企业的主营业务、产品和服务涉猎领域范围广度,产品技术相较同行业是否具有较强的竞争力或是否处于领先地位,企业品牌形象在行业和社会大众中的声望等。一个企业的实力越雄厚,企业发展在较长一段时间内越具备对抗市场风险防范的能力。相比其他,该企业更能向社会提供持续不断的、稳定的招聘岗位需求。对于大学生来说,入职这样的企业,对个人提升职业能力、获得工作的稳定性和职业晋升空间、争取大的发展平台和机会,都更加有利。

(二)企业领导者风格

一个成功的企业往往至少有一位出色的企业家来管理。企业核心领导者的理想抱负和能力是企业在激烈的市场竞争中稳步前进的关键因素。企业领导者的战略眼光、市场敏锐判断能力、对待员工的态度和管理方式,都会渗透到企业的文化和管理制度当中。我们在当前熟知的知名民族企业中,不乏看到优秀企业领导者的风范,如华为的任正非等。

(三)企业文化

企业文化指的是全体员工在长期的生产经营活动中形成的,由其价值观、信念、仪式、符号、处事方式等组成的其特有的文化形象,包括企业愿景、价值观念、管理理念、企业精神、品牌形象、道德规范和行为准则、历史传统、组织文化、企业制度、企业产品等。对企业文化的认同,能够让员工在企业内部形成一种归属感,让员工更加愿意为企业的长期发展努力,从而提高员工的工作热情和工作效率。如果个人价值观与企业文化有冲突,就会很难适应企业的工作氛围,在组织中也很难寻求发展。因此,我们对企业进行探索,了解其所倡导的文化氛围,比较其是否与自己的价值观相符合。

(四)企业制度

企业制度涉及的范围比较广,包括产权制度、经营管理制度、用人制度、培训制度等。这些内容和个人在企业中的发展有很大关系。像律师事务所,大多实行合伙人制度,其员工在公司可以成长为"老板"中的一员。企业因其自身经营发展状况的不同,其用人要求和晋升通道也会有所差异,了解多家企业的制度,能够为我们制定职业规划路径提供借鉴参考,也能够帮助我们在比较中找到更适合自己的工作环境。

大学生职业规划与就业指导教程

四、岗位环境认知

（一）职业岗位的工作性质

职业岗位的工作性质，即对某一职业的具体工作岗位基本情况的描述，如该职业的定义、工作内容、其存在的目的和提供的服务需求、任务和职责范围、涉及的专门领域，以及其需使用的工具、设备等辅助工具。这是我们了解一个职业所需要掌握的最基本信息。只有建立对这个职业的概念认知，我们才能进一步思考，做判断、做选择。

（二）职业岗位所需的教育、培训和实践经验

职业岗位所需的教育、培训和实践经验，即对从事该职业所需的教育和实践背景的要求，如所学专业和主修课程、学历水平、相关从业技能培训、实习实践经历及所花费的时长等。我们通常讲，术业有专攻。当前，不同岗位对人才的专业技能要求高，且企业为了降低人才培养成本，在招聘时大多会明确提出与所需岗位相同或相近的专业，对学历水平也有明确的要求。这些因素会成为限制大学生应聘某些岗位的门槛。因此，我们在搜索职业信息时，应当考虑该职业对专业对口是否有较高要求，或者说，我们在做职业选择时，应优先考虑专业对口的就业范围。

（三）职业岗位所需的技能和执业证书

职业岗位所需的技能和执业证书，即从事该职业所需要的能力和技术水平、体能状况、执业证书、文凭，或有利于获得该职业的特定条件，如外语能力、文笔写作能力等。我们在掌握从事某一职业应当必须具备的专业技术技能之外，还要具备较高的职业素养，如语言表达能力、人际沟通能力、团队协作能力、职场社交礼仪等。过硬的专业技能和高超的职业素养，如同左膀右臂一般，将助力我们在职场上展翅翱翔。

当前，我国执业证书分两种：职业资格证书和职业技能鉴定证书。职业资格证书是指按照国家制定的职业技能标准或任职资格条件，对劳动者的技能水平或职业资格进行客观公正、科学规范的评价和鉴定，对合格者授予的证书，是从事某一职业的准入凭证。而职业技能鉴定证书是指由人社部门备案的评价机构，依据职业技能标准或评价规范，结合实际确定评价内容和评价方式，对合格者授予相应的职业技能等级证书，通常分为初、中、高三级，是劳动者具备某项职业技能水平的凭证，在求职、任职中，能起到锦上添花的作用。执业证书代表劳动者具备从事某项工作、掌握某项技术的能力，我们只有在考取到证书之后才能从事该职业，要提前着手准备；有些较高等级的技能证书需要我们具备相关从业经验，是在从事工作之后才能考取的。但不论哪种证书，都应考虑其颁发机构的权威性和社会认可程度。

（四）职业岗位的薪资范围和福利待遇

职业岗位的薪资范围和福利待遇，即从事该职业的工作者的起薪、平均收入、最高收

入、未来涨动幅度,以及公司可提供的福利待遇等。通常的福利待遇有退休津贴、医疗保险、休假、进修教育补助、在职培训等。职业岗位的薪资范围和福利待遇是大多数劳动者关心的重要内容,也是职业环境中的敏感话题,应当理性看待。

(五)职业岗位的发展前景与晋升通道

职业岗位的发展前景与晋升通道,即该职业岗位的当前就业供需情况、未来就业趋势,从事该职业的升迁岗位路径、晋升机会空间和所需时间长短、升迁道路是否通畅以及工作的稳定性等。职业生涯占据个人生命历程最美好的几十年光阴,从事某一职业的发展前景关乎个人自我价值的实现程度、关乎个人的人生幸福和事业成功,也是劳动者择业时不容忽视的内容。

(六)职业岗位的就业地点和工作环境

就业地点是指该职业常出现或聚集的地区,以及可以找到该职业的工作组织类型的机会等。工作环境是指从事该职业的物理环境(如室内室外、噪声程度)和危险程度、工作时长和休息休假制度、职场着装打扮风格、是否因工作需要时常出差等。这也是求职者在择业时会考虑到的现实问题。如工作环境是否有安全防护措施,是否舒适,通勤时间的长短,劳动时长能否平衡工作与家庭、个人生活之间的关系,都与个人从工作中体验到的幸福感息息相关。

五、家庭环境认知

(一)家庭养育环境

个体在成长过程中形成的性格、生活习惯、兴趣爱好、处事态度等,很大程度上受到家庭环境中父母的个性特征、认知水平以及养育方式等的影响。这对个人适应社会生活、为人处事奠定基础。如果父母是外向乐观的性格,子女一般更善于与人沟通,养成面对工作逆境迎难而上的品质;父母要是有着某项兴趣特长,子女在父母的影响下也更易接触该事物,并擅长于此;子女的认知水平、处事方式和态度也会在无形中受到父母的影响。在教养方式上,民主型的家庭更易建立平等、亲密的亲子关系,子女更易形成独立自主、包容自信的性格,他们在面对职业抉择等重要问题时,会听取他人的意见,也会坚持自己的想法,从而做出理性的选择。

(二)家庭支持系统

家庭支持系统所要分析的主要有父母的职业类型、对待工作的态度和价值观以及父母能够在资金、经验等方面提供给子女帮助的地方。父母从事哪类工作,对待工作的认真态度和奉献精神,会潜移默化地形成子女的职业价值观;父母对工作有怎样的感悟体验,也会形成人生经验,对子女的职业发展给予建议。家庭如果能够提供自己某方面资源的支持,帮助我们少走弯路,顺利成长成才固然是好,但如果没有,也不要持有抱怨、失望的心态。每个人的成长奋斗主要还是依靠自己持之以恒、坚持不懈地努力,不能太过依赖父母。

六、学校环境及专业分析

(一)学校环境

学校环境分析主要是了解我们所在学校的性质、办学水平以及优质教育资源等。首先,学校的性质不同,培育学生的方向也会不同,其所指向的职业类型也会因此不同。其次,学校的办学水平体现了学校的教学质量,也反映在社会对学校人才培养的认可上。社会对学校的办学水平评价越高,对学校培养出的优秀毕业生肯定程度越高,到校组织校园招聘活动的优质企业和岗位也会越多。最后,学校的优质教育资源不仅仅体现在办学条件上,还体现在学校的特色学科和专业、优秀的师资队伍、高水平的实验室或实训室、知名校企合作单位以及校内外合作项目等方面,这些为在校生的学业发展、成长成才提供良好的学习环境和积极向上的文化氛围,学生能够自主选择丰富多样的学习方式,为个人发展创造锻炼机会。我们应该充分了解学校的教育资源和信息,并加以利用。

(二)专业认知

专业认知是指对自己当前所学的专业进行深入全面的认识了解。专业是对某一学科知识系统概括后的统称,某种程度上与某些行业、职业领域存在直接的对应关系,影响着我们未来就业方向的选择。目前,从劳动力市场的角度来看,用人单位在岗位招聘时,越来越注重专业人才的选择,依据所学专业是否与岗位匹配的方式进行筛选。因此,我们在了解专业时,应该着重了解专业的课程内容、涉及领域范围以及就业方向等。

七、地域环境分析

(一)自然地理因素

我国地域辽阔,地貌、气候、自然资源等情况差异大。从地缘因素的角度来说,个人在选择就业城市时,会相对倾向于考虑故土情怀、家庭生活、人际关系与成长地环境是否相近等因素,还有就业城市距离家乡的远近、上下班通勤时长、居住环境和生活方式是否适应等问题。自然地理环境在一些学科发展和就业领域具有一定优势,如西北工业大学的航空航天相关专业,中国海洋大学的海洋科学、水产相关专业等,基于有利的地理位置优势,所属专业下的行业发展优势明显,就业机会也就更好。

(二)人文历史因素

一座城市独特的精神面貌和特质,往往是经过这座城市历史洗礼和市民的传承发展而来,又潜移默化地影响着新一代的年轻人。每个城市的定位不同,其城市发展规划、优势产业资源、就业优惠政策都不尽相同。

 拓展阅读

樊锦诗:"敦煌的女儿"

她曾是风华正茂的北京大学优秀学子,却用近60年时间守护着荒野大漠中的735座洞窟。人们亲切地喊她"敦煌的女儿"。她就是历任敦煌研究院副院长、院长、名誉院长的樊锦诗。

樊锦诗,祖籍杭州,1938年出生于北平,在上海度过了童年和少年时期。1958年,品学兼优的樊锦诗考入北京大学历史学系考古专业。怀揣"祖国的需要就是我的志愿"的志向,听从祖国召唤,樊锦诗大学毕业后来到大漠戈壁中的敦煌文物研究所(今敦煌研究院)工作。

然而,要在大漠戈壁里扎下根来,决不能只靠一时的心动。大漠中的生活艰苦非常:喝咸水、点油灯、住土屋、睡土炕……当多次面对离开的机会时,樊锦诗犹豫过,但经过深思熟虑后,她还是放不下对这片石窟的热爱与肩头的责任,最终一次次选择了留下。

工作以来,樊锦诗用爱和生命践行着守护敦煌的神圣誓言,潜心石窟考古研究,先后完成了敦煌莫高窟北朝、隋、唐代前期和中期洞窟的分期断代工作;坚持改革创新,构建"数字敦煌",开创敦煌莫高窟开放管理新模式,有效缓解了文物保护与旅游开发间的矛盾;在全国率先开展文物保护专项法规和保护规划建设,探索形成石窟科学保护的理论与方法,为敦煌莫高窟的文物和大遗址保护传承与利用做出突出贡献。樊锦诗为敦煌石窟的保护和研究工作奋斗了近60个春秋,她本人也先后获评全国优秀共产党员、"100位新中国成立以来感动中国人物"、"改革先锋"、"文物保护杰出贡献者"、"最美奋斗者"等荣誉称号。

如今的敦煌已经发生了翻天覆地的变化,但不变的是,一批批年轻人依然前赴后继,踏着樊锦诗等前辈的足迹来到敦煌,奉献青春与热血!

(整理自党建网《樊锦诗:"敦煌的女儿"》)

(三)经济政治因素

地域经济发展水平直接影响就业机会、薪资水平等,是青年选择就业城市时相对优先考虑的重要因素。经济发展水平越高的城市,其文化教育资源、基础设施建设相对更加完善,新兴事物、新兴行业的发展也更领先,更具优势,满足青年对开拓视野、活跃思维、探索新奇事物的需求,他们也会成为参与推动新业态、新产业发展的重要一员。从近几年高校毕业生就业地域的选择来看,有向发展势头好、基础设施建设逐渐完备的三四线中小城市就业,向西部分散、向基层回流等趋势。除考虑生活成本之外,不同城市出台的人才引进政策,给予了更优质的就业机会和更广阔的晋升发展空间、提供住房福利和薪酬优待以及宽松的创新创业环境等,也是吸引青年就业的重要因素。

拓展阅读

"十四五"规划中的区域重大战略布局

党的十九届五中全会首次提出的国家区域发展战略,旨在以不同空间尺度和类型为基础发挥对区域经济发展和布局的示范引领和辐射带动作用。目前,已经实施的7个战略重点区域发展规划,都承载着各自不同的战略引领功能,在构建优势互补、高质量发展的区域经济布局中发挥着重要作用。

第一,京津冀协同发展重点在于打破行政区划分割壁垒,推动要素有序流动和资源合理配置,探索经济和人口密集地区优化发展的路径和模式。

第二,粤港澳大湾区发展重点在于发挥湾区经济特色优势,促进不同制度、货币和语言的经济体之间优势互补,打造开放、包容、多元发展的示范样板。

第三,长三角一体化发展重点在于依托工业化、城镇化和基本公共服务相对均等化的国土空间,加强不同层级地区、行业和领域间全方位协同互动,积累推广区域一体化和同城化发展的先进经验。

第四,成渝地区双城经济圈发展重点在于强化西部地区资源富集、市场潜力大、腹地广阔的比较优势,推动成都、重庆双城协同互动,探索要素集聚增效、产业分工协作、城乡融合发展的多样化路径模式。

第五,海南自贸港建设发展重点在于强化区位、资源、体制等独特优势,借鉴国际先进自贸港开放合作模式,为全国更高水平开放型经济发展提供先行先试的鲜活样板。

第六,长江经济带发展重点在于统筹经济发展和生态保护,引导上中下游航运、防洪、产业、城市协同发展,探索大江大河流域生态优先、绿色发展的可行性体制机制。

第七,黄河流域生态保护和高质量发展重点在于加强水资源合理开发利用和水沙关系调节,促进全流域生态环境治理、产业和城市布局、文化保护传承相协同,推动流域经济和行政区经济相互耦合下的区域经济高质量发展。

(整理自人民论坛网《加强区域重大战略、区域协调发展战略、主体功能区战略协同实施》)

第三节　职业探索策略

一、认识社会环境

(一)关心国家时政和方针政策

国家的方针政策对社会的发展建设发挥着重要的引领作用。我国每年3月份会召开全国两会,即中华人民共和国全国人民代表大会和中国人民政治协商会议。两会一前一后召开,中国人民政治协商会议主要讨论政府工作报告;全国人民代表大会主要审查和批准国民经济和社会发展计划,以及计划执行情况的报告,其内容涉及政治、经济、财政、政法、港台、外事、人大、社会工作以及群众切身利益相关的民生问题等。作为大学生,应该主动关心国家的方针政策,理解国家当下的历史使命和工作重心,将个人的理想抱负、职业价值与对国家、对社会做贡献紧密结合,努力成为国家建设的一份子。

(二)关注社会时事热点动态

当前,在网络自媒体平台的推动下,社会热点频出,人们的生活方式、看待事物的态度观点等都在快节奏地变化。新兴事物的变化必然引起社会需求的变化,从而对相关从业情况产生影响。例如"淄博烧烤"的出圈、"东北冰雪旅游"与"广西沙糖橘"的梦幻联动,引发全国各大旅游城市竞相破圈,延伸为各行各业爆火,带动文旅相关产业、乡村特色产业、文艺影视产业等发展。我们要透过主流媒体等信息资源平台,了解时事热点,从中发现机遇。

二、认识行业环境

(一)研读国家经济发展和行业领域政策文件

首先,国家每年召开的中央经济工作会议,会对当前经济形势做出研判,并定调第二年宏观经济政策最权威的风向标,部署下一年的经济工作总体要求和重点内容。作为每年最高级别的经济形势分析和决策会议,会议重要议题是社会各行各业竞相关注的焦点。其次,中华人民共和国《国民经济和社会发展第十四个五年规划和2035年远景目标纲要》等指明国家战略发展的文件,能够帮助我们从宏观层面理解国家对行业发展指明的方向,需要我们及时关注。另外,为促进某一行业的发展,政策上会出台更为详细的指导文件,如为实现碳达峰、碳中和目标,发布《中共中央、国务院关于完整准确全面贯彻新发展理念做好碳达峰碳中和工作的意见》《2030年前碳达峰行动方案》等。涉及行业发展的政策性文件,也是我们需要关注的地方。

拓展阅读

2024年经济工作重点内容

2024年是实施"十四五"规划的关键一年,2023年底举行的中央经济工作会议强调,明年要围绕高质量发展,突出重点,把握关键。会议从以科技创新引领现代化产业体系建设,着力扩大国内需求,深化重点领域改革,扩大高水平对外开放,持续有效防范化解重点领域风险,坚持不懈抓好"三农"工作,推动城乡融合、区域协调发展,深入推进生态文明建设和绿色低碳发展,切实保障和改善民生九个方面进行了重点部署。

这九项重点任务中又明确指出细分行业领域在下一阶段的发展要求。有哪些是与你所学专业相关的行业领域,哪些是你感兴趣想要进一步探索的领域?

 实践活动

查阅最新的中央经济工作会议,了解我国下一年度的经济工作重点,从中圈出你认为的关键词并进行解读,说出你认为国家未来经济发展的重心有哪些,遇到不理解的词汇,可以查询网络资源。

(二)研读行业分析报告

国家各级行业主管部门或社会研究机构,每年会根据行业发展的现状和发展趋势进行分析评估,形成行业分析报告。通过研读行业分析报告,或聆听专家对报告的解读,能够帮助我们快速地了解行业的整体概况、发展利弊、未来前景和趋势。我们在查阅行业分析报告时,可从发布机构的权威性、数据来源的可靠性、分析过程和结论的严谨性等,判断分析报告的参考价值大小。

实践活动

通过以下行业分析报告查询网站,检索一篇行业分析报告进行详细阅览,并说出你对该行业的认识以及评价。

第一类:国家平台相关数据

○国家统计局→数据查询

○财政部→信息公开

○人社部→政务公开→数字人社

○中国报告大厅

○中华全国商业信息中心

第二类:研究机构报告

○36 氪研究院

○阿里研究院报告

○前瞻产业研究院

○艾瑞网

○洞见研报

○东方财富网→数据中心

第三类:第三方资讯机构

○麦肯锡咨询官网

○德勤

○埃森哲

○BCG 波士顿咨询

○贝恩

○美世

（三）参加行业展会或交流会活动

我们通过参观某行业的前沿技术、产品,聆听业内人士的报告阐述,与该行业的专业人士深入交流等途径,能够直观地了解到当前该行业的发展现状、关注的焦点问题以及对行业未来发展的展望,快速建立起对该行业的整体认知。此外,我们与该行业从业者建立人际关系,为自己后续深入了解该行业、从事该行业提供建议和帮助。通常我们可以通过关注行业相关展会官网、微信公众号等平台获取行业展会或交流会活动信息;在活动过程中要尽可能参与其中,获取相关信息资源和整合信息资源的渠道,与行业专业人士建立联系。

（四）行业知名企业和代表人物分析

往往一个行业的转折或者巨变都会伴随着"龙头座椅"的变化,而变化中的逻辑往往就是行业未来五年乃至十年的发展关键。

行业知名企业一般是一个行业发展的缩影,处于行业发展的领先地位,对行业的变革发挥着重要的引领作用,因此了解行业的知名企业是快速了解一个行业的最好方法。我们可以通过订阅与行业知名企业相关的新闻,不断跟进行业最新动态。此外,调研行业中的代表人物,与行业的高管或一线员工进行访谈交流,也是快速了解行业的一种方式。通过访谈,了解他们的奋斗成长历程、在行业发展中如何克服各种困难和挑战等,能够让我们从个人的角度换位思考,设想自己进入该行业如果面临类似的问题,是否能够接受或克服,从而激发对该行业的深层认知。当然,了解行业代表人物,还可通过阅读人物传记、观看纪录片和访谈录等方式。

三、认识企业组织环境

（一）浏览企业官网和相关报告

浏览企业的官网是直接获取企业信息的主要途径。企业官网往往有对企业的详细介绍,如企业概况、职能部门、主营业务范围、企业文化和战略发展规划,以及企业人才招聘信息等。相对其他途径,从官网上更能获取较为完善、可靠的企业信息。另外,通过官网发布的招聘信息,更能看到当下企业的空缺岗位和对聘用人才的要求,便于我们与自身情况做比较,发现自身优势和不足,为择业就业提前做准备。

（二）查阅企业代表人物的传记和重要言论观点

企业代表人物往往体现了这个企业对外的品牌和形象,在企业发展中发挥关键性、引领性的作用。他们的成长历程和成功经历,在他们的个人传记或某些场合发表的重要言论观点,往往反映他们对待企业的经营理念、管理方式、企业文化、处事方式等,对我们理解一个企业的发展背景有很大的帮助。

 拓展阅读

"学会爱自己、学会做幸福企业"

2023 年 3 月,在联商网主办的中国超市总裁峰会上,胖东来董事长于东来围绕胖东来的文化理念展开了一次深入且真诚的解读。

早在于东来经营望月楼胖子店初期,最大的愿望只是希望能在五六年的时间内把欠账还完,"能自由,能守着家,就足够了"。当时这家门店的理念是"用真品,换真心",这种文化理念让他的生意获得意想不到的成功,不仅在一年之内还清了外债,还越做越好。

后来发生了一次大火,在员工的支持和陪伴下,门店渡过了艰难时期,这次经历让于东来意识到了员工的重要意义,"那时候我就觉得这个店再也不是我自己的店了"。钱好还,情不好还,所以对员工要更好,也要对社会好。就这样,想着让胖东来的每个门店,在许昌的每个街道都有,让老百姓买东西方便,买东西放心就成了于东来下一步的设想。

对员工越好,员工就越将心比心,企业也就越做越大,接触到的企业也越来越多。在接触优秀的企业文化后,胖东来的理念也慢慢从奉献自己、造福大家转移到幸福自己、造福大家。1995 年的时候,企业理念是用真品换真心,发自内心地希望顾客好;2002 年提出创造财富,播撒文明,分享快乐,这是精神财富上的追求;再到 2006 年,就有了个性、自由、快乐、博爱的追求,也就是平等、自由、博爱。现在,胖东来的目标非常清晰,就是要追求自由和爱,在企业内部体现出更多公平和真诚、尊重和信任。

(整理自联商网《胖东来董事长于东来:站在山顶疾呼的人》)

(三)查阅第三方机构对企业的评价

作为我国查询企业信息的权威官方网站,国家企业信用信息公示系统可以帮助我们查询某个企业的相关信息,如市场主体的注册登记、许可审批、年度报告、行政处罚、抽查结果、经营异常状态等。当前,我国注册的大大小小的企业不计其数,如果不是知名的企业,我们很难判断其是否为合法经营的正规企业。通过该网站,我们就可以鉴别该企业是否真实存在,印证网络提供的企业信息真假、查看企业是否存在违法违规行为,进而为我们做出入职抉择提供依据。另外,天眼查、企查查等网站的使用也相对广泛,我们也可用来查询企业信息。

(四)到企业实地参观考察

实地考察是了解一个企业最直观有效的方法。通过到企业参观其办公环境,看到工作人员办公时的真实场景,能够深切地感受到该公司的办公氛围。我们可以利用寒暑假时间兼职或实习的机会,从实践中感受,并思考自己是否能够适应这样的工作岗位,该工作是否与自己的职业期待相符合、能否满足自我价值的实现等问题。

四、认识岗位环境

(一)职业信息库查询

职业信息库一般按照行业类别和职业类别进行罗列,详细呈现每一个职业的各种信息,如职业的定义、工作内容、从业要求、优秀者特质、薪资状况、职业发展前景等,因其通常由政府部门或权威机构组织建设,信息具有较高的可靠性,是大学生进行职业决策、职业生涯规划的便利工具。

当前,我们可以使用到的职业信息库有:

(1)《职业分类大典》,通过网络可自行下载最新版本。

(2)由教育部学信网举办的"学职平台",包含"专业洞察""职业测评""职业探索""职业微视频"等功能模块,为全国高校毕业生提供全方位的职业生涯规划指导。

(3)从"技能人才评价工作网"中的"职业分类系统"和"职业标准系统"进行查询。"职业标准系统"中对具体职业的技能介绍更为详尽。

资源链接

1. 学职平台,https://xz.chsi.com.cn/home.action.

2. 技能人才评价工作网,http://www.osta.org.cn/index.html.

(二)招聘信息查询

通过检索某一岗位的招聘信息,能够帮助我们直接了解当下该职业在劳动力市场中的用人要求、供需情况以及薪资待遇等。我们可以通过专门服务大学生群体的就业平台、招聘网站、企业招聘专栏或公众号、职场社交平台等途径,获取招聘信息。尽管某一职业大体信息相同,但用人单位的定位和人才能力层次需求却存在较大差异。如果大学生能够尽早获知意向企业的用人要求,便能及早为胜任该工作做足准备。

还可通过参加校内外招聘会、登陆高校就业服务网站或专门的招聘网站进行查询。

资源链接

获取招聘信息的平台有诸多分类,清楚平台的分类和特点,能够让我们更高效地利用这些平台资源。招聘信息平台有:

(1)大学生就业平台。该平台侧重于为大学生提供就业指导、职业规划、实习岗位等服务,帮助大学生更好地融入职场,如国家大学生就业服务平台(网址:https://www.ncss.cn/)、应届生求职网(网址:https://www.yingjiesheng.com/)。

(2)专业领域招聘平台。该平台侧重于某一行业的就业服务,提供更加深入的行业信息和就业机会,如中国人事考试网(网址:http://www.cpta.com.cn/),开展事业单位公开招聘考试服务工作;青云网聘 App,专注于智能制造领域的招聘求职;医药英才网(网址:healthr.com),国内领先的医疗医药行业专业人才招聘网站等。

(3)社会招聘网站。该平台侧重于个性化就业服务,求职者可以按照自己的需求搜索职位,进行线上投递简历,如中智招聘、智联招聘、前程无忧等。

(4)企业招聘平台。该平台侧重于提供企业招聘信息,是企业为自身招聘而搭建的平台,可提供企业的职位信息、面试流程等信息,方便求职者了解企业文化和招聘要求,如腾讯校招等。

(三)实习、见习

要了解具体行业和职业的真实情况,最直接也最有效的方法就是到该工作环境中进行实习或见习,用自己的感官和行动体会该职业是如何开展的,从中思考其与自己的个性、能力和兴趣是否契合,自己是否能够胜任该工作以及该职业能否满足自己的职业期待等问题。只有在实践中得出的感悟才更加真实可靠,做出的职业选择和职业规划才能更加明确,更加坚定。

(四)生涯人物访谈

生涯人物访谈是与同一行业中数位资深工作者的深入交流以获取职业信息的方式,它能够获得从大众传媒上得不到的信息,验证其他渠道所搜集信息的可靠性,并知晓该职业工作者内心的真实体验和工作领域的深层次信息。访谈的对象可以是师长、校友或朋友介绍,访谈的过程大致分为准备阶段、访谈阶段和信息收集归纳阶段。可以依据自己的专业或者兴趣来选择不同行业、岗位的从业者进行访谈,透过其分享的职业环境信息、工作经验和从业建议等,得出自己是否愿意坚持从事该职业,找出自己当前存在的优势与不足,并及时对自己的生涯规划做出调整。

 拓展阅读

如何开展生涯人物访谈

第一阶段:访谈前准备

①确定想要了解的某一具体行业或职业。

②汇总自己想要获取的职业信息,拟定生涯人物访谈问题清单(参考表1)。

③选择拟访谈对象,可以选择不同职龄从业者作为访谈对象,使我们更立体地看到该职业从业者的职业体验感悟。如果无法联系到合适的访谈对象,可以使用网络职场社交平台或到实际工作地点寻找。

④约定访谈时间和地点,访谈时间尽量控制在 1~1.5 小时,选择双方都空闲、确保

不被打扰的时间段,地点尽量选择相对开放且安静的环境,如茶馆或咖啡厅。

第二阶段:访谈进行过程

⑤在征求对方同意的情况下,可进行录音或做笔记,但要注意尊重对方的隐私,当遇到对方不便或不愿回答的问题时,不再继续追问。

⑥注意多使用礼貌用语,如交谈过程中要目视对方,及时做出回应;在访谈结束时,及时表达感谢。

第三阶段:访谈结束之后

⑦梳理访谈的内容,可以从职业信息、生涯经验、访谈心得与反思等三个方面提取有价值的内容,并最终撰写形成《生涯人物访谈报告》。

表1 生涯人物访谈问题清单

职业资讯方面	生涯经验方面
1. 工作性质、任务或内容;	1. 个人教育或训练背景;
2. 工作环境、工作地点;	2. 投入该职业的决策过程;
3. 所需教育、训练或经验;	3. 生涯发展历程;
4. 所需个人资格、技能;	4. 工作"关键事件";
5. 收入或薪资范围、福利;	5. 工作心得:乐趣和困难;
6. 工作时间;	6. 对工作的看法;
7. 相关就业机会;	7. 获得成功的条件;
8. 进修和升迁机会;	8. 未来规划;
9. 组织文化和规范;	9. 对后进者的建议
10. 未来发展前景	

五、认识家庭环境

家族职业树是一种用树状图的形式呈现家庭成员的关系网络,探索家庭环境对个人职业影响的方法。这个方法能够以直观、生动的特点,帮助我们了解家庭环境中重要成员与个人的成长和职业生涯发展之间的关系。

绘制家族职业树的具体步骤:

(1)根据实际情况,将家庭中的主要成员关系网络绘制出来,家庭成员可以包括祖辈、父母和子女,也可以包括父母的兄弟姐妹、堂(表)兄弟姐妹;在每位家庭成员的旁边标出对他们的称谓,以及他们的职业和性格。

(2)对罗列出的每位家庭成员,列举一个能够体现他(她)职业品质的事件;谈一谈你对他(她)所从事职业的认识,以及对你看待职业有怎样的影响。

(3)对罗列出的每位家庭成员,列举一个能够体现他(她)对你影响最深刻的一个事件,谈一谈其对你的成长和职业选择有怎样的影响。

六、认识学校环境及专业

(一)了解学校

通过学校官方网站查询学校信息,是最直接、最可靠的方式。从学校官网进入,了解学校概况、院系专业、人才培养、师资队伍、招生就业、科学研究以及合作交流项目等内容,能够帮助我们快速、全面地了解学校的情况,收集对个人成长和发展有用的信息,加以利用,为未来发展寻求机会。

 实践活动

通过查阅学校官网,访谈你的老师、校友或者社会人士,来了解当前你所就读的学校。从中分析自己的母校有哪些独特优势,有哪些王牌专业,以及有哪些最值得你骄傲的地方。

(二)了解专业

对专业的了解主要从专业名称、所属学科、人才培养目标、课程内容、就业方向等方面展开。我们可通过学校官网中的招生窗口,查询专业介绍进行了解,也可以通过学职平台中的"专业洞察"功能板块进行查询。

七、认识地域环境

(一)了解城市的基本情况

选择一座城市作为自己未来长期工作、生活的地点,需要提前了解这座城市的各个情况,如城市所处的地理位置、气候、交通、城市功能区域划分、人文历史环境、教育医疗资源、生活成本和消费水平,以及经济发展水平和产业发展情况等。这些信息可以通过网络查询,也可以通过家人朋友了解。大学生就业大多会选择自己就读大学所在的城市,通过大学四年的生活,对城市有一定的了解和人际基础,能适应该城市的生活。如果在多个城市之间做选择,建议可以用表单的方式列举,将不同城市的信息收集整合做横向比较。

(二)了解城市发展建设相关政策

在查询政府官网时,可以有意识地查询该城市发布的年度政府工作报告、未来城市发展规划、城市产业布局、人才引进政策、创新创业政策等相关信息,了解该城市未来经济发展的方向和定位,以便评估自己在该城市的职业发展前景。

？ 思考题

1. 从你当前能够获取到的信息资源中,找取你认为在未来 10 年中最具发展前景的行业领域,并做出解释。

2. 主动参加一次校园宣讲会,听一听现场的招聘人员对行业、企业和岗位的介绍。请你列出问题清单,与工作人员进行交流;记录下你在宣讲会上获取到的信息和感悟。

3. 利用寒暑假或周末的时间,尝试通过兼职,进入你想要了解的工作岗位所处的办公环境,通过观察岗位上的从业者,他们的工作内容、工作状态、技能水平等,绘制一张岗位人才画像。

4. 从招聘网站上找到 3 个你最中意的岗位招聘信息,对其进行解读。

职业决策

 学习目标

1. 了解职业决策的含义。
2. 认识自身的职业决策风格。
3. 了解职业决策的准则和影响因素。

 学习导读

大学生在临近毕业时,站在人生的十字路口,常常会面临各种机遇和选择,同时也会面临选择和决策的烦恼。比如,有的同学面临着选择就业、创业、考研还是出国的困惑;有的同学选择了就业,但是对于选择哪个行业、什么职位等也存在困惑。因此,如何把握机遇,做出科学合理的决策显得格外重要。

第一节 职业决策概述

 案例导入

李同学,男,上海某大学理学院2008级数学与应用数学专业学生,上海人,一直在班级、学生会担任学生干部,综合素质和能力强,学习成绩较好。在未来选择上不知是该选择考研还是找工作,他认为考研可以考一所好的学校,提升自己的毕业学校的知名度,另外也可以考自己感兴趣的金融专业,为自己的将来发展打下更好的专业基础。同时,他也认为考研要投入很长时间的学习,把握也不是很大,如果考不上,可能会错过好的找工作机会,所以不知该如何决定。

案例分析:本案例在即将面临毕业选择的大三学生中非常普遍,表面看似是考研和找工作的两难选择,实际是对找工作缺乏自信,对自己优势认识不足,对用人单位的要求不了解,是一种信息不对称导致的就业信心不足的典型案例,也是大学生考研群体中比较普遍的现象,常常是因为自己不知道找什么工作,不自信能找到工作而决定去考研。

所以要让大学生想清楚自己为什么考研,是不是只有考研一条路,帮助他们分析自身的优势是做出正确选择的关键。

一、职业决策的含义

职业决策起源于经济学,后应用于职业心理学。最早出现在英国经济学家凯恩斯的理论中,他认为职业决策是指一个人选择目标或职业时,会选择使用一种使个人获得最高报酬,而将损失降至最低所用的方法。随着研究的深入和发展,职业心理学家从不同的理论角度进行了探讨。

1. 存在主义哲学的职业决策观

存在主义哲学的职业决策观认为,职业决策不仅是一种解决问题的、理智的过程,还涉及复杂的人生存在的价值等方面。职业是一种满足以及在世界上存在的方式,职业决策是生活中重要的决策情景,被认为是"边界情景(boundary situation)",这种情景不仅涉及决策造成的生活后果,并且强迫个体意识到并且面对许多关于存在主义的主题,例如自由、责任、生命意义和真实。

2. 认知主义心理学派的职业决策观

认知主义心理学派对职业决策的解释注重信息加工过程,认为职业决策是一个复杂的认知过程,通过此过程,决策者组织有关自我和职业环境的信息,仔细考虑几种可供选择的职业的前景,公开承诺(public commitment)做出职业选择的行为。职业决策是一个不仅包括职业选择,而且涉及对执行完成选择所需的行为做出承诺的过程。

3. 经济学概念的职业决策观

经济学研究者认为职业决策作为决策的一种具体形式,它具有和经济领域的决策相同的特点:个体必须在几个被选项之间做出某种决策;决策者可以用某些方面的标准对比和评估各个选项来确定最适合的选项;要在彼此冲突的目标之间进行权衡;许多决策中包含不确定性——甚至每种结果发生的概率是未知的,进一步扩大了决策的复杂性。

🎓 生涯小贴士

职业决策本质上是一个包含过程与结果在内的完整序列,它建立在个体的人生观、价值观、世界观等精神维度的基础上,同时也是个体权衡外界因素与利弊,做出理性决策的过程。在充分考量种种选择的可能性后,个体也会做出一个相对稳定的选择结果。

二、职业决策的风格

职业决策的风格是一个不断发展的概念。职业决策风格为在职业决策过程中,个体收集、感知和处理信息的特定方式,也就是个体做出职业决定并投入在职业决策过程中的方式。职业决策风格是研究职业行为和职业发展的核心概念之一,并且也是区分职业问题的重要预测变量。

1. 职业决策风格"三分法"

根据著名职业生涯学者哈瑞恩(Harren)的研究,大部分人的职业决定方式可以归纳为以下三类:

(1)理性型　这种类型崇尚逻辑分析,往往在系统收集足够的自我和环境信息基础上,权衡各个选项的利弊得失,按部就班地做出最佳的决定。

(2)直觉型　这种类型是以自己在特定的情景中的感受或者情绪反应,直接做出决定。这种风格的人做决定全凭感觉,比较冲动,很少能系统地收集相关信息,但他们能为自己做出的抉择负责。

(3)依赖型　这种类型的人常常是等待或者依赖他人为自己收集信息做出决定,比较被动和顺从,做选择时十分注重他人的意见和期望。他们以社会赞许、社会评价和社会规范作为做决定的标准。

2. 职业决策风格"五分法"

美国职业生涯专家斯科特(Scott)和布鲁斯(Bruce)认为决策风格是在后天的学习经验中逐渐形成的,将决策风格划分为五种类型:理智型、直觉型、依赖型、回避型和自发型。

(1)理智型　以周全的探求,对选择的逻辑性评估为特征,理智型的决策者具备深思熟虑、分析、逻辑的特性。这类决策者会评估决策的长期效用并以事实为基础做出决策。理智型决策风格是比较受推崇的决策方式,强调综合全面地收集信息、理智地思考和冷静地分析判断,是其他决策风格的个体需要培养的一种良好的思考习惯。但理智型的决策风格也并不是理想的、完美的决策方式,即使采用系统的、逻辑的方式,也会出现因为害怕承担决策的后果而不能整合自己和他人观点的困扰。

(2)直觉型　以依赖直觉和感觉为特征,比较关注内心的感受。直觉型的决策风格以自我判断为导向,在信息有限时能够快速做出决策,当发现错误时能迅速改变决策。由于以个人直觉而不是理性分析为基础,这类决策发生错误的可能性较大,因此,易造成决策不确定性,容易丧失对直觉型决策者的信心。

(3)依赖型　以寻求他人的指导和建议为特征。依赖型的决策者往往不能够承担自己做决策的责任,允许他人参与决策并共同分享决策成果,会受到他人的正面评价,但也可能因为简单地模仿他人的行为导致负面的反应。依赖型的决策者需要理解生活中重要他人对自己的影响程度。

(4)回避型　以试图回避做出决策为特征。回避型的决策风格是一种拖延、不果断的方式。面对决策问题会产生焦虑的决策者,往往因为害怕做出错误决策而采取这样的反应。往往是由于决策者不能够承担做决策的责任,而倾向于不考虑未来的方向,不去做准备,不知道自己的目标,也不思考,更不寻求帮助。这样的决策者更容易受到学校等支持系统的忽略。所以,这些学生需要意识到自身的决策风格及其可能造成的危害,努力调整,增强职业生涯规划的意识和动机,才能从根本上得到帮助。

(5)自发型 以渴望即刻、尽快完成决策为特征。自发型的决策者往往不能够容忍决策的不确定性以及由此带来的焦虑情绪,是一种具有强烈即时性,并对快速做决策的过程有兴趣的决策风格。自发型的决策者常会基于一时的冲动,在缺乏深思熟虑的情况下做出决策,此类决策者通常会给人果断或过于冲动的感觉。

🎓 生涯小贴士

职业决策风格是个体在长期的决策过程中形成的比较稳定的决策倾向,不同的决策风格对决策结果影响不同,且不同风格的人对行动的迫切性、应对风险时的处理态度也有差异。因此了解自身的职业决策风格,有助于扬长避短,做出更切合自身与社会的职业决策。

三、职业决策的准则

职业决策的准则是决策所应达到的标准和应该遵守的规则。以往的经济学家和管理学家往往主张决策者应以"绝对的理性"作为决策准则,现代管理学大师西蒙则主张决策者应以"有限理性"作为准则。职业决策也同样如此,应当充分考虑,做出理性的选择。

1. 社会需求原则

这是职业生涯决策最基本的原则。每个人都生活在大的社会环境中,职业生涯决策必须与社会需求相结合,以社会需求为基本出发点的职业生涯决策才具备现实性和可行性。

2. 兴趣发展原则

如果打算从事某职业,就应该在所学专业或该职业对人才的基本要求的基础上,努力发掘和培养自己的兴趣,逐渐找到学习和工作的乐趣。

3. 能力胜任原则

每个职业都需要相应的知识和技能,在做职业生涯规划时,需要对自己的能力有所探索和了解,根据自己的能力来判断自己能否胜任这个职业。

4. 利益整合原则

在进行职业生涯决策时,要考虑各方面(如个人的成就、职业发展的前景等)的利弊,然后对其进行整合,保证自己的利益最大化。

5.动态目标原则

职业生涯决策是一个动态的过程。在做决策时,决策者会发现自己现在的目标可能和几年前的目标完全不一样,也就是说,各时期的目标是动态变化的。

 生涯小贴士

职业决策的准则既要符合社会发展趋势,为社会做出贡献与价值,也要实现个人自身充分发展,符合兴趣;既应当考虑多方利弊,也要考虑自身的能力范围。因此,职业决策的基本准则就是灵活多变,实事求是。

四、职业决策的影响因素

针对职业决策影响因素的研究始于20世纪初,当前关于职业决策影响因素的研究比较多,并主要分为以下几个观点。

1.特质-因素论

特质-因素论的研究者从人与环境相匹配的角度出发,他们把职业决策看作个人了解自身与环境或工作特点的过程,而且是实现两者之间的最佳结合的过程。这一研究取向的代表人物是帕森斯和霍兰德。帕森斯是职业决策特质研究取向的奠基人,他指出影响职业决策的三大因素:①清晰地了解自我,包括对自我的态度、能力、兴趣、局限性及其原因的了解;②了解成功所需的条件和知识,包括对不同工作领域的优势与劣势、报酬、机会和前景的了解;③两组因素之间关系的原因。20世纪60年代,美国约翰霍普金斯大学的霍兰德基于他多年的职业咨询经验和人格心理学理论,提出了人格与职业类型匹配的理论。霍兰德理论的核心是假设人根据其人格可以分为六大类,即实际型(R)、研究型(1)、社会型(S)、传统型(C)、企业型(E)、艺术型(A),职业环境也可以分成相对应的六大类。人们会寻找适合自己的职业环境来充分发挥自己的能力、价值,表达自己的态度以及承担问题和责任。此后,1993年Prediger在霍兰德六边形模型的基础上加上人和物维度、数据和观念维度,使职业的类型和性质有机地结合起来。

特质-因素论从人职匹配这一核心出发,测评出每个人不同的特质,包括个体的能力倾向、兴趣爱好、家庭背景、教育程度、工作经历等方面的资料,并对这些资料进行评价,然后根据职业对从业者的要求,向求职者提供有关的职业信息,最后个人在了解自己的特点和职业要求的基础上,借助职业指导者的帮助,选择一项既适合自己特点又有可能获得的职业。总体上看,特质-因素论为人们的职业设计提供了最基本的原则。这一理论已经过众多心理学家的研究和拓展,如今这一理论依旧广泛应用在职业决策指导过程中,但是该理论把职业决策看成一个由独立的因素组成的概念,而不是从过程角度全面地看待,存在一定的局限性。

2. 过程理论

职业决策过程理论的研究者认为职业决策是从人们所经历的从搜索可能的职业选项开始到对比选项从中选择其一的过程。以色列心理学家盖蒂认为职业决策过程中遇到的困难贯穿在整个职业选择的过程中,他按职业决策的不同阶段将职业决策困难原因分为缺乏准备、缺乏信息和不一致的信息三类。缺乏准备主要出现在决策前,由于缺乏动力,不做决定所致。缺乏信息和不一致的信息往往出现在决策过程中,可以划分为对自我、职业、获得信息方式的信息的缺乏以及职业决策信息的缺乏。不一致的信息里又包括由于不可靠的信息、内部冲突和外部冲突所引起的信息冲突。美国教育与心理学教授krumboltz则认为职业生涯发展过程是个体了解自身和其可选择的各种职业的过程。个体过去的经历会影响生涯变动决策。如果个体曾在某些职业上有过优秀的经历,那么其会倾向于更多地在这些职业发展;相反,坎坷的经历会使其变动到其他职业。个体还会通过观察别人,并且想象其在此种情境中会如何行动,以此得到间接的经验。

过程理论是在以往研究理论的基础上形成的比较成熟的一种理论。它把职业选择看作一种过程,比特质-因素论更加完善,有助于对职业决策更好地理解和研究。在这一理论的基础上衍生出很多理论,对后来的职业决策研究有重大的启示作用。

3. 能力理论

职业决策能力研究取向的观点主要来源于职业决策特质研究取向。职业决策能力研究取向认为职业决策是个体进行挑选、承诺进入一个特殊的职业的能力。职业选择的过程被分为两个主要因素群,即能力和态度。其中能力测量主要是用来测量个人获得职业知识、进行职业规划并做出正确的教育和职业决策等能力。具体包括五个成分:①自我评价能力;②职业知识的能力;③目标筛选能力;④职业规划能力;⑤问题解决能力。职业态度部分也有五个分测验:①职业决策的确定性;②职业决策的参与度;③职业决策的独立性;④职业决策取向;⑤职业决策的妥协。

职业决策能力研究取向超越了特质-因素论,将职业决策看成单一、独立因素的观点,把职业决策分成若干因素群,因此,人们对职业决策的认识又有了进一步的提高。

4. 认知加工理论

职业发展心理学家把认知信息加工理论引入职业决策研究中,美国心理学家Peterson及其同事的工作受认知科学和人类思维过程研究的影响,提出认知信息加工方法理论(cognitive information process theory,简称CIP理论)。该理论认为职业决策是一个不仅包括职业选择过程,而且包括做出执行完成选择所需的相关的承诺的过程。他们通过信息加工金字塔来说明职业发展的认知信息加工理论,这个金字塔的基础是理解人类智力的方法。认知信息加工主要有三个成分:知识领域、决策技巧领域和执行加工领域。

5. 需要理论

美国心理学家Anne Roe的职业选择理论依据职业对个体需要所产生的满足的来源

和程度来研究个体的职业选择。其理论的职业选择公式由十二个因素所组成：

$$职业选择 = S[(eE+bB+cC)+(fF,mM)+(lL+aA)+(pP×gG×tT×iI)]$$

此公式包括了可能影响个体生理和心理需要的因素，体现了因素的分类。公式中的十二个大写字母表示各因素，她将因素（除 S 性别因素外）分为四组。第一组是个体所无法控制的因素，包含：E，经济状况；B，家庭背景；C，工作机会。而后三组中为个体可以加以控制的先天和后天因素，包括：F，朋友关系；M，婚姻状态；L，教育程度；A，特殊技能；P，身体特征；G，特殊天赋；T，个性气质；I，价值观。公式中的小写字母为方程式各个因素的系数——代表因素在特定的某个时间点或者环境中的影响程度，因素中只有 S（性别）是能够影响其他全部因素的因素。

生涯小贴士

影响职业决策的因素有很多，总体而言可分为个体内部因素和社会外界因素。在做出职业决策时，需要充分考虑多方面影响因素。

拓展阅读

职业决策的过程不是一帆风顺的，个体在一生的学习工作中必然会遇到职业决策困难。关于职业决策困难，有以下几种观点：

克里特斯（Crites,1969）认为职业决策困难是个体无能力挑选或是承诺于一个特殊的即将准备或进入特定职业的行动过程。

克鲁姆波兹（Krumboltz,1976）认为职业决策困难的实质是对决策不满意，或是由于与职业相关的学习经验不够，或是由于个体还没有学会或运用一套职业决策的系统方法所导致的一种决策状态，是没有学会某种学习经验的自然结果。

盖蒂和奥西波（Gati & Osipow,1996）认为职业决策困难是个体在做职业决策过程中可能遇到的各种难题。

《心理学百科全书》中观点是职业决策困难表示个体在特定的时间里，无能力做出一个特定的决策。

面对职业决策困难：

第一，可以把提升自我意识水平作为重要切入点，认知行为疗法、心理健康课对提高自我意识水平有显著作用。

第二，积极关注和探索增强生涯适应力和职业决策自我效能感的方式方法对解决职业决策困难问题有着重要意义，比如可以通过获得更多父母支持、开展心理灵活性训练和就业指导工作等方式方法增强生涯适应力和职业决策自我效能感。

第三，学校要积极挖掘和整合多方资源，有机融合提高自我意识、生涯适应力和职业决策自我效能感的有效措施，将心理健康教育、心理咨询、就业指导等工作作为有力落脚点。

第四,家庭、学校、社会等共同建立起完备的职业决策困难解决方案,形成一套切实可行、行之有效的科学性、系统性职业决策困难干预体系。

第二节 职业决策理论与方法

 案例导入

案例1:一名师范大学毕业的研究生,男,心理学专业,在校期间专业成绩优秀,曾多次获取奖学金,发表论文若干,且一直担任学生干部,成绩突出。但是他性格急躁,容易冲动,唯一的工作经历是研究生二年级时在一家大型电子公司的人力资源部门实习了半年。现在他想谋取一份人力资源管理的工作,应该到什么样的企业就职呢?

案例2:某商务英语专业毕业生的"5W"职业决策分析法

1. Who are you?

A.优秀学生干部,学业成绩优秀,英语过国家六级,辅修旅游英语、旅游管理、导游概论等课程,已经取得导游证书。

B.家庭状况一般,父母工作稳定,身体健康,暂时还不需要有人特别照顾。

C.自己身体健康,个性活跃,喜欢热闹,组织能力特强。

2. What do you want?

A.很想成为一名导游,自己比较喜欢这种职业。

B.其次可以成为宾馆、饭店的管理人员。

C.也可以考虑出国深造,回国后成为英语翻译。

3. What can you do?

A.在宾馆做过前台接待,当前台接待时曾因英语口语良好,受邀担任过随团导游兼翻译,很有成就感。

B.当过学生干部,团队合作意识较强,多次参与学校组织的有影响的大型活动。

4. What can support you?

A.家长希望他能去国外继续深造。

B.学校老师推荐他去一家品牌化妆品公司担任外方客户维护。

C.有同学开了一家货代公司,希望他能够加盟,但他不了解货代公司的具体业务,也不知道它有多大的发展前途。

D.在暑期社会实践时找到了一份兼职导游的工作,希望自己能成为全职导游。

5. What can you be in the end?

A.到国外去继续深造:学成归来做自己梦寐以求的翻译工作,但家境一般,压力太大,等有能力有精力了再去深造,也好减轻父母的负担。

B. 到品牌化妆品公司担任外方客户维护:收入应当不错,但从发展的角度看,化妆品行业竞争激烈,起伏较大,自己对此行业兴趣也不是很大。

C. 去同学开的公司做管理:专业知识用不上,日久会荒废;对货代行业不熟悉,承担风险较大;来自家庭的阻力,会令自己左右为难。

D. 如愿从兼职导游转为全职导游:一边带团出游,一边利用业余时间继续读些书,把外语知识与旅游知识有机结合。

职业决策是一个复杂的过程,要想让自己的职业决策趋于完美,就必须了解并掌握科学的决策理论和一些实际的决策方法。

一、职业决策理论

了解有效的职业决策理论,才能做出合理的职业选择。通常有些学生尽管自我感知、职场了解都很准确,却在进行职业选择时常常出错,就是因为他们疏忽了职业决策理论的重要性,没有掌握好职业决策理论的技术性和要领。职业决策的相关理论主要有工作搜寻序列模型、职业决策的社会学习理论、职业生涯决策的 PIC 模型和求职质量的自我调节理论。

(一)工作搜寻序列模型

皮尔·索尔伯格(Peer Soelberg)是工作搜寻序列模型的提出者,该模型主要探讨个体在工作搜寻情境下如何思考和决策。其核心内容可以概括为四个有序阶段:确定理想职业、计划工作搜寻、工作搜寻和决策、决策确认和承诺。

阶段一:确定理想职业。根据索尔伯格的观点,人们在开始找工作之前会先确认理想职业,进而指导自身规划一套行动标准以评估特定的工作备选方案。他们基于"个人价值观清单"和"工作资格感知清单"评估熟悉的职业。个人价值观是指所期望的结果及其重要性,也就是首要、次要或附加的目标。工作资格是指个体认为自身所具备的工作技能。当职业选择阶段结束,个体的情况可以分为没有理想方案、单一理想方案、多个理想方案。同一类别的个体在工作搜寻和决策时会表现出相似的行为,不同类别的个体则有不同的行为表现。

阶段二:计划工作搜寻。在选择理想职业后,个体会制订计划以达成目标。计划包括三个相关过程:①建立评价标准,以指导求职者寻找可能最佳的第一份工作;②分配资源,如注意力、时间、金钱等;③确定"备选方案生成器",以获取可供考虑的第一个工作备选方案。"备选方案生成器"是一种程序,一旦激活,决策者就可以决定是否对生成器提供的一系列备选方案中的特定方案进行后续调查,从而被动地进行搜索。备选方案的产生方式包括询问朋友、使用就业服务和发送信件。

阶段三:工作搜寻和决策。当第一个备选方案生成器被激活时,搜寻阶段开始启动并一直持续到求职者表示不再有兴趣、考虑其他选择为止。在搜寻阶段,人们可以更改筛选程序(即改变期望或使用不同标准),影响筛选程序的因素包括通过初始筛选程序的备选工作数量、可用的备选方案生成器数量、拒绝录用的人、得到理想工作的人等。另外,人们会同时筛选多个工作,通过不可比、没有明显权重的目标维度进行评价,并且通常会在搜寻阶段识别出不止一个可接受的工作机会。最后,在整个搜寻阶段的不同时间,个体会根据搜寻结果及资源的可用性,决定激活或停用各种备选方案生成器。当没有做出隐性决策时,人们会继续遵循复杂的工作搜索过程,直至完成最终选择,即做出隐性决策并确信会被公司录用,或者资源耗尽且已确定获得两个及以上可接受的工作机会时,他们才会停止搜寻。

阶段四:决策确认和承诺。在搜寻和决策阶段之后,个体会进行决策确认,目的是核实隐性工作选择的相关信息,协商录用条件的边际改善,在事后提供接受这份工作的合理原因,留出时间以确认不会再有更好的工作机会,并且在存在违约可能时给予足够的决策时间。如果求职者准备对已确认的决策选择做出承诺,就会迫不及待地向大家公布并说明理由,因为他们此时想要获得有关这个决策的社会支持。

生涯小贴士

求职前首先应明确求职目标,做好职业规划,结合自身专业能力、性格特征、兴趣爱好等选择职业方向,考虑职业的发展趋势。然后在获取大量相关职业信息的基础上,通过分析比较选择出最适合自己的岗位。

(二)职业决策的社会学习理论

职业决策的社会学习理论由美国斯坦福大学教育与心理学教授约翰·D.克朗伯兹(John D. Krumboltz)提出。该理论揭示了影响个体职业决策的四类因素:基因遗传与特殊能力、环境条件与事件、学习经验,以及任务技能。

(1)基因遗传与特殊能力　基因遗传与特殊能力是指个体与生俱来的、非个人能控制的部分如性别、种族,以及包括智力、操作能力等在内的特征,这些因素在一定程度上限制了个体选择职业的自由。

(2)环境条件与事件　环境条件与事件指个人所接受的教育与训练、家庭背景、社会政策、社会变迁、自然灾害等非个人所能控制的因素。环境条件与事件制约着个体的职业选择和发展,比如个体接受的教育培育的目标、求职时获得的工作机会数量,或者就业后获得的职业报酬、职业培训质量等都会受到这一因素的影响。

(3)学习经验　学习经验在个体职业决策过程中发挥着重要作用。克朗伯兹将学习经验划分为工具式学习经验和联结式学习经验,并分别解释了不同类型的学习经验对职业决策的影响作用,具体如下:

1)工具式学习经验,即个体在经历事件之后积累总结的学习经验。个体将事件的前因、个体的行为及事件的结果作为一种学习工具。其中,事件的前因可看作事件发生的基础和前提,包括前面提到的基因遗传与特殊能力、环境条件与事件。在前因的刺激作用下,个体会表现出内隐或外显的行为,具体包括内在的认知与情感变化以及外在的直接行为。个体的行为会带来事件的后果以及个体对行为后果的认知与情绪体验。整个过程实际上就是从经历的事件中获得反思和成长,从而积累经验。例如,个体入职所需的技能就是通过这个连续作用的学习过程获得的。

2)联结式学习经验,即当个体接受某一中性刺激时,同时出现积极或消极的刺激,这时会使原本中性的刺激发生联结式反应,变得也具有积极或消极的作用。联结式学习经验突出强调环境中的某些刺激会引起个体情绪上积极或消极的反应。职业的刻板印象就是通过学习的联结作用而形成的。例如,人们了解了自己某一位从事教师职业的朋友生活清贫之后,就会产生"教师是清贫的"这一刻板印象,这种刻板印象是个体根据某一实例而引发的主观判断。联结式学习经验具有很强的主观色彩,在很大程度上影响着个体对职业的判断、选择和归属。

(4)任务技能　与职业相关的任务技能是克朗伯兹提出的第四类影响个体职业决策的因素。在前述基因遗传与特殊能力、环境条件与事件、学习经验的交互作用下,个体最终锻炼出相关的任务技能,前三类因素交互作用的结果直接体现在任务技能的性质和质量上。这些技能本身也会相互促进、互相影响。

以上四类影响个体职业决策的因素会发生交互作用,从而产生三种结果。这三种结果分别为自我评价、任务技能和行动。自我评价,即个体对自身处事方式及风格的评价,参照点为个体过去习得的经验,可能是自身的成绩,也可能是别人的表现。自我评价的结果决定了个体的"喜好",是个体职业决策的标杆。任务技能是个体对环境的认知和表现能力的综合体现,用于解释这些能力与自我评价之间的关系,并对未来做出预测。任务技能在个体职业决策的过程中发挥着重要作用。行动是个体基于先天的各种特质与特殊能力,综合自我评价及后天学习经验后采取的引导个体走向未来职业发展的实际行为。

图4-1描绘了基于社会学习理论所描述的个体整个职业决策过程模式。在个体职业决策的过程中,影响职业选择的四个因素不断施加作用,使得职业发展的结果反复、交互出现。

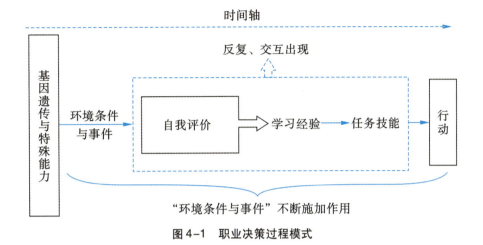

图4-1　职业决策过程模式

🎓 **生涯小贴士**

社会学习理论强调,职业生涯规划辅导不仅仅是将个人特质与工作相匹配,其重点在于个人应通过参与各种不同性质的活动,获得多种多样的学习经验,这些所学到的技能都有可能在未来的工作中派上用场,并能拓展个人的兴趣,培养个人适当的自我信念和世界观。

(三)职业生涯决策的 PIC 模型

职业生涯决策 PIC 模型(PIC model for career decision making)是一种系统的职业决策方法,是由以色列职业心理学家盖蒂提出的一种系统的职业决策方法,其构建兼顾理论验证与实践运用。

PIC 是预筛选潜在阶段(prescreening)、深度探索阶段(in-depth exploration)和选择阶段(choice of the most suitable alternative)的缩写。

(1)预筛选潜在选项阶段　在许多职业生涯决策情境中,潜在选项(比如专业、大学、职业)的数量是非常庞大的。由于认知资源有限,决策者不可能像规范性决策理论所要求的那样将所有潜在选项都纳入考虑范围。PIC 模型认为,理想的做法是对潜在选项进行预筛选,减少选择数量(比如 7 个或更少),进而产生一组可管理且有可能适合个体的选项。

为获得一个有可能适合的职业选项列表,PIC 模型指出个体对潜在选项进行预筛选需要经历五个步骤。第一步,选择相关方面。搜索有可能适合的选项是建立在个人偏好(如工作环境、培训时间、工作时间、与人的关系类型等)基础之上的,个人必须从众多与职业相关方面中选出自己关注的方面。第二步,按重要性排列这些方面。在许多情况下,并非所有被确定为相关的方面都应该被考虑。决策者应该按重要性将相关方面进行排序,然后从最重要的方面开始搜索,接着搜索第二重要的方面,依次类推。第三步,确定重要方面的可接受水平。第四步,将个人可接受水平与选项的特征水平进行比较,并消除不匹配的选项。经过比较后,个体会将那些超出自己可接受范围的选项排除掉。第五步,敏感性分析。确定了一组有可能适合的职业选项之后,个体需要重新回到上述步骤,并对如下问题进行检查:①个人偏好是否会发生改变;②为什么某些直觉上有吸引力的选项,经过系统搜索之后被排除;③仅仅因为选项与个人某一偏好存在微小差异就被排除是否合理。

(2)深度探索阶段 该阶段的目的是确定一些真正适合个体的职业选项。首先,每个合适的方案与个人的偏好相符;其次,个人符合该方案的要求。

考察某个方案是否真正适合个人,涉及两个条件:一是在个人认为最重要的方面上检查每一个可能方案与个人偏好的符合程度;二是在其他重要的方面上检查该方案与个人偏好的符合程度。有可能方案都是在第一阶段的筛选后留下的,它们在重要的方面上多少和个人的偏好相符合。在深度探索阶段,随着更多的、更具体的信息被得到,个人的偏好是会被调整的。

个人满足特定方案要求的程度,也包含两个适合的条件:一个适合的条件是考察个人是否真正能达到方案核心方面规定的要求。另一个适合的条件涉及考察实现每个方案的可能性,首先考虑个人过去的教育背景、实践经验等;其次要考虑每个有可能方案的先决条件(如最低的从业资格);最后希望个人能通过自己的努力来提高实现某个有希望方案的可能性。

(3)选择阶段 该阶段的目标是根据个人偏好和能力,选择最适合的职业选项,并在必要时选择次优选项。经过深度探索阶段之后,会出现两种可能:决策者获得一个最适合的选项;决策者获得两个或两个以上适合的选项。对于第一种情况,决策者不再需要进一步选择,直接执行选项即可。如果有两个或两个以上适合选项,那么要求决策者采用SWOT分析法、"5W"法等决策技术对这些选项进行利弊权衡,选择最适合的选项。

然而,职业生涯决策经常是在不确定情况下做出的,即经常不能实现最偏好的选项。因此,决策者这时就需要选择第二、第三甚至第四适合的选项。无论是选择最适合的还是次适合的职业选项,决策者都需要对自己的选择进行主观评估。如果不满意或没有信心,那么就要重新思考整个决策过程,直到确信做出正确选择为止。

🎓 生涯小贴士

决策理论重视个人生涯发展时的历程及抉择,并且因为牵涉到个人价值观,所以除了搜集正确的客观资料之外,更重要的是要针对个人独特的价值观,加以了解、澄清。因此,虽然在大多数人所认同的具体步骤可供参考,不过个人主观的价值评论其实才是最重要的决策依据。

（四）求职质量的自我调节理论

阿姆斯特丹大学心理学教授范·霍夫特认为大多数关于求职、失业、职业转换和离职的多阶段过程的实证研究和理论集中关注人们求职行为本身,即研究人们在寻找工作上花费的时间和精力对就业成功的影响。如何培训人们更有效地寻找工作,霍夫特提出了人们的求职质量对于求职及就业过程的重要影响,认为更好地了解求职质量对于改善求职过程、促进就业成功和提升就业质量至关重要。

1. 基于全面质量管理的求职质量

霍夫特将自我调节阶段模型与全面质量管理现有的工作搜索理论结合起来,提出了高质量的求职过程是从自我认知的先见之明开始的,包括目标的建立和规划。找工作是一项困难的任务,大多数求职者缺乏经验,没有成熟的思考、计划和准备,高质量的求职不可能发生。一般较低层次的自我调节或者由习惯指导的任务,其自我调节过程是自动或无意识地发生的。霍夫特认为高质量的工作搜寻流程需要反思和修正。也就是说,在不彻底分析和评估某人的工作搜寻行为的情况下,一定的环境反馈可以与求职结果形成良性互动。对于一个高质量的求职过程,这种反思的结果是优化个人的目标、计划和行为,并对期望和成本进行调整。

2. 求职的四阶段模型

霍夫特提出了基于自我调节理论的高质量求职过程的四阶段模型,将反思阶段引入求职过程,并明确强调求职过程的周期性。高质量求职过程包括目标建立、目标规划、目标奋斗和反思四个自我调节阶段的有序循环行动。每个阶段都符合一定的标准和规范。

（1）目标建立　在目标建立阶段,高质量求职是指求职者:①设立一个目标;②形成强有力的目标承诺;③拆解目标,使其清晰化;④组合不同的目标层次。

（2）目标规划　在目标规划阶段,高质量求职是指求职者:①采用探索性或集中而非随意的求职策略;②具有强烈的动机,使用广泛的求职策略,特别关注非正式信息的来源;③确定优先级,并对何时、在哪里以及如何按照目标行动制订切实的求职计划;④对计划的求职活动进行全面的准备。

（3）目标奋斗　在目标奋斗阶段,高质量求职是指求职者:①控制自我的思想、情感、动机和行为,以启动和维持一个求职目标;②屏蔽诱惑对目标的干扰;③能够自我监控和积极寻求反馈,以获得个人行为、目标进展信息并发现差异,解释与任务相关而不是与自我相关的诊断信息。

（4）反思　在反思阶段,高质量求职是指求职者:①根据既定的求职目标,注重对个人表现的评估;②将失败归因于内部;③试图从失败中学习;④自我激励管理形式取决于一个人的表现。

3. 求职质量的周期阶段模型

霍夫特定义了求职质量的调节变量和边界条件、前因变量和结果变量。他认为,求职过程每个阶段的质量取决于前一个阶段的质量。

（1）求职质量的前因变量 包括求职知识和技能、动机强度和类型、自我调节能力、求职认知财务需求和社会背景。

（2）求职质量的结果变量 包括找到合适的工作机会的数量、面试和提供工作的次数、就业状况和速度、就业质量、就业不足与职业发展。

（3）求职质量调节变量和边界条件 劳动力市场需求是调节变量，对求职质量产生负面影响，对求职质量与求职成功的关系产生负面影响（即劳动力需求越低，求职质量与求职成功的关系越强）。边界条件包括需求转换类型、职业环境、职业类型/水平、教育类型/水平、国家文化、组织文化、猎头/面试官特征。

（4）求职过程质量 求职产品质量包括空缺搜索质量、人脉网络、简历质量、面试质量等。求职过程的循环就像一个螺旋，通过分析求职者的求职行为（经历）中的自我监控、获取外部反馈、评估、归因、从失败中学习，求职者可以从中了解就业市场的预期要求，在此基础上调整目标、规划和行为，从而向招聘机构的期望靠拢。

生涯小贴士

了解那些能对个体求职产生积极影响的因素（如个体的动机强度、自主性、自我调节能力、自我效能感、目标导向、行动导向、韧性等）对求职者具有非常广泛的指导意义。可以考虑利用来自不同阶段及各个时期的心理测评及学习能力测评方面的信息，尤其是在线培训，引导个体不断提升求职知识和技能，帮助求职者解决困难。

二、职业决策的方法

职业决策需要掌握一定的方法，常见的方法有 SWOT 分析法和"5W"法。

（一）SWOT 分析法

SWOT 分析法由美国旧金山大学管理学教授韦里克于 20 世纪 80 年代初提出，常用来作为企业内部分析方法，即根据企业自身的既定内在条件进行分析，找出企业的优势、劣势及核心竞争力之所在。SWOT 中，S 代表 strength（优势），W 代表 weakness（弱势），O 代表 opportunity（机会），T 代表 threat（威胁）。S、W 是内部因素，O、T 是外部因素，如图 4-2 所示。

（1）S-O 战略 寻找与自己优势相匹配的机会，这是一种理想的战略模式，能够最大限度地发挥内部优势和充分利用外部机会。

（2）W-O 战略 克服自身的弱点去寻找发展的机会，即利用外部机会来弥补内部劣势，使劣势地位有所改善，这种战略一般运用在由于难以避免劣势，而制约了利用一些外部机会的情况。

（3）S-T 战略 利用自身的优势来减少外部环境造成威胁的可能性，即可以通过内部资源的合理安排，利用自身优势将外部威胁对自己发展造成的不利影响降到最低。

（4）W–T战略 W–T战略是一种应付危机的战略,通常是面临着内忧外患,制订一套防御性计划来克服内在劣势,同时回避外在威胁。

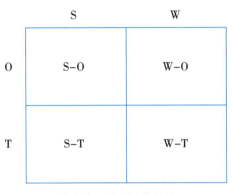

图4–2 SWOT分析法

SWOT分析法是一种能够较客观而准确地分析和研究自身现实情况的方法。利用这种方法可以从中找出对自己有利的、值得发扬的因素,以及对自己不利的、应当去避开的东西,从中发现存在的问题,找出解决办法,并明确以后的发展方向。根据这个分析,可以将问题按轻重缓急分类,明确哪些是目前急需解决的问题,哪些是可以稍微拖后一点儿的事情,哪些属于战略目标上的障碍,哪些属于战术上的问题。它很有针对性,有利于决策者做出较正确的决策和规划。SWOT分析法也广泛应用于职业决策和行动中,为个体在进行职业决策时进行个体自我与环境方面的分析。通过SWOT分析,我们可以清楚地看到自己的竞争力和发展机会,从而能够制订出恰当的生涯目标,同时还能清晰地认识到自己的不足和外在的威胁,从而为提升自己提供良好的现实依据。

下面根据本节案例导入部分的案例1来考察一下如何利用SWOT分析法进行职业决策。根据SWOT分析法,首先可以对此个案进行自身优势、劣势分析,以及周围职业环境的机会、威胁分析（详见表4–1）,然后在这些分析结果的基础上制订出各种相关策略,整合后最终确定这名学生应该谋取一份大中型外资企业的人力资源管理部门的工作。

表4–1 案例1中男研究生的SWOT分析

	机会:	威胁:
外部环境分析	1. 人力资源管理部门逐渐受到企业的重视; 2. 人力资源管理人才需求量的增大; 3. 心理学在人力资源管理中的重要性逐渐凸显	1. 人力资源管理方向的毕业生; 2. MBA的兴起; 3. 人力资源管理在很多企业仍然处于刚起步阶段,其运作很不规范; 4. 比起学历,许多用人单位更看重工作经验

续表 4-1

内部环境分析	优势： 1. 硕士学历，成绩优秀； 2. 学生干部管理经历； 3. 大型公司半年实习经历； 4. 具有心理学的知识背景	优势机会策略(S-O)： 1. 学习心理学知识，将心理学知识运用到人力资源管理中； 2. 发挥担任学生干部的管理特长	优势威胁策略(S-T)： 1. 强调自身心理学背景优势； 2. 强调大型公司半年的实习经验； 3. 强调较强的学习能力和适应能力
	劣势： 1. 师范院校毕业； 2. 没有丰富的工作经历； 3. 专业不对口； 4. 性格急躁，容易冲动	劣势机会策略(W-O)： 1. 利用较强的学习能力，自学人力资源管理课程，加强英语的学习； 2. 继续加强自身的口语交流、文笔等优势	劣势威胁策略(W-T)： 1. 克制自己的冲动个性； 2. 结合两个不同的专业，培养宽阔的视野和创新能力； 3. 积极寻找重视员工潜能的企业
分析后的整体结论：职业发展道路定位在大中型的外资企业人力资源管理部门			

（二）"5W"法

"5W"职业决策法是进行职业决策时常常采用的一种模式，该法是从问与自我有关的 5 个"W"开始的。

（1）Who are you？我是谁，对自己有一个深刻的反思和清醒的认识，列出自己的优点和缺点。

（2）What do you want？我想做什么，对自己的职业发展做一个心理趋向的检查。

（3）What can you do？我能做什么，对自己能力与潜力的总结。

（4）What can support you？环境对自己有哪些支持？

（5）What can you be in the end？自己最终的职业目标是什么？

通过对前 4 个问题的回答，第 5 个问题的答案就可以得出来了。

"5W"分析法是一种职业诊断技术，被用来分析和解决问题，识别和说明自我与环境的关系，它的回答会引起恰当的定义问题和识别障碍。

拓展阅读

更加客观全面地认识自我、自我探索是一个复杂、渐进、终身的过程,自我探索的复杂性、渐进性、终身性决定了我们必须从多个方面采用多种方法对自我进行分析和了解。

1.认识自我的维度

(1)躯体我(生理我)。个人对自己生理属性的认识,包括对自己身体特征和生理状况的认识,如意识到自己的高矮、胖瘦、力量的大小、体质的强弱等内容。

(2)精神我(心理我)。个人对自己心理属性的意识,包括对自己的感知、记忆、思维、价值观、性格、能力、兴趣、需要等方面的认识。

(3)社会我。个人对自己社会属性的意识,对自己在社会和集体中的地位、他人对自我的期望的认识,包括个人对自己在各种社会关系中的角色、地位、权利、义务等的意识。

2.认识自我的方法

认识自我的方法很多,总的说来,可以归纳为经验法和职业测评法两大类。

(1)经验法。指在人际交往中或依据过去的活动成果,由他人或本人对自己进行主观的分析和评价,如自我反省、他人评价、参与团体辅导亲身体验等。

(2)职业测评法。指心理测验在职业心理测评上的具体运用。为最大限度地发挥职业测评的作用,首先,应该选用一个权威性比较高的心理测试工具;其次在做测验的过程中一定要按自己的真实想法回答,避免主观情绪;再次,还要选择一个安静、没有外界干扰的环境;最后,人的复杂程度远远高于任何一种测评,测评本身也难以详尽地描述一个人的全部,而面对面的个体生涯咨询是测评的良好补充。

3.面对挫折的自我应对方法

(1)不盲目扩大挫折体验。我们在成长的过程中总是会遇到一些挫折,这些挫折会产生不良体验,如两三次数学考试不及格,会让我们感到数学学习的压力,甚至认为自己缺乏学习数学的能力,逐渐产生对数学的厌恶。这种扩大挫折体验的现象在我们生活中经常出现,也是我们对很多事物失去探索兴趣的主要原因之一。实际上任何知识和技能都是一种在尝试中积累,再从积累中突破的过程,而尝试的过程必然伴随着成功和失败的交替。所以我们应该平静地面对每一次挫折,客观地评价挫折产生的内外原因,合理地做出下一步计划。

(2)不在负性情绪中做重大决定。处于负性情绪的个体容易丧失客观评价事物的能力。当然,处于这种情绪中的个体所做出的决定也必然带有不理智的成分。在这种情况下,不要盲目、冲动地做出如专业选择、职业选择、关键期职业发展路线等重大的决定。首先要解决的是负性情绪,只有处于平静的心理状态,才能客观地评价自己、评价环境;只有客观地认识内外部条件,才能做出正确的选择。

(3)积极求助。遇到无法逾越的挫折情绪,反复思考往往不是解决问题的最佳方法,

有时甚至是导致负性情绪积累的诱因。主动与生活阅历丰富的家人、老师探讨是缓解情绪、找到突破口的有效途径。在条件允许的情况下,可以寻求专业的职业指导师的帮助。咨询师可以帮助你分析负性事件和负性情绪产生的原因,帮助你寻找面对挫折的有效措施,恢复成长信心。

第三节　职业目标的确定与实施

 案例导入

有一位瘦子和一位胖子在一段废弃的铁轨上比赛走枕木,看谁能走得更远。

瘦子心想:我的耐力比胖子好得多,这场比赛我一定会赢。开始也确实如此,瘦子走得很快,渐渐胖子落下了一大截。但走着走着,瘦子渐渐走不动了,眼睁睁地看着胖子稳健地向前,逐渐从后面追了上来,并超过了他,瘦子想继续加力,但终因精疲力竭而跌倒了。

最后,在好奇心的驱使下,瘦子向胖子询问其中的秘诀。胖子说:"你走枕木时只看着自己的脚,所以走不多远就跌倒了;而我太胖了,看不到自己的脚,只能选择铁轨上稍远处的一个目标,朝着目标走。当接近目标时,我又会选择另一个目标,然后就走向新目标。"

随后胖子颇有点儿哲学意味地指出:"如果你向下看自己的脚,你所能见到的只是铁锈和发出异味的植物而已;而当你看到铁轨上某一段距离的目标时,你就能在心中看到目标的完成,就会有更大的动力。"

人生也是这样,你有目的或目标吗?你一定要有个目标,没有目的地,你就永远无法到达。

一、职业目标的重要性

职业目标是个人一生职业发展的方向和理想归宿。一个人事业的成败,很大程度上取决于有无正确的职业目标。目标在职业发展与规划中具有以下意义:

(1)方向作用　职业目标是建立在充分认识自己、了解职业的基础之上做出的选择,对个体职业发展具有导向作用,它规定和引领着个体职业发展的未来趋势。

(2)激励作用　职业目标是个人职业发展的动力,它能够激励着人们克服困难,排除各种干扰,勇往直前地向着明确的方向前进。

(3)约束作用　职业目标的设定是职业生涯规划的核心,它可以约束和规定着个体该做什么、不该做什么,直到实现既定目标。

哈佛大学有一个非常著名的关于目标选择对职业生涯影响的跟踪调查。1970年,哈佛大学对当年毕业的大学生进行了一次关于人生目标的调查,其对象是一群智力、学历、环境等条件都差不多的年轻人,调查结果如下:27% 的人没有目标;60% 的人目标模糊;10% 的人有清晰但比较短期目标;3% 的人有清晰而长远的目标。

25 年的跟踪调查发现,被调查者的生活状况与他们当初的目标之间有着很大的相关性。那 3% 有清晰而长远目标的人,25 年来始终朝着同一个方向不懈努力,大部分成为社会各界的顶尖成功人士,其中不乏行业领袖和社会精英;那 10% 有清晰但比较短期目标的人,大都生活在社会的中上层,成为各行各业不可缺少的专业人士,如医生、律师、工程师、高级主管等,他们的生活质量稳步上升;那 60% 目标模糊的人,大部分生活在社会的中下层,他们的生活较安稳,但都没有什么特别的成绩;剩下的 27% 没有目标的人,大部分生活在社会的最底层,常常失业,靠社会救济,并且经常抱怨他人、抱怨社会。

由此可见,目标对人生有巨大的导向作用。我们选择什么样的目标,就会有什么样的成就,就会有什么样的人生,成功者必定是目标意识强者。

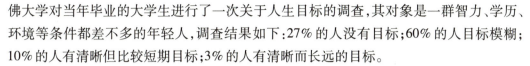

生涯小贴士

明确职业目标对我们的职业规划至关重要。以下是一些生涯小贴士,有助于明确自己的职业目标:

1. 自我评估。花时间反思自己的兴趣、价值观、技能和优势。考虑你喜欢做什么,擅长做什么,以及哪些活动能够让你感到满足和有成就感。

2. 探索职业选项。积极地探索各种职业选项,了解不同行业的工作内容、发展前景、薪资水平等信息。可以通过实习、志愿活动、网络搜索、参加行业活动等方式来获取相关信息。

3. 设立短期和长期目标。制定具体的短期和长期职业目标。短期目标可以是在大学期间获得特定技能或者实习经验,长期目标可以是未来几年或者十年内想要达到的职业高度。

4. 与导师或职业顾问交流。与导师、教授或者职业顾问进行交流,寻求他们的建议和指导。他们可能会为我们提供有价值的职业建议,并帮助我们更好地理解自己的职业目标和选择。

5. 实践经验。通过实践经验来验证和调整我们的职业目标。积极参与实习、兼职工作、志愿活动等,这些经历可以帮助我们更好地了解自己的兴趣和能力,从而更准确地确定职业目标。

6. 持续不断学习和积累知识,以适应职业发展的变化和挑战。可以通过选修相关课程、参加培训、阅读行业书籍等方式来提升我们的专业能力和知识水平。

7. 考虑未来发展趋势。考虑行业的未来发展趋势和就业前景,选择具有持续性和发展空间的职业目标。同时也要考虑个人的兴趣和价值观,确保职业选择与个人的需求和愿望相符合。

二、设定职业目标的原则

职业目标的设定是在充分认识自我,对职业机会进行评估后,对职业发展方向做出的抉择。这种抉择是在对主客观条件进行分析的基础上,以各种信息为依据的。职业目标的制定,必须遵循一些基本的原则,如图 4-3 所示。

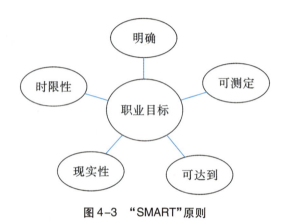

图 4-3 "SMART"原则

(1)明确的(specific,S) 指目标必须明确而具体,明确描述出每一工作职责所需要完成的行动,充分了解每一个行为的目的,不能含含糊糊。

(2)可测定的(measurable,M) 指目标必须能量化、可测定。制定的职业生涯目标不是海市蜃楼,缥缈虚幻,而是可以实实在在地分解为许多可以达成的小目标,还要有实现目标的定量数据,如数量、质量、时间等,这样才能循序渐进。

(3)可达到的(achievable,A) 首先,须是合理的,是在个人可控制的范围之内,也就是目标不能过低和偏高,偏低了无意义,偏高了实现不了;其次,须有一定的挑战性,要"跳一跳才能够达到"。

(4)现实性(realistic,R) 指要符合自身条件和环境的实际情况,是从自身出发而量身定做的,而不是对自身状况考虑不足、盲从心态严重、人云亦云。

(5)时限性(time-limited,T) 指必须规定起始和完成的时间,以克服人的惰性。

采用"SMART"原则设立目标可以使我们所制订的目标与计划具有较强的现实性,并且可以帮助我们在一段时间之后回顾总结所取得的进步与不足,明确自己下一步的工作行动计划。

生涯小贴士

利用SMART原则进行求职时,以下是一些小贴士:

1.明确职业目标。确保你清楚地知道自己想要追求的职业目标。这可以是特定的职位、行业或者领域。例如,你可能希望成为一名市场营销专员或者软件工程师。

2.设定具体的求职目标。确保你的求职目标是具体明确的。例如,不要简单地说"找一份工作",而是明确指出"申请三家软件公司的软件开发实习岗位"。

3.设定可衡量的里程碑。为了实现你的求职目标,设定可衡量的里程碑,帮助你跟踪进度。例如,设定每周申请一定数量的工作岗位,或者每个月与一定数量的行业专家进行联络。

4.确保目标可达。评估你的能力、资源和条件,确保设定的求职目标是可以实现的。不要设定过于理想化或超出自己能力范围的目标,这样会增加挫折感。

5.与个人价值观和长期目标相关。确保你的求职目标与你的个人价值观、兴趣爱好和长期职业规划相关联。这样做可以确保你在职业发展过程中保持一致性和连贯性。

6.设定时间限制。为了增加求职目标的紧迫感和推动力,设定明确的时间限制。例如,在三个月内找到一份实习工作,或者在一年内获得一份理想的全职工作。

7.定期评估和调整。定期回顾和评估你的求职进展,根据实际情况调整你的求职策略和目标。灵活性和适应性是成功求职的关键。

通过利用SMART原则,可以更有效地制定和实现自己的求职目标,从而提高成功找到理想工作的概率。

三、确定职业目标的方法

在经过自我识别定位和职业环境分析之后,就会确定一个职业发展的总体目标。这个总体目标是最终目标,要实现这个最终目标还需要把大的目标分解为一个个逐步实现的具体目标,即目标的分解。各具体目标之间又存在相互关联,这就需要协调各具体目标之间的关系,统一成为一个总体目标,即目标的组合。

(一)职业目标的分解

职业目标的分解是将目标清晰化、具体化的过程,是将目标量化成可操作的实施方案的有效手段。大学生根据自己的总体目标和发展规划,采取链条分解法,将总体目标逐层分解成一个个具体目标,使每一学年、每一学期甚至每一月都有自己的小目标,然后根据具体的小目标(这些目标要具体可行并和自身的实际紧密结合,例如可以是学习能力的提高、人际交往方面的拓展、社会活动的增加等)采取相应的具体措施逐步落实,并辅以考核措施,最终实现总体目标。

通常目标分解可以采用按时间分解和按性质分解两种途径,见图4-4。

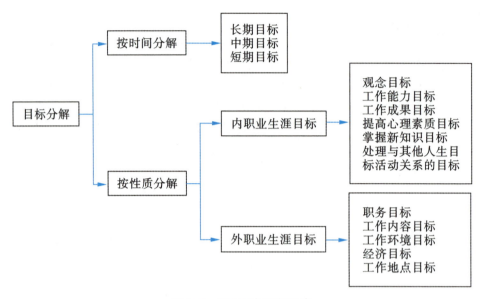

图 4-4　职业目标分解示意

（1）按时间分解　职业生涯目标按时间可以分解为短期目标、中期目标和长期目标，见图 4-5。例如"我打算本学期通过英语四级考试"是短期目标，而"我打算大学毕业后继续攻读硕士学位"则是中期目标，"毕业之后成为一名经理或高级工程师"是长期职业目标。

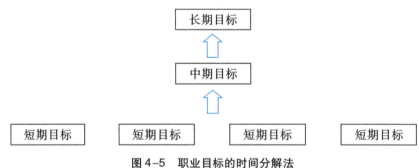

图 4-5　职业目标的时间分解法

短期目标是一些具体的、操作层面上的，为实现中、长期目标而采取的步骤。短期目标要切合实际，有明确具体的完成时间，越具体越有可操作性。

中期目标是许多短期目标完成的结果，又是实现长期目标的基础。中期目标有比较具体的完成时间，也可根据变化了的情况做适当的调整。

长期目标是自己认真选择的，符合自己的价值观，与自己的未来发展相结合的愿望。长期目标既有实现的可能性，又具有挑战性。

（2）按性质分解　职业生涯目标按性质可以分解为内职业生涯目标和外职业生涯目标。内职业生涯目标侧重于职业过程中的知识、经验的积累，观念、能力的提高和内心的感受，它包含6种主要因素（见图4-6）。外职业生涯目标侧重于职业过程的外在标记，它包含5种主要因素（见图4-7）。

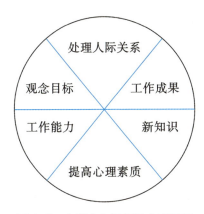

图4-6　内职业生涯目标主要因素

图4-7　外职业生涯目标主要因素

（二）职业目标的组合

职业目标的组合指处理不同分目标间的相互关系。目标的组合有时间组合、功能组合和全方位组合三种方法。见图4-8职业目标组合示意图。

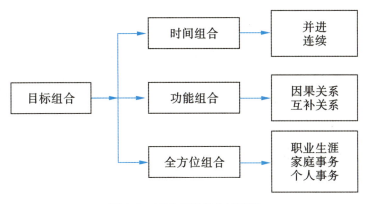

图4-8　职业目标组合示意图

1. 时间组合

职业生涯目标在时间上的组合可以分为并进和连续两种情况。

（1）并进　指同时着手实现两个分目标，或者建立和实现与目前工作内容不相关的职业生涯目标。当面临多个选择的时候，我们应努力做到合理地分配时间和精力，只要处理得好,两个或多个目标是可以实现兼得的。并进组合也可以是建立和实现与目前工作内容不相关的职业规划目标。比如,为了获得更大的发展空间,在做好本职工作的同时,进修自己感兴趣的其他课程,有利于开发我们的潜能,有利于我们在相同的时间内迎接更大的挑战,发挥更大的价值。

(2)连续 指分目标之间的前后联系,即实现一个分目标,再进行下一个分目标,将多个目标前后连接起来,最终连续而有序地实现各个目标。一般来说,职业目标之间以及和最终目标之间是存在着相关联性的,较短期目标是实现较长期目标的支持条件。只有完成好每一个近期目标和短期目标,最终目标才有可能实现,因此要保持目标实现的连续性。

2.功能组合

功能组合指职业生涯目标在功能上可以产生因果、互补关系。

(1)因果关系 有些分目标之间有非常明显的因果关系。例如,学好英语是因,英语四、六级能考出好成绩是果。再比如,工作能力目标与职务目标和收入目标,前者是因,后者为果,表现为:工作能力提高—职务提升—收入增加。

(2)互补关系 即把存在互补关系的目标进行组合。例如,大学生参加社会实践,使心理素质得到提高的同时,人际交往能力也得到了提高。再如,高校教师往往同时肩负教学和科研两项任务,教学为进行科研提供了理论基础和方法指导,科研实践又促进了教学内容的丰富更新和教学质量的提高。

3.全方位组合

全方位组合是指个人事务、职业生涯和家庭生活的均衡发展与相互促进。要实现这一目标组合,就要求我们在建立职业生涯目标时,通盘考虑自己在个人发展、家庭生活和职业生涯中的各种愿望。单纯的职业生涯成功并不是全部,还要考虑到家庭生活的幸福,完美的职业目标要在不同目标之间建立平衡的协调关系,在担任多重角色的同时要有全局意识。

四、职业目标的实施步骤

确定自己的职业目标不是一件容易的事,大多数人都是经过一番努力才能够找到自己的目标。实际上,进入大学学习就是为未来职业生涯做定向准备。这就要求大学生注重理解以下内容:大学毕业后如何迈好职业生涯第一步、如何在考研与开始工作之间进行选择与取舍、出国的价值与投资成本(时间成本、机会成本、金钱成本等)评估、如何选择适合自己的行业和发展方向等。面对这些问题,我们通常感到困惑不解,不妨对自己问以下问题,以帮助我们在一团迷雾中发现前进的方向。

问题1:我想要什么?

志向是事业成功的基本前提,没有志向,事业的成功也就无从谈起。立志是人生的起跑点,反映一个人的理想、胸怀、情趣和价值观,影响一个人的奋斗目标及成就的大小。所以,在选择职业目标时,首先要明确个人的人生追求和职业理想,并能和社会的需求结合起来,这是选择职业目标的关键。

很多即将毕业的学生咨询:"我该考研还是就业?"这其实是一个很简单的问题,就如同一个即将出行的旅行者向路人询问:"我该乘火车还是乘飞机?"答案因每个人目的地,拥有金钱、时间等条件的不同而千差万别。考研也一样,它只是实现理想的一种手段,而非目的。它是否有助于实现一个人的最终目标,也要依目标本身、客观条件、个人喜好等因素决定。

可现实中,却有太多人无视这一点。他们把考研当作终极目标,根本不知道自己的理想是什么,考研对自己的理想又有怎样的帮助和促进。

问题2:我能够做什么?

兴趣会直接影响职业生涯。如果对某种职业感兴趣,我们就会对该职业表现出肯定的态度,并积极地思考、探究和追求。我们可以通过"霍兰德职业兴趣测量表"来发现自己的兴趣和爱好,帮助我们理顺这些兴趣与职业生涯目标的关系。

性格是我们对现实的一种稳固的态度以及与之相适应的习惯的行为方式。它不仅表现在对人、对自己的态度上,同时也表现在对职业目标的选择和态度上。如果我们从事的职业与性格相适应,工作起来就会感到得心应手、心情舒畅,也容易在工作中取得成就;反之,就会感到缺乏兴趣,被动并难以胜任,即使完成工作任务,也会常常感到力不从心、精神紧张。我们也可以通过职业个性测试来了解自己的性格,并发现适合自己的工作。

能力是影响活动效果的基本因素。人们进行任何一项活动,都应具备一定的能力;从事任何一种职业,也必须具备相应的能力。能力倾向指的是一个人的潜能,即从未来的训练中获益的能力。职业分为不同的类型,因而对人的能力有不同的要求,在选择职业的时候,我们要注意能力类型与职业类型的匹配。我们也可以通过测试来了解自己的能力。

问题3:我可以做什么?

本环节主要是评估各种环境因素对自己职业目标的影响。每一个人都处在一定的环境之中,离开了这个环境,便无法生存与成长。所以,在制定个人的职业目标时,要分析环境条件的特点、环境的发展变化情况、自己与环境的关系、自己在这个环境中的地位、环境对自己提出的要求以及环境对自己有利的条件与不利的条件等。只有对这些环境因素充分了解,才能做到在复杂的环境中趋利避害,使职业选择具有实际意义。

可以画三个圆圈把每一个问题和它的答案圈起来,每一个圆圈代表一个集合,那么,你要找的职业目标就是这三个圆圈的交集,即你最喜欢和你最适合的事,也是你能做到最好的事,这就是你的职业目标。

职业目标的实施步骤见图4-9。

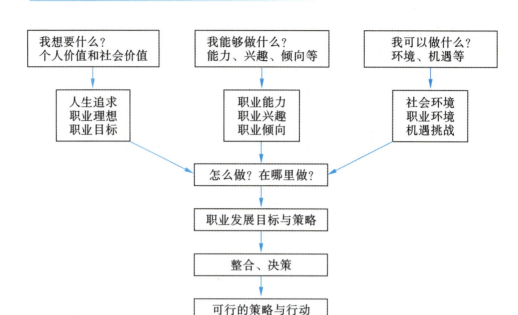

图 4-9　职业目标的实施步骤

🎓 生涯小贴士

我们在职业定位过程中应考虑性格与职业的匹配、兴趣与职业的匹配、特长与职业的匹配、专业与职业的匹配、社会需求与个人愿望的匹配等,力争做到择己所爱、择己所长、择社会所需。

面对当今就业难的问题,我们应树立从基层做起,脚踏实地地去实现人生理想的就业观。我们必须根据实际情况相应调整自己的就业期望值,对就业地域、就业单位、就业岗位、工资薪酬等及时做出合理的调整,以适应现实社会的发展变化,避免出现"高不成、低不就"的现象。

📖 拓展阅读

"零距离"探索工作世界,提高职业环境认识的全面性。大学生主要的生活范围在大学校园,对社会和职业环境的认知不深,了解不多,而要做出合理的职业生涯规划,职业环境的分析必不可少。职业环境的分析主要包括三个方面。①组织环境的分析:对所选择的组织特点、组织文化、经营状况、发展状态、发展战略、人才需求、升迁政策以及具体岗位的工作性质进行全面系统分析;②社会环境的分析:分析社会政策、社会变革、价值观念变化、人才市场需求和科学技术的发展以及对自己所选职业的影响等,社会环境的分析具有很强的时效性;③经济环境的分析:分析经济模式的转变、经济体制的改革、经济政策的变化、产业结构的调整、经济建设重点的转移等对自己所选职业的影响,经济环境要结合国家宏观经济政策一起来分析。

通过以上分析,大学生应对职业环境的特点、发展变化趋势,自己与环境的关系,自己在特定环境中的地位做到心中有数;环境因素的优势与限制等因素对自己职业生涯发展的影响了然于心。只有对这些环境因素全方位认知,才能做到在复杂的环境中避害趋利,有的放矢,使自己的职业生涯规划得以顺利实现。我们尽可能做到与工作世界"零距离"接触,以提高对职业环境认识的全面性。

方法一:亲身体验。可利用节假日到目标企业或与目标企业相似的企业、公司进行实地考察、实习,以职业人的标准要求自己,做到与目标职业岗位"零距离"接触。一方面在学习职业技能的同时,感受企业文化、企业经营理念,了解企业的用人要求,岗位工作性质、内容,工作环境、薪酬、晋升机会及发展前途等;另一方面也可考察自己对工作环境的适应力,探寻自身条件与工作岗位的匹配度,为做出科学的职业决策提供指导。

方法二:生涯人物访谈。可采用朋友推荐、教师介绍等方式开展生涯人物访谈,走访行业领域里的成功人士,学习成功人士的成长历程,了解行业特点、发展趋势,为在校期间制订出合理的学习计划提供依据。

方法三:走访师哥师姐。可通过走访师哥师姐来加深自己对职场环境的认识。师哥师姐作为同辈人,具有相似的文化背景与经历,可以从更为现实的角度帮助我们认识职场,了解走出校门后的职场生活,帮助我们对未来的职业环境有更加感性的认识。同时也可提示我们为更好地适应未来的职场发展,在校期间应该怎么做,应该如何学,为我们制订科学合理的职业规划行动方案提供指导。

我们在做职业规划的时候,应对可能发生的生涯变化情况进行前瞻分析,根据条件的变化,结合自己的个性特质、能力倾向、社会支持等因素,制订出合理、可行的职业发展备选方案。生涯规划不是追求社会赞许,也不是追求所谓的"成功",而是构建有意义和有价值的生活方式。在这个充满机会与挑战的时代,在这个充满激情与无限可能的时代,我们应行动起来,用积极的人生态度、科学的思维方式、合理的行动方案,实现人生的梦想,让大学生活没有遗憾。

思考题

1.简述职业决策的原则。

2.简述职业决策的社会学习理论。

3.用 SWOT 分析法对自身的职业决策进行分析。

4.根据所学知识,结合实际谈谈自己的职业目标。

职业规划管理

 学习目标

1. 熟知职业规划书的主要结构。
2. 掌握职业规划书的书写原则和注意事项。
3. 了解职业规划书的三种常见类型。
4. 掌握职业规划评估与调整的内容与方法。

 学习导读

　　一家法国公司兼并了纽约的某公司。公司新总裁上任伊始,便宣布了一个决定:所有公司员工都必须进行法语测试,测试合格者才能留用。决定一经宣布,几乎所有的人都急了,纷纷涌向图书馆学习法语。这时他们才意识到,不学习法语就要失业。可是有一位员工却若无其事,仍然与平常一样下班以后就直接回家,同事们还以为他已经准备放弃这份工作了。但令所有人意想不到的是,考试结果一公布,这个在大家眼中肯定没有希望的人,却得了最高分。尽管他来公司时间不长,但他还是被公司破格列为第一批留用者。原来这位员工大学毕业来到公司后,看到公司的法国客户很多,但自己又不会法语,每次与客户的往来邮件或合同文本,都要公司的翻译帮忙。有时翻译不在或顾不上时,自己的工作只能被迫停止。因此他想,看来法语在这个单位很有用,是工作的一个基本条件,迟早要把法语作为考核和使用员工的一个重要条件,于是他就早早开始了自学法语。这次最高成绩的取得,考试的成功,就是他提前学习的回报,是他早有准备的结果。

第一节　职业规划书制订

 案例导入

　　毛毛虫都喜欢吃苹果。有四只要好的毛毛虫,都长大了,各自去森林里找苹果吃。

（1）第一只毛毛虫

第一只毛毛虫跋山涉水，终于来到一棵苹果树下。

它根本就不知道这是一棵苹果树，也不知树上长满了红红的可口的苹果，当它看到其他的毛毛虫往上爬时，稀里糊涂地就跟着往上爬。没有目的，不知终点，更不知自己到底想要哪一种苹果，也没想过怎么样去摘取苹果。它的最后结局呢？也许找到了一颗大苹果，幸福地生活着；也可能在树叶中迷了路，过着悲惨的生活。不过可以确定的是，大部分的毛毛虫都是这样活着的，没想过什么是生命的意义，为什么而活着。

这只毫无目标，一生盲目，没有自己人生规划的糊涂虫，不知道自己想要什么。遗憾的是，我们大部分的人都是像第一只毛毛虫那样活着。

（2）第二只毛毛虫

第二只毛毛虫也爬到了苹果树下。它知道这是一棵苹果树，也确定它的"虫生"目标就是找到一棵大苹果。

问题是它并不知道大苹果会长在什么地方，但它猜想：大苹果应该长在大枝叶上吧！于是它就慢慢地往上爬，遇到分支的时候，就选择较粗的树枝继续爬。于是它就按这个标准一直往上爬，最后终于找到了一颗大苹果，这只毛毛虫刚想高兴地扑上去大吃一顿，但是放眼一看，它发现这颗大苹果是全树上最小的一个，上面还有许多更大的苹果。更令它泄气的是，要是它上一次选择另外一个分枝，它就能得到一个大得多的苹果。

这只毛毛虫虽然知道自己想要什么，但是它不知道该怎么去得到苹果，在习惯中的正确标准指导下，它做出了一些看似正确却使它渐渐远离大苹果的选择。而曾几何时，正确的选择离它又是那么近。

（3）第三只毛毛虫

第三只毛毛虫也到了一棵苹果树下。这只毛毛虫知道自己想要的就是大苹果，并且研制了一台望远镜。

它还没有开始爬时就先利用望远镜搜寻了一番，找到了一个很大的苹果。同时，它发现当从下往上找路时，会遇到很多分支，有各种不同的爬法；但若从上往下找路时，却只有一种爬法。它很细心地从苹果的位置，由上往下反推至目前所处的位置，记下这条确定的路径。于是，它开始往上爬了，当遇到分支时，它一点儿也不慌张，因为它知道该往哪条路走，而不必跟着一大堆虫去挤破头。比如说，如果它的目标是一颗名叫"教授"的苹果，那应该爬深造这条路；如果目标是老板，那应该爬创业这个分支。最后，这只毛毛虫应该会有一个很好的结局，因为它已经有了自己的计划。真实的情况往往是，因为毛毛虫的爬行相当缓慢，当它抵达时，苹果不是被别的虫捷足先登，就是苹果已熟透而烂掉了。

这只毛毛虫有非常清晰的职业规划，也总是能做出正确的选择，但是，它的目标过于远大，而自己的行动过于缓慢，成功对它来说，遥不可及。机会、成功不等人，同样，我们的人生也极其有限,我们必须好好把握。但是单凭我们个人的力量,也许一生勤奋也未必能找到属于自己的苹果。如果制订一个适合自己的计划,并且充分借助外界的力量,比如借助许许多多的望远镜之类的(在我们的现实生活中可以理解为找个贵人帮自己),也许第三只毛毛虫的命运会好很多。

(4)第四只毛毛虫

第四只毛毛虫可不是一只普通的毛毛虫,它做事有自己的规划。它知道自己要什么苹果,也知道苹果将怎么长大。因此当它带着望远镜观察苹果时,它的目标并不是一颗大苹果,而是一朵含苞待放的苹果花。它计算着自己的行程,估计当它到达的时候,这朵花正好长成一个成熟的大苹果,它就能得到自己满意的苹果。

结果它如愿以偿,得到了一个又大又甜的苹果,从此过着幸福快乐的日子。

这只毛毛虫不仅知道自己想要什么,也知道如何去得到自己的苹果,以及得到苹果应该需要什么条件,然后制订清晰实际的计划,在望远镜的指引下,它一步步实现自己的理想。

其实我们就是毛毛虫,而苹果就是我们的人生目标——职业成功。爬树的过程就是我们职业生涯的道路。毕业后,我们都得爬上人生这棵苹果树去寻找未来,完全没有规划的职业生涯注定是要失败的。

现代社会,规划决定命运。有什么样的规划就有什么样的人生。我们的时间非常有限,越早规划你的人生,你就能越早成功。要想得到自己喜欢的苹果,想改变自己的人生,就要先从改变自己开始,做好自己的职业生涯规划,做第四只毛毛虫。

一、职业规划书的主要结构

职业规划书是对个人职业发展道路进行选择和设计的过程,规划的内容和结果应该以文字性方式呈现,以便随时评估与调整。具体结构应包括封皮、序言、目录和正文四部分。

(一)封皮

封皮主要包括作品名称、姓名、专业、班级、联系方式等。除此之外,也可以适当增加图片和人生格言,但是图片样式应简单大方,不可过于花哨。

(二)序言

序言,亦可称为前言、引言,用来介绍职业规划书的撰写起源、规划书的特点和精粹之处以及自己对职业规划的认识。

(三)目录

目录是生涯规划书中章、节标题的记录,可以起到提纲挈领、纲举目张的作用。因此目录的设置要以简洁、便于查找为主。

（四）正文

正文部分需要包含：自我认知、职业环境认知、职业决策、行动计划和评估调整。

1. 自我认知

自我认知是对自身内在特质的深入洞察与理解。它要求我们全面、客观、真实地测定和评价自己的基本情况与潜在能力，涵盖个人教育水平、兴趣爱好、能力倾向、价值追求等多个维度。在自我评定的过程中，我们要秉持实事求是的态度，既能看到自身的优点与长处，也不回避存在的缺点与不足。同时，更要以发展的眼光看待自己，相信自身的成长潜力，并为之付出努力。为了更全面地进行自我认知，我们通常采用正式与非正式测评相结合的方式。正式测评如心理测验、职业倾向测试等，能够为我们提供科学的数据支持；而非正式测评则包括与亲朋好友的交流、自我反思等，能够让我们从多个角度认识自己。通过这样的方式，我们能够更加清晰地认识自己，为未来的职业规划和人生发展奠定坚实的基础。

2. 职业环境认知

职业环境认知是每位职场人士在制订职业规划时不可或缺的一环。它要求我们对自己意向中的行业、职业和岗位进行详尽的分析，从而深刻把握行业的整体发展态势、职业的未来前景以及岗位的具体人才需求。此外，对国家和所在地区的政治经济形势、社会政策以及文化氛围等状况，我们也应有基本的了解，这有助于我们及时发现并抓住各种发展机会。同时，对家庭背景和学校资源的详细分析同样重要，这些因素中往往蕴藏着对我们职业生涯发展的有利因素。通过深入的职业环境认知，我们能够更加明智地做出职业选择，为未来的职业发展奠定坚实的基础。

3. 职业决策

职业决策是每位职场人士都会面临的重要课题。它建立在自我认知与职业环境认知的双重基础之上，旨在明确个人的职业定位，并精准把握未来的职业生涯发展方向。在进行生涯决策时，我们需深入考虑多个关键问题。首先是行业的选择，这需结合个人的兴趣、能力和市场需求进行综合考量。其次在选定行业内，我们需进一步明确具体的职业岗位，这要求我们对岗位的工作内容、发展前景有清晰的了解。同时，为确保决策的稳妥性，我们还应准备两三个备选方案，并明确首选与备选的排序。此外，设定明确的阶段性目标和规划清晰的生涯发展路径同样至关重要，它们将为我们的职业发展指明方向，确保每一步都走得坚实有力。

4. 行动计划

行动计划是生涯规划得以实施的蓝图和指南。它是紧密围绕生涯规划所设定的目标，结合个人实际情况，制订的详尽且切实可行的计划方案。这一方案不仅涵盖了短期内的具体行动步骤，还展望了中期与长期的发展路径。短期计划注重眼前任务的完成与技能的提升,中期计划则关注职业晋升与发展,而长期计划则着眼于个人职业生涯的整体布局与成就。为确保计划的顺利实施,我们需严格执行每一项计划,并在实践中不断进行调整与优化,以确保生涯规划的目标能够稳步实现。

5. 评估调整

评估调整在职业生涯规划中,尽管常被忽视,但其重要性却不容忽视。它是一个关键环节,能够确保规划的有效性和可持续性。个体在制定职业生涯规划时,应当注重评估调整的步骤。具体而言,个体需要积极听取来自不同方面的意见和建议,如导师、同事、家人或朋友的看法,以获取更全面的反馈。同时,评估调整应遵循具体、清晰、可操作、可量化的原则,确保每一项评估内容都具备明确的指标和衡量标准。通过认真撰写评估内容,个体能够及时发现规划中的不足之处,并做出相应的调整,从而确保职业生涯规划的顺利进行。

二、撰写职业规划书的注意事项

(一)资料翔实,步骤完整

收集资料是我们在进行职业规划和自我认知过程中不可或缺的一环。资料收集的途径多种多样,可以根据个人的实际情况和需求灵活选择。在自我认知方面,我们可以采用各种测评工具来深入了解自己的兴趣爱好、能力倾向和价值观,为明确职业发展方向提供有力的依据。同时,职业环境认知的探索方法也是多种多样的,包括生涯人物访谈、行业研究报告、图书报刊和网络资源等。

在撰写职业规划书时,我们不能仅仅依靠自我认识和他人评价来进行自我分析,这样的分析往往是不全面且缺乏理论依据的。正确的做法是将自我评价、他人评价和职业测评结果三者有机结合,形成一个相对全面和客观的自我认知。当然,我们也要明白,职业测评工具的效度和信度并不是绝对的,其测评结果只能作为我们职业规划的参考依据,而不能完全依据测评结果来确定职业目标。

此外,在收集资料的过程中,我们还需要注意资料的来源和可信度。无论是通过生涯人物访谈还是图书报刊、网上下载等方式获取的资料,我们都应尽可能注明资料的出处,并多运用图表数据来直观、具体地说明问题,从而提高资料来源的可信度和说服力。这样,我们才能更加科学、准确地把握自己的职业发展方向,为未来的职业生涯奠定坚实的基础。

(二)有理有据,分析到位

撰写职业规划书时,我们必须确保内容条理清晰、有理有据,并且逐步深入。

首先,我们需要综合自我认识、他人评价和职业测评的结果,进行深入的比较和分析。通过总结这三种方法得出的评价结果的异同,我们能够更加全面地了解自我。同时,我们还要分析这些评价结果差异产生的原因,可能是评价角度不同,或者是个人成长过程中的变化。通过这一系列的思考,我们能够更加清晰地认识自己的兴趣爱好、能力倾向和价值观,从而确定自我认知的准确结果。

其次,我们还需要深入洞悉自己所处的环境。这包括对社会环境、经济环境、组织环境的了解,以及科学技术的发展和政策法规对职业选择的影响。只有对外部环境有充分的了解,我们才能更好地把握职业发展的方向和机遇。同时,我们也不能忽视家庭环境和学校环境对职业选择的影响。通过与家人的交流,我们可以了解家人的工作岗位和对自己的工作建议,这有助于我们更加明确自己的职业目标。而学校的办学理念、师资力量、教学资源等也会对我们的职业发展产生重要影响,我们应该充分利用这些资源,为确立职业目标提供支持与促进。

(三)目标明确,合理适中

在制定职业生涯目标时,关键在于平衡理想与现实,追求个人热情与社会需求的和谐共存。要实现这一点,必须遵循四大原则:①"择己所爱",强调按照个人兴趣选择职业,因为热爱可以是持久奋斗的动力;②"择己所长",意味着利用自己的优势和能力,这样在职业道路上更容易获得成功;③"择世所需",提醒我们要考虑职业市场的需求,选择有广阔发展前景的领域;④"择己所利",是指选择对个人发展有益的职业道路。

成功的职业生涯规划离不开对自我与环境的深入了解和分析。这涉及对个人的兴趣、性格、能力和价值观进行自我剖析,同时也要考虑外部的社会环境、家庭背景和教育背景等因素。目标设定时必须现实可行,既要有远大的理想,也要有切实的步骤和计划,确保这些目标既符合个人的特点和情况,又不脱离社会的实际需求。

理想化的目标虽然美好,但若过于缥缈则难以实现。在职业生涯的规划中,我们需要识别兴趣与能力之间、能力与社会需求之间的差异和联系,努力在多个因素中找到平衡点。通过将个人的经历、专业技能和兴趣特长有机结合,形成具有实际行动力的职业生涯目标。只有这样,职业目标才具有可行性和生命力,能够在不断变化的环境中稳步前进,最终实现个人职业发展的愿景。

(四)分解合理,组合科学

在明确自己的职业目标之后,将这些目标分解成具体可行的小步骤是十分必要的。这一过程涉及对总的职业目标的深入理解,以及制订各个阶段的实施计划和路径选择,确保每一步都围绕着最终的目标展开。目标的分解和实现路径的选择不仅需要有坚实的理论支撑,还需确保所有备选途径之间存在内在的逻辑联系,形成一个连贯的整体。在组合这些目标时,要特别注意保证它们在时间上的连续性和并进性,以及在功能上的因果关系和互补性,从而全面覆盖职业发展、家庭生活和个人生活等各个方面。

实施职业规划时,措施必须具体且可执行,以避免停留在理论层面上的空谈。具体操作性的措施是职业生涯规划书撰写过程中的关键,应包括长期、中期和短期计划,以及相应的执行策略和时间安排。对于即将步入职场的高年级学生,应重点考虑就业后 3 ～ 5 年内的职业规划,而低年级学生则应重点规划大学期间的学习和发展,但两者都不应忽视为职业发展所做的准备工作。

此外,有效的职业规划还应当具备灵活性,能够根据个人发展和外部环境的变化进行调整。在实施过程中,定期的自我评估和反馈是不可或缺的,它们可以帮助我们识别进展中的问题,及时调整策略,确保职业规划的有效性和实施的顺利。通过这样综合且系统的方法,个人不仅能够实现设定的职业目标,还能确保在职业发展的每一步都能取得实质性的进展,最终达成个人的职业理想。

(五)言简意赅,逻辑严谨

在撰写职业生涯规划书时,采用朴实简洁的语言、精练准确的用词、流畅的行文以及清晰的条理构架是最基本的要求。这不仅有助于我们清楚地表达职业规划的意图和目标,也使读者能够轻松理解和跟随作者的思路。在规划书的整体结构和重心安排上,我们应密切注意各部分内容的逻辑关系,紧扣职业目标这一主线展开论述,确保内容的连贯性和逻辑性。重点应放在自我评估、环境评估以及目标实施策略上,这样可以明确指出个人的优势、机会、挑战以及具体的行动计划。

同时,职业生涯规划书也应当具有自己的风格和特色。无论是行文的风格、叙述的方式、文案的设计,还是职业目标的选择、职业路线的设计等,不同的见解和风格才是"吸睛"的地方,想要出彩,就要力争做到创新,要彰显自己的个性与特色。

最后,撰写职业生涯规划书内容要详略得当,避免空洞;思路要具有逻辑性,避免条理不清;措辞要再三斟酌,避免文法不通、错别字连篇;语气要适中,避免过于煽情、死气沉沉、没有朝气等情况。

三、职业规划书的常见类型

为了更好地进行职业规划,个体需要将自己的思路、想法、计划、方案等以文字形式记录下来,进而对自己的规划进行再思考、再加工、再完善。常见的职业规划书类型有文本式、表格式和档案式三种。

(一)文本式职业规划书

作为一种个人职业发展的蓝图,文本式职业规划书的独特之处在于它并没有一个固定不变的模板。这给予了我们极大的发挥空间,可以根据个人的职业目标、兴趣特长以及行业特点来灵活设计。然而,尽管形式灵活,但规划书的创作并非随心所欲,它必须建立在坚实可信的基础上,让自己能够深信不疑。同时,规划书的内容也需具备可执行性,每一个目标和步骤都应该具体、明确,能够转化为实际行动。

在一般情况下,文本式职业规划书会按照逻辑清晰、结构完整的原则进行编排。首先是封面,它通常包含规划书的标题、个人姓名以及制作日期等基本信息,起到了标识和美化的作用。接下来是目录,它详细列出了规划书各个章节的标题和页码,方便读者快速浏览和定位内容。

正文部分是规划书的核心,它通常涵盖个人职业现状分析、职业目标设定、职业路径规划以及能力提升计划等多个方面。在个人职业现状分析中,需要对自己的性格、兴趣、能力以及职业环境进行全面的剖析;在职业目标设定中,要明确自己的短期、中期和长期目标,以及每个目标的达成时间和衡量标准;在职业路径规划中,要详细描述自己如何逐步实现这些目标,包括选择哪些岗位、参与哪些项目、学习哪些技能等;在能力提升计划中,要列出具体的学习和实践计划,以提升自己的职业竞争力。

最后是结束语,它是对整个规划书的总结和展望,也可以包含一些激励自己的话语或对未来的期许。通过以上四个部分的有机组合,文本式职业规划书不仅能够清晰地展现个人的职业愿景和发展路径,还能够为个人的职业发展提供有力的指导和支持。

(二)表格式职业规划书

表格式职业规划书主要包括表头和规划内容栏两部分,见表5-1。表头是个人的基本信息,内容栏要以呈现职业目标和实施计划为主,可根据个人情况进行调整。

表5-1　职业生涯规划书

时间:　　　年　　　月　　　日

姓名		性别	
年龄		受教育程度	
所学专业		班级	
自我剖析与评估			
1.橱窗分析			
橱窗	评价		
公开的我			
隐私的我			
背脊的我			
潜在的我			
2.360°评价			
评价人	优点		缺点
自我			
家人			
老师			
朋友			
同学			
其他			

3.职业兴趣测评(霍兰德兴趣测试)	
结论	

4.职业性格测评(MBTI 职业性格测试)	
结论	

5.职业能力测试	
结论	

6.职业锚测试	
结论	

职业生涯环境评估	
社会环境分析	
政治环境分析	
经济环境分析	
文化环境分析	
行业环境分析	
组织环境分析	
岗位环境分析	
家庭环境分析	
学校环境分析	

职业生涯目标确定		
职业目标类型	目标内容	行动计划
短期目标(1~2 年)		
中期目标(3~5 年)		
长期目标(6~10 年)		

职业生涯路线选择	
想往哪个路线发展?	
能往哪个路线发展?	
可以往哪个路线发展?	

职业生涯策略制定	
合理知识结构的建构	
基本能力的训练	

续表5-1

职业生涯评估和调整	
1.风险评估:评估所有不利于职业目标实现的可预见及不可预见因素	
2.方案调整	
调整具体行动措施	
调整阶段性目标	
调整职业生涯路线	
职业目标的重新选择	
3.制定备选职业目标方案	
方案一	
方案二	

（三）档案式职业规划书

档案式职业规划书由多个表格组成,可以真实详细地记录职业规划书的制订过程,包括自我评价、职业环境认知、在校期间学业规划等。档案式职业规划书中的任何一部分内容都可以根据实际情况进行拓展和补充,一份完整的职业生涯规划档案就是一个人成长的历程。

生涯小贴士

参照以下格式,制订自己的职业规划书。

职业生涯规划书(样本)

姓名:

班级:

专业:

一、自我评价

自我评价主要围绕自身与职业相关的各项因素进行分析,详细内容见表1。

表1 自我评价表

	自我评价因素	详细内容
1.我是谁	职业需求	
	职业兴趣	
	职业性格	
	职业能力	
	职业价值观	
	职业气质	
	职业倾向	
2.优劣势分析	我的优势	扩大自身优势的措施
	我的劣势	克服自身劣势的办法
3.职业取向		

二、认识职场

结合确定的职业发展领域,分析相关职场因素,详细内容见表2。

表2 职业环境分析表

职场因素分析	内容
社会环境	
政治环境	
经济环境	
文化环境	
行业环境	
组织环境	
岗位环境	

续表2

职场因素分析	内容
家庭环境	
学校环境	

三、职业目标确定

综合对自我的评价以及对职业环境的分析,我们已经初步确定了自己的职业发展领域,接下来可以借助SWOT分析法,进一步分析自己在实现职业目标的过程中可能存在的优势、劣势、机会和挑战,从而明确自己下一步的提升方向,详见表3。

表3　SWOT分析法

	我的优势	我的劣势	我的提升计划
内部个人因素			
	我的机会	我的挑战	我的提升计划
外部环境因素			

四、职业生涯规划

(一)近期职业生涯规划

大学四年不仅是我们知识储备的关键阶段,更是我们职业生涯规划的开篇。这四年对于我们日后步入职场、实现职业理想尤为重要。正因如此,我们需要对这四年的学习和生活进行详尽的规划,确保每一步都走得坚实有力。从课程选择到技能提升,从实践活动到人际关系,每一个环节都需要我们深思熟虑、精心安排。这样的规划不仅能够帮助我们更好地适应大学生活,更能为未来的职业生涯奠定坚实的基础。因此,详细规划近四年大学的学习和生活,无疑是我们进行职业生涯规划不可或缺的第一步,它将引领我们走向更加光明的未来。

(二)在校期间总的目标规划

为自己设定清晰且具体的总目标规划,能够帮助我们更有针对性地安排自己的时间和精力,更好地追踪和评估自己的进展,确保在校期间能够全面而高效地实现个人成长和发展,详见表4。

表4　在校期间总的目标规划表

维度	总的目标规划项目	内容
思想学习方面	思想政治和道德素质	
专业学习方面	学业目标	
实践活动方面	社会实践和志愿服务	
	文体艺术和社团活动	
职业探索方面	职业技能培训	
	职业探索和职业体验	
	就业创业	
身心健康方面	身心发展	

(三)大学四年阶段规划

在大学四年里,我们将从对专业的初步了解,逐渐深入到对专业知识的学习与实践,最终迈向毕业与就业的关键节点。为了更好地把握每一个阶段的学习重点与发展方向,我们需要制定详尽的各阶段规划,包括课程学习、实践活动、技能提升以及个人成长等多个方面。通过规划,我们能够更有条理地安排自己的学习和生活,确保每一步都走得稳健而有力,为未来的职业生涯奠定坚实的基础,详见表5。

表5　大学四年规划表

规划期	学期	生涯规划内容	重要实施项目	自我考评 好	中	差
试探期(大一学年)	第一学期	初步了解自我,了解职业,特别是与所学专业对口的职业				
		积极参加各种活动,提高综合能力				
		注重品德修养,养成良好的行为习惯				
	第二学期	加深对专业与职业的认识,培育职业意识				
		明确技能证书考试目标,如制定英语学习目标,参加计算机等级考试,提高自学能力				
		参加选修课与社会实践,全面拓展自身各项素质				

续表5

规划期	学期	生涯规划内容	重要实施项目	自我考评		
				好	中	差
奠基期（大二学年）	第三学期	学好专业课，夯实理论基础，开始为从基础课程向专业课程过渡做好准备				
		关注一些证书的考试，如英语四六级证书、计算机二级证书，甚至各类专业证书，以提升自身的竞争力				
		积极参与各种有益的社会实践，如下乡、义工活动等				
	第四学期	调整充实知识结构，考虑选读其他专业的课程，使自己的知识更加多元化，为步入社会打好基础				
		通过参加相关活动或咨询专业人士，了解更多关于职业发展的信息				
		加强职业技能培训，为参加技能考核做准备				
定向期（大三学年）	第五学期	深化专业知识学习，构建更为完整和扎实的知识体系，为后续的职业发展奠定坚实基础				
		确定就业或继续学习目标，了解相关政策与条件				
		参加社会实践，去与自己专业相关的单位见习				
	第六学期	体验不同层次的生活，培育自己的吃苦精神和社会责任感				
		尝试企业兼职，培育职业能力，提高自己的责任感、团队合作意识、主动意识和抗压能力				
		开始对自己的未来职业进行更为明确的规划，多方位收集就业信息，了解行业趋势、分析职业前景、确定职业目标				

续表5

规划期	学期	生涯规划内容	重要实施项目	自我考评		
				好	中	差
实践期（大四学年）	第七学期	做好就业准备（知识、技能、心理、品质），锻炼自己独立解决问题的能力和社会交往能力				
		学习写简历、求职信，收集就业信息，提高就业技能				
		积极参加招聘活动，在实践中检验自己的积累和准备				
	第八学期	毕业实习、完成毕业设计和论文写作				
		寻找合适的岗位，进入单位实习，积累实践经验，开始职业生涯				
		结合职业实践和职业发展规划，尽快适应工作环境及工作任务				

（四）未来职业总规划

大学毕业后，未来职业总规划是一个至关重要的过程，它涉及个人职业发展的各个方面。因此我们需要围绕可能的职业生涯发展道路，对未来做初步规划，详见表6。

表6　未来职业总规划

生涯规划期	生涯规划内容	
学业准备期（大学四年）	充分利用校园环境及条件优势，认真学好专业知识，培育学习、工作和生活能力，全面提高个人综合素质，为就业做好准备	
职业适应期（步入职场1～3年）	经过不断尝试，初步找到适合自身发展的工作环境和岗位	提升学历，完善知识结构
		精进自身的专业技能
		个人发展、人际关系
		婚姻家庭
		生活习惯、兴趣爱好

续表6

生涯规划期	生涯规划内容		
稳步发展期 （在职30年左右）	在此30年左右的时间里，努力奋斗，使自己在本单位、本岗位上业务精湛，并小有成就	学历、知识结构	
		个人发展、人际关系	
		婚姻家庭	
		生活习惯、兴趣爱好	
发挥余热期 （退休5年内）			

 生涯小贴士

生涯规划书的撰写过程中可以选择使用三种常见的模板，分别是文本式、表格式和档案式。这三种模板各具特色，可根据个人的需求和情况灵活选择。

文本式模板更加注重文字描述，适合详细阐述个人的自我评估、职业目标、计划制订等内容。它给予撰写者较大的发挥空间，可以更好地展现个人的思考和规划。

表格式模板则更加简洁明了，通过表格的形式呈现关键信息，如时间节点、目标设定、计划执行等。它便于查阅和比较，有助于撰写者快速把握自己的生涯规划进度和效果。

档案式模板则强调在校期间的详细规划，基于对自我的评价和环境的分析，制订详细的提升计划，包括在校期间总规划、大学四年的阶段规划以及未来职业总规划。这种模板能够帮助撰写者系统、全面地审视梳理自己的职业发展历程，并将总体规划细化到每学期的阶段行动中去，可操作性更强。

在撰写生涯规划书时，可以结合使用这三种模板，以达到更加全面、系统和科学的规划效果。根据个人情况和需求，可以选择使用其中一种或几种模板的组合，灵活运用，以展现最佳的生涯规划方案。

第二节　职业规划评估

案例导入

小林，女，25岁，大学毕业后进入一家规模较大的公司做销售，至今已经3年了。刚开始工作时小林热情很高，业绩也很好，但是最近她心情异常烦躁，觉得自己的职业生涯发展非常不顺利,离自己的预期目标越来越远。

在上大学时,小林就从网络上了解和收集了很多有关职业生涯规划的理论和知识,在辅导员和心理咨询师的帮助下,她在大二上学期就制定了详细的职业生涯规划,并认真按照规划执行。与别的同学相比,较早地进行职业准备为小林在大学期间的学习和生活明确了方向,也让她找到了与自己目标吻合的工作。

正因为如此,小林不明白,自己有详细的职业生涯规划做指导,为什么工作之后职业发展情况却不如想象中那么顺利。在日渐阴郁的心情下,小林走进了专业的职业咨询机构,希望从职业指导专家那里得到答案。

职业指导老师仔细分析后发现,尽管比较早地为自己制定了详细的职业生涯规划,并取得了一些成效,但小林在工作以后,处于相对复杂的人际关系网络中,受到同事以及朋友的影响,加之经历了一些风雨,自身的性格、价值观发生了改变,她的兴趣点有所转移;并且她目前所从事工作的具体内容、工作对象以及工作的环境、氛围与小林的预期差别也较大。针对这些变化,小林没有过多地引起重视,更没有及时地结合实际对自己大二时制定的职业生涯规划进行修正,而是一如既往地按照老路在前进,时间一长,问题就暴露出来了。

在了解到原因之后,小林认识到,在长达5年的时间内没有对自己进行全面的再认识和再评价,导致没有及时修正职业目标和计划,这是造成她职业发展不顺利、心情烦闷的根本原因。

最后,在职业指导老师的帮助下,小林重新认识,开始了一个新的职业生涯规划的过程。

由于原定的职业生涯目标总会受到不确定因素的影响而与实际产生偏差,因此,对规划进行再认识、再发现并及时反馈调整是非常必要的。职业生涯评估要求我们时时注意内外环境的变化,不断地审视、调整自我,不断地修正策略与目标,以保证个人职业生涯规划的有效性。

一、职业规划评估的内容

(一)职业目标评估

职业目标评估是职业规划过程中一个关键的反思环节,涉及深入思考和判断是否需要对既定的职业规划目标进行调整或更换。这一过程要求我们诚实面对自己在追求职业目标过程中遇到的难题和挑战,特别是在尝试实现这些目标的过程中,如通过实习、实践活动或在学习和工作中寻求与目标职业相关的机会。如果发现自己长期无法在目标职业领域内找到实习或工作机会,或者在实习和实践中明显感受到自己与该职业不匹配,无法适应或胜任,甚至这种不适应导致个人感到压抑和痛苦,这些都是需要认真考虑调整或更换职业目标的信号。

在进行职业目标评估时,重要的是要分析和识别导致这些困境的根本原因。可能是因为最初的职业选择没有充分考虑个人的兴趣、能力和价值观,或者未能准确预见到职业道路的实际需求和挑战。此外,市场环境的变化、新技术的出现、个人生活情况的改变等外部因素,也可能是需要调整职业目标的原因。

调整职业规划目标时,要基于对自我能力、兴趣和价值观的深入了解,同时考虑当前市场趋势和未来职业发展前景。这可能意味着重新进行职业探索,寻找更符合个人特点和市场需求的职业路径。在这个过程中,咨询职业规划专家、参加职业发展工作坊、利用职业评估工具和进行信息采集,都是有助于发现新方向和机会的有效方法。

最终,调整职业目标的决定应当基于一个全面的自我评估和市场研究,确保新的职业目标既符合个人的成长发展规律,又能够适应不断变化的职业环境。这样的评估和调整过程,虽然可能伴随着短期的不确定性和挑战,但对于实现长期的职业满意度和成功,是完全值得的。通过灵活调整和适时反思,每个人都能够在职业发展的旅程中找到更加适合自己的路径,实现个人的潜能和职业抱负。

(二)职业发展前景评估

对职业发展前景的评估是一个动态的过程,它要求我们持续审视和思考自己职业发展的路径是否需要调整。随着社会环境的不断变化和技术的进步,以及市场需求的转变,原先规划的职业方向可能不再适应未来的发展需求。此外,个人在职业探索和实践过程中可能会发现新的兴趣点或认识到自己在某个领域有更强的潜力和更好的发展机会,这些都是考虑调整职业发展方向的重要因素。

进行职业发展前景评估时,首先需要关注宏观经济环境和行业趋势的变化,了解这些变化如何影响特定职业的需求和发展潜力。同时,个人也需要对自己的职业兴趣、技能和长期职业目标进行深入的自我反思,评估当前的职业路径是否与这些因素相符合。

如果发现当前的职业方向不再符合市场需求,或个人发现了更适合自己发展的方向,就应该积极考虑调整职业发展的方向。调整职业方向可能涉及更新技能或改变职业领域,这些都需要时间和努力,但对于实现长期的职业满意度和成功至关重要。

在考虑调整职业方向时,建议制订详细的行动计划,包括设定新的职业目标、规划所需技能的学习路径、探索新的职业机会等步骤。同时,可以寻求职业顾问的意见,参加相关培训和工作坊,以及利用职业发展服务,这些资源可以提供宝贵的信息和支持,帮助个人做出明智的职业决策。

最终,对职业发展前景的评估应是一个持续的过程,随着个人职业兴趣的深化和市场环境的变化,不断地对职业目标和发展方向进行调整,以确保职业发展路径与个人的兴趣、能力以及市场需求保持一致,从而实现个人职业生涯的长期发展和满足。

(三)职业规划实施路径评估

对职业规划实施路径的评估是一个深思熟虑且至关重要的过程。它要求我们仔细审视当前所采取的行动方法是否能够有效达成设定的职业目标。在职业发展的道路上，我们时常会遇到各种挑战和困难，这时就需要我们灵活应对，及时对职业规划进行调整。

当发现当前的行动方法在实施过程中遇到了难以克服的困难，或者设定的阶段目标过于理想化、不切实际时，我们就需要考虑是否需要改变原有的行动策略。同时，我们也要关注外部环境的变化，比如市场需求、行业趋势等客观因素的变化，都可能对我们的职业规划产生影响。

因此，我们需要定期对职业规划实施路径进行评估，根据实际情况进行调整。这包括重新设定目标、优化行动策略、调整时间安排等方面。通过这样的评估和调整，我们能够更加高效地实现职业目标，避免在错误的道路上越走越远。

总之，对职业规划实施路径的评估是一个持续的过程，它需要我们保持敏锐的洞察力和灵活的应变能力，不断适应变化的环境和挑战，以实现职业发展的最大化。

（四）其他因素评估

对其他因素的评估是我们在职业规划中不可或缺的一环。这包括家庭情况、身体健康状况以及意外突发事件等因素。家庭是生活的重心，若家庭需要我们投入更多精力去经营和照顾，我们必须学会在家庭与工作之间找到平衡，适时调整自己的职业规划。同时，身体健康是事业发展的基石，当身体状况不佳时，我们应适时降低职业目标和要求，以保障自己的健康。此外，意外突发事件也可能对我们的职业规划产生影响，因此我们需要保持警觉，随时准备应对。只有全面考虑并及时评估这些因素，我们才能制定出更加合理、可行的职业规划。

二、职业规划评估的方法

（一）对比反思法

对比反思法是一种在职业生涯规划中极为关键的方法论。它强调的是在规划个人职业道路时，我们不仅要深思熟虑，更要善于观察和借鉴他人的经验。每个人都有其独特的职业规划理念和策略，而通过对这些理念和策略的分析，我们可以汲取其中的精华，为自己的职业规划提供有益的参考。

在运用对比反思法的过程中，我们首先要保持开放的心态，勇于承认他人的优点，不盲目自大，也不故步自封。我们可以选取一些在职业生涯中取得显著成就的榜样，仔细研究他们的规划路径和方法，理解他们是如何一步步走向成功的。同时，我们也要对比自己的职业规划，看看是否存在不足之处，是否有需要改进和调整的地方。

职业规划不是一蹴而就的，它是一个动态的过程，需要我们不断地审视和反思。在职业生涯的每一个阶段，我们都应该对自己的规划进行认真地回顾和总结。比如，我们可以思考自己的职业生涯规划中的某些计划是否按时完成，开展的实践活动是否取得了预期的收获，与预期效果的差距在哪里，以及这些差距产生的原因是什么。

通过这些问题的回答,我们可以更加清晰地认识到自己在职业规划上的优势和不足,从而更有针对性地进行调整和修改。这样的反思和修正,不仅有助于我们更好地实现职业目标,更能让我们在职业生涯的道路上越走越宽广,越走越坚定。

(二)交流反馈法

交流反馈法又称"360°反馈法",是一种全方位的评估体系,旨在通过多角度、多层次的反馈,帮助被评估者全面审视自己的职业规划和发展方向。在这套评估体系中,评估者涵盖了与被评估者有密切接触的所有角色,包括上司、同事、下属、客户以及被评估者自己。通过这种全方位的评估,被评估者可以收集到来自不同角度的反馈意见,从而更准确地了解自己在职业生涯中的表现和不足。

对于大学生而言,交流反馈法的评估者应该包括学校、老师、同学、朋友和自己。这些角色在大学生活中与被评估者有着密切的交往和互动,他们的评价和建议对于被评估者的职业规划和发展具有重要意义。其中,同学和朋友的评价尤为关键,因为他们是与被评估者相处时间最长的人,能够从不同角度观察到被评估者的优势和不足。

1.同学和朋友的评价

同学和朋友的评价往往具有多样性和客观性。不同的同学和朋友可能会从不同的角度和层面给出评价,这些评价既有正面的肯定,也有负面的批评。通过倾听这些评价,被评估者可以更加全面地了解自己,发现自己的优势和潜力,同时也能认识到自己的不足和需要改进的地方。

2.自我剖析

自我剖析是一种自我反思和总结的过程,通过深入思考自己的职业规划和发展方向,被评估者可以更加清晰地认识自己的价值观、兴趣和能力,从而对自己的职业规划做出更加明智的决策。在自我剖析的过程中,被评估者需要充分发挥主观能动性,积极寻找自己的优点和不足,并思考如何改进和完善自己的职业规划。同时,被评估者还需要结合同学和朋友的评价,对自己的职业规划进行综合性的分析和调整,确保自己的职业规划更加符合实际情况和发展需求。

综上所述,交流反馈法是一种有效的职业规划工具,通过多角度、多层次的评估反馈,可以帮助我们全面审视自己的职业规划和发展方向,发现自己的优势和不足,从而做出更加明智的职业规划决策。

(三)分析总结法

分析总结法是一种系统性的职业规划方法,它要求我们对自身的职业规划进行细致的分类别分析。这一过程主要涵盖六个关键维度:第一是分析基准,明确职业发展的起点;第二是目标与标准,设定清晰的职业追求和衡量尺度;第三是生涯策略,制定有效的职业发展路径;第四是生涯行动计划,规划具体的实施步骤;第五是生涯考核,即对职业进展的定期评估;第六是生涯修正,根据评估结果调整规划,确保职业发展的顺利进行。

1.分析基准

在职业生涯规划的过程中,我们需要首先审视自己的人生价值观是否发生了变化。随着时间的推移,我们的价值观可能会受到周围环境、个人经历等多种因素的影响,因此,及时识别并调整价值观对于职业发展的重要性不言而喻。同时,我们还需要关注外部环境的变化,包括行业发展、市场需求等方面的变动,以便及时调整自己的职业规划。此外,识别并解决当前面临的最大问题,以及在实践过程中发现自己的不足,都是分析基准的重要内容。

2.目标与标准

明确自己当前所处的职业生涯阶段,并了解该阶段的特点,有助于我们更好地规划未来的职业发展。同时,我们需要对先前制订的职业生涯规划目标进行审视,判断其是否仍然可行,以及是否有其他更好的目标出现。此外,制订明确的成功判断标准也至关重要,这将有助于我们更好地衡量自己的职业进展。

3.生涯策略

在实施职业生涯规划的过程中,我们可能需要不断调整实施策略,以适应不断变化的环境和需求。同时,我们还需要关注自己对相应职业能力的获取和吸收能力,以便不断提升自己的职业素养。此外,对于职业目标的角色转变,我们也需要认真思考并解决问题。对于暂时无法解决的问题,我们需要保持耐心和信心,寻找合适的解决方案。

4.生涯行动计划

制订合理的目标达成计划是生涯行动计划的关键。我们需要思考达成目标所需的资源、时间和努力,并寻求他人的帮助和支持。同时,识别并克服达成目标过程中的最大障碍也是必不可少的。

5.生涯考核

在职业生涯规划开展的过程中,我们需要定期进行生涯考核,以评估自己的职业进展和成果。通过反思自己的表现,我们可以识别做得好和做得不够好的方面,并思考如何改进。同时,我们还需要明确自己目前最欠缺的方面,是知识水平、技能还是人脉,以便有针对性地提升自己的能力。此外,我们还需要思考如何应用所学到的知识技能,并将其转化为实际的职业成果。

6.生涯修正

根据生涯考核的结果,我们可能需要对职业生涯规划进行修正。这可能包括重新选择职业方向、调整目标实施路线或更换人生目标等。此外,我们还需要关注其他需要更正的方面,如个人态度、工作方法等,以确保职业生涯规划的顺利进行。

综上所述,通过对分析基准、目标与标准、生涯策略、生涯行动计划、生涯考核和生涯修正这六个维度的深入分析和思考,我们可以更全面地审视自己的职业生涯规划,并做出相应的调整和改进,以实现更好的职业发展。

三、职业规划评估的意义

(一)是个体继续完成职业规划的必要前提

职业规划是一个长期、系统、持续的过程,需要不断地根据环境和自身的变化进行调整和优化。已完成的目标往往是新目标的背景和基础,如果前一目标遗留的问题没有被及时发现和解决,那么这些问题可能会对新目标的实施造成不良影响。因此,通过职业规划评估,我们可以对已完成的目标进行总结和反思,找出存在的问题和不足,为下一阶段的职业规划提供有力的支持和保障。

(二)可以检验职业目标是否合理

职业规划是建立在自我认知和环境认知的基础上的。但是我们所处的环境每天都在发生改变,大到国际形势变化、国家政策调整,小到组织结构变革、自身能力发展等,这些都是影响我们制定职业目标的客观因素。另外,大学生的心理不成熟,缺少社会阅历,导致部分学生缺乏客观的自我认知,对职业生涯的期待过高,无法根据实际情况确定合理的职业目标。这些都会导致大学生在进行职业规划时陷入盲目,制定的职业目标与实际情况存在偏差,缺乏可操作性。因此,大学生要定期对职业规划进行评估,包括评估阶段目标、生涯路线、行动计划等。

(三)可以检查生涯措施是否得当

职业规划通常要先进行自我认知和环境认知,然后在此基础上选择合适的职业目标,并制订相应的行动计划,包括长期、中期和短期计划等,这些计划都是为实现目标而服务的。但是,由于很多计划在制订的过程中会掺杂主观分析和个人经验,因此计划措施是否得当,需要我们在实施这些计划的过程中,定期对实际效果进行检验,并以检验结果为参照来评价职业生涯措施。

(四)有助于及时调整行动计划

世界上唯一不变的是变化本身,"变化"包括周围环境及我们自身。因此我们需要对职业规划进行定期的评估,及时发现问题并迅速做出调整。不论职业规划目标是否实现,其成功经验或失败的教训都可以成为改进和完善下一个生涯目标的依据。因此,在职业规划中,自觉地评估职业规划,总结经验和教训,可以修正和完善自我认知和环境认知,纠正长远职业目标与阶段职业目标的偏差,更好地实施职业规划。同时要根据实际情况确定评估的周期,例如对于短期目标要每年评估一次,对于中期目标要3~4年评估一次,对于长期目标则要7~10年评估一次。一般情况下,对中、长期目标的评估要比对短期目标评估花更多的时间,而且会对职业生涯目标的调整有较大影响。

(五)是激励个体不断前进的动力

评估与修正可以极大地增强个体实现职业目标的信心。当我们在职业规划中取得阶段性成果时,适时有效的评估可以使我们看到自己的努力得到了回报,享受成功的喜悦。这种成就感可以激发我们的自信心和动力,为下一阶段目标的完成创造良好的心理基础。同时,通过评估发现不足和需要改进的地方,也可以激发我们继续努力、不断前进的决心和勇气。

综上所述,职业规划评估在个体职业发展过程中具有不可或缺的意义。它可以帮助我们发现问题、解决问题,调整和优化职业规划,确保我们沿着正确的方向前进。同时,它也可以激励我们不断前进,追求更高的职业目标。因此,我们应该重视职业规划评估工作,定期进行自我评估和外部评估,以便更好地实现自己的职业梦想。

四、职业规划评估的程序

(一)重温生涯目标

重温生涯目标是评估过程的起点。重温生涯目标的方法包括:经常回顾自己的构想和行动计划;把自己的构想和任务方案放在可经常看见的地方,时刻提醒自己;当自己要做出一个重要决定时,考虑自己的构想和行动计划,并确保当下的决策与自己的本意相符;经常想一想自己正在做的是最想做的事吗,自己真的适合做这个职业吗,是否能如期完成目标。

(二)分析目标

分析目标是评估过程中的关键环节。我们需要仔细分析实际情况与设定目标的吻合程度,判断实际行为效果与期望值的偏差。同时,我们要深入研究导致失败的原因,找出问题所在,为后续的调整提供依据。

(三)运用结果修正、完善目标

我们需要运用分析结果来修正和完善目标,这包括采取及时、适当的纠正措施,调整策略,改变行动。自省和过程监督在这个过程中尤为重要,我们需要有意识地回顾得失,检查验证职业规划的执行效果,并有针对性地提出解决方案,纠正偏差。至少保证每一季度做一次检查,以便及时发现并解决问题。

通过反馈评估和调整,应该达到以下目的:对自己的长处和优点充满自信;对自己的发展机会有一个清楚的了解(知道自己什么地方还有待改进);找出关键的有待改进之处;为这些有待改进之处制订详细的行为改变计划;实施自己的计划,确保取得显著的进步和成就。

总之,职业生涯规划是一个动态发展的过程,有效的职业生涯规划需要反复修正职业生涯目标以适应环境的改变,同时目标修正可以作为下一次规划的依据。

生涯小贴士

职业规划评估可以采用360°反馈法的方式进行(表1)。

表1 职业规划评估的要素和标准

评价方式	评价者	评估要素	评估标准
自我评价	本人	1. 自己的才能是否充分施展; 2. 是否对自己在企业发展、社会进步中做的贡献满意; 3. 是否对自己职称、职务、工资待遇的变化满意; 4. 是否对处理职业生涯发展与其他人生活的关系的结果满意	个人的价值观念及个人知识能力水平
家庭评价	父母、配偶、子女、其他家庭重要成员	1. 是否能够理解; 2. 是否能够给予支持和帮助	家庭文化
企业评价	上级、平级、下级	1. 是否有下级、平级同事的赞赏; 2. 是否有上级的肯定和表彰; 3. 是否有职称、职务提升或同职务责、权、利范围的扩大; 4. 是否有工资待遇的提高	企业文化及企业总体经验的结果
社会评价	社会舆论、社会组织	1. 是否有社会舆论的支持和好评; 2. 是否有社会组织的承认和奖励	文明程度以及社会历史进程

第三节 职业规划调整

 案例导入

李明是一名大学毕业生,他在大学期间对市场营销产生了浓厚的兴趣。在自我评估和职业探索的过程中,他发现市场营销行业的发展前景广阔,并且认为自己具备一定的沟通和分析能力。因此,他设定了成为一名市场营销经理的职业目标。

为了实现这个目标,李明制订了职业发展计划。他报名参加市场营销的培训课程,积极参加学校组织的实践活动,并在大学期间找到了一份市场营销助理的实习工作。通过这些努力,李明在毕业后成功地找到了一份市场营销的工作,并逐步晋升为市场营销经理。

然而,随着时间的推移,李明发现自己对数字分析和数据挖掘方面的知识有一定的兴趣。他意识到市场营销行业正日益依赖于数据分析和技术。因此,他决定进行职业调整,学习相关的数据分析技能。

为了实现职业调整,李明参加了数据分析的培训课程,并在工作中寻找机会应用这些技能。他还积极与数据分析领域的专业人士交流,并寻求他们的指导和建议。

通过不断学习和努力,李明成功地实现了职业调整,并成为一名数据分析师。

职业规划与调整是个人职业发展的重要环节。通过自我评估、职业探索、目标设定和职业发展计划,个人可以规划自己的职业生涯,并实现职业目标。在职业生涯中,个人可能需要进行职业调整,根据自己的兴趣和市场需求进行相应的改变。职业调整可能面临一些挑战,但通过制定合适的应对策略,个人可以成功地实现职业调整。

一、职业规划调整的目的

(一)明确自身优、劣势

在职业规划调整的过程中,首先需要对自身进行全面的评估。明确自己的优势所在,如专业技能、工作经验、人际关系等,这些优势是我们在职场中的核心竞争力。同时,也要认识到自己的不足,如知识结构的缺陷、技能上的短板等。只有明确了自己的优、劣势,我们才能更有针对性地制定职业规划调整策略。

(二)找出需要改进之处

在明确自身优、劣势的基础上,我们要进一步找出需要改进的地方。这些不足可能是技能上的缺陷、知识上的不足,也可能是态度上的问题。找出这些问题后,我们要勇敢面对,积极寻求改进的方法。

(三)制订改进计划

找到了需要改进的地方后,下一步就是制订具体的改进计划。这个计划要科学合理,具有可操作性。我们可以根据自己的实际情况,制定长期和短期的改进目标,并设计相应的实施方案。同时,我们还要注重计划的执行和监控,确保计划能够得到有效实施。

(四)选出备选方案

在职业规划实施的过程中,如果发现之前设定的职业目标或阶段目标无法达成,可以制订备选方案,需要注意的是,备选方案的制订,要和初选目标有一定的相关性,甚至是可替代性,确保备选方案能够切实可行,在初选目标无法达成的情况下,备选方案可以保证我们实现既定目标。

（五）持续自我评估和调整

职业规划调整是一个持续的过程。我们需要时刻关注自己的职业发展状况,对职业规划进行持续的自我评估和调整。通过不断评估和调整,我们可以更好地发现自己的优势和不足,进一步提升自己的职业竞争力。

总之,职业规划调整的目的是更好地适应职场变化、发掘自身潜力、提升个人价值。在这个过程中,我们需要明确自身优势、劣势,找出需要改进之处,制订改进计划,选出备选方案以及持续自我评估和调整。只有这样,我们才能在职场中立于不败之地。

二、影响职业规划调整的因素

（一）自身实际

自身实际是职业规划调整的核心因素。每个人的学历、实践实习经历、家庭背景、兴趣爱好和价值观念等都是独一无二的,这些因素构成了我们自身的实际状况。在进行职业规划调整时,我们必须紧密联系这些实际因素,确保目标的设定既符合自己的能力和条件,又能够激发自己的积极性和动力。同时,我们还需要对自己有更正确的认识,了解自己的优点和不足,以便在规划调整中更好地发挥自己的优势,弥补自己的不足。

（二）外部环境

外部环境也是影响职业规划调整的重要因素。这些环境因素包括国家政策环境、社会环境、行业环境、企业环境、职业环境、学校环境和家庭环境等。这些环境因素的变化会直接影响到我们的职业发展,因此我们需要从宏观角度来认识和把握这些变化。例如,国家政策的调整可能会带来新兴行业的发展机会,而社会文化的变迁则可能影响职业的价值取向。我们必须密切关注这些变化,以便及时调整自己的职业规划,把握机遇,应对挑战。

三、职业规划调整的内容

（一）职业目标的调整

职业目标的合理与否,直接关系到职业规划能否成功,也是职业生涯成功的关键因素。在实际工作中,许多人都会发现自己职业发展不顺利,其中一个重要的原因就是最初制定的职业目标是错误的。职业目标在很大程度上是依据个人兴趣和爱好进行选择的,然而,随着时间的推移,我们的兴趣和爱好可能会发生变化。当内外环境和自身条件发生变化时,原来的职业目标可能不再符合新的兴趣和爱好,这就可能导致职业发展方向的偏差。此外,我们在制定职业规划时,由于缺乏对外在环境的客观分析,往往根据个人经验进行主观判断,导致对内外环境的认识出现偏差。同时,由于我们在制定职业规划时缺乏对工作的真实体验,对职业的了解不够深入,这也可能导致职业目标选择出现问题。因此,当发现职业目标出现问题时,我们需要综合分析、冷静思考,对职业目标和职业规划路线进行修正与调整。

(二)行动计划的调整

有时候,职业生涯发展不顺利并不是因为职业目标有问题,原因也可能是针对职业目标所制订的行动计划不合适。在设计好的职业规划中,我们会根据自己与职业目标之间的差距制订一些改进提升的行动计划。这些计划可以具体到参加什么培训班、选择哪个老师等。这些都会影响职业目标的实现。因此,当职业发展不顺利的时候,如果不是职业目标出了问题,就要看看是不是行动计划的问题。

(三)心理状态的调整

当职业发展不顺利时,我们需要认识到,这可能是由于心理和行为不配合造成的。在职业生涯规划实施的过程中,我们需要保持自信,既不能妄自菲薄,也不能盲目自大。在确定好目标以后,我们需要坚定不移地走下去,不要轻易放弃自己的计划。不管在什么时候,我们都要保持乐观、积极的态度,相信自己的能力和潜力。同时,我们也要认识到职业规划是一个动态的过程,需要不断完善和改进,以适应环境的变化。只有讲求实际,合理准确地评估自己,并不断地加以调整,才能实现职业规划的成功。

综上所述,职业规划调整是一个涉及多个层面的复杂过程。通过调整职业目标、行动计划和心理状态,我们可以更好地应对职业发展中的挑战和变化,实现个人的职业发展和成功。在职业规划调整的过程中,我们需要保持开放的心态,不断学习和提升自己的能力,以适应不断变化的环境需求。同时,我们也要保持耐心和毅力,坚持不懈地追求自己的职业目标,最终实现个人的职业成功和幸福。

生涯小贴士

在职业规划过程中,进行调整是一个常见且必要的步骤,特别是在面对不断变化的职业环境和个人生活阶段时,适时的调整不仅可以帮助个人更好地适应市场需求和个人兴趣的变化,还能有效提升职业满意度和生涯成功。在进行职业规划调整时,可以从以下几个方面入手来进行。

深入自我分析:调整职业规划前,首先需要对自身的兴趣、能力、价值观和长远职业目标进行深入分析。自己的核心驱动力和职业满意的关键因素是制定有效职业规划的基础。

行业发展研究:职业规划应考虑行业趋势和市场需求。研究相关行业的发展方向、技能需求和职业前景可以帮助个人选择一个有发展潜力的职业路径。

设定实际目标:职业目标应具体、可衡量,并且实际可达。设定过高或不切实际的目标可能导致挫败感和计划的失败。同时,目标应该是分阶段的,逐步推进,这有助于保持持续动力和清晰的方向感。

灵活性与适应性:职业环境和个人情况都可能发生变化,职业规划需要有足够的灵活性来应对这些变化。保持开放的心态,准备好根据新的信息和经验调整计划。

寻求专业意见:在调整职业规划时,咨询职业规划顾问、导师或行业专家的意见可以提供宝贵的外部视角和建议。这些专业意见可以帮助避免偏见和提供更多的职业发展机会。

持续学习和发展:职业技能和知识的持续更新是适应快速变化职业环境的关键。投资于自身的教育和专业发展,如参加培训课程、获得新的资格认证,都是促进职业发展的重要步骤。

实施和评估:调整后的职业规划需要通过具体的行动计划来实施。设立定期的评估点,检查进度并根据实际情况做出必要的调整。

通过这些步骤,可以确保自身的职业规划既反映了个人的职业愿望,也适应了外部环境的变化,从而在职业道路上走得更远、更稳。

请参考以下模板,撰写自己的职业生涯规划书。

(一)封面

一般由基本信息、职业规划撰写的时间与励志短语等内容组成。示例如下:

职业生涯规划设计书

姓名:　　　　　　　　　　　　班级及专业:

性别:　　　　　　　　　　　　学号:

年龄:　　　　　　　　　　　　联系地址:

籍贯:　　　　　　　　　　　　邮编:

身份证号码:　　　　　　　　　联系电话:

学校及学院:　　　　　　　　　邮箱:

职业规划书形成时间:　　　　　　年　　月　　日

小提示:我们在设计职业规划书时,如果要与同学交流,封面的个人基本信息要详尽;如果仅作为个人收藏,个人信息可简单,但职业规划书形成的时间不能漏,时间的记录对日后的职业生涯管理、评估和修正都有作用。封面还可以插入与主题相关的励志短语(如:规划人生,成就未来)和图片,使职业规划书更具内涵和美观。

(二)目录

目录一般包括以下内容:

1. 序言(前言)

2. 自我认知

(1)职业生涯测评

(2)橱窗分析法

（3）360°评估

（4）自我认知小结

3. 职业认知

（1）外部环境分析

（2）目标职业分析

（3）职业素质测评

（4）SWOT 分析

（5）职业认知小结

4. 职业生涯规划设计

（1）确定职业目标和路线

（2）制订行动计划

（3）动态反馈调整

（4）备选职业规划方案

5. 结束语

（三）正文

按上述目录分别提出以下要求。

1. 序言（前言）

要求：主要描述个人对职业生涯规划意义的理解。做职业生涯规划设计的前提是对职业生涯规划有深刻的认识。

2. 自我认知

（1）职业生涯测评

要求：运用网络测评软件进行职业生涯规划测评的学生，在职业规划书上应充分采用测评报告中的图表来体现测评结果，这样会一目了然，较为直观；运用书本的测评量表进行自我测评的学生，则要求学生自己按指导语进行测量、总结、对照等方法得出测评结果。

（2）橱窗分析法

（3）360°评估

（4）自我认知小结

提示：综合自我评价、他人评价和测评结果进行概括性的小结。如："我是什么样的人？"——我是一个事业心强，注重个性发展的人。"我喜欢做什么？"——我喜欢从事能充分发挥个人能力的项目性质的工作。"我适合做什么？"——我善于从事与组织、策划、协调相关的工作。结合上述所有分析：我希望在毕业后从事某项策划工作。

3. 职业认知

（1）外部环境分析

①家庭环境分析；②学校环境分析；③社会环境分析；④目标地域分析。

（2）目标职业分析

①目标职业名称；②岗位说明；③工作内容；④任职资格；⑤工作条件；⑥就业和发展前景。

（3）职业胜任力测评

提示：运用网络测评软件测评的，可充分采用测评报告中的图表来体现测评结果；运用量表自我测评的，自己应按指导语进行测量、总结、对照等方法得出测评结果。

（4）SWOT分析

①我的优势（strength）及其使用；②我的机会（opportunity）及其利用；③我的弱势（weakness）及其弥补；④我面临的威胁（threat）及其排除。

（5）职业认知小结

4.职业生涯规划设计

（1）确定职业目标和路径

①近期职业目标；②中期职业目标；③长期职业目标；④职业发展路径。

（2）制订行动计划

①短期计划；②中期计划；③长期计划。

（3）动态反馈调整

评估、调整我的职业目标职业、路径与行动计划。

（4）备选职业规划方案

提示：由于社会环境、家庭环境、组织环境、个人成长等变化以及各种不可预测因素的影响，一个人的职业生涯发展往往不是一帆风顺的，为了更好地主动把握人生，适应千变万化的职场，拟定一份备选的职业生涯规划方案是十分必要的。

5.结束语

 思考题

1.职业规划的步骤和内容有哪些？

2.如何撰写职业生涯规划书？

3.职业规划评估主要包括哪些方面？

4.为什么要定期进行职业规划的评估与调整？

就业指导概述

学习目标

1. 理解就业与就业指导的基本内涵。
2. 明确就业指导对大学生人生发展的意义。
3. 把握当前就业形势和国家就业政策。
4. 了解就业指导基本内容。
5. 熟悉就业指导的实施。

学习导读

"做我喜欢的事情、做我感兴趣的工作,实现个人的梦想",已成为新时代年轻人择业的重要考量因素。确实,从事一份喜欢的工作,就是一件幸福的事情。但梦想需要有清晰的自我认知。人生是一个认识自己、接纳自己、提升自己的过程。在这个过程中,我们认识、接纳自己的个性和爱好,然后朝着自己想要的目标和方向努力,可能会顺风顺水、美梦成真,但也需要直面挫败、愈挫愈勇。

梦想是努力探索出来的。习近平总书记在和知识分子、劳动模范、青年代表座谈时讲道:"广大青年要保持初生牛犊不怕虎的劲头,不懂就学,不会就练,没有条件就努力创造条件。'志之所趋,无远弗届,穷山距海,不能限也。'对想做爱做的事要敢试敢为,努力从无到有、从小到大,把理想变为现实。"

梦想是努力培养的,生活中,追求梦想的人,往往是最努力的人。我们常常会混淆一对因果,那就是梦想与特长,到底是我们有梦想,才做得好,才擅长,还是因为擅长、厉害,我们才会越来越有兴趣,把它当成了我们的梦想呢?

有人说,成年人最大的权力就是拥有选择权。当我们谈"择业"时,是在默认我们已经有了择业的底气、能力和才华。这既需要我们长期的规划,更需要一步步细小的积淀,把握时代大势,思考国家发展,钻研个人技术本领,每一个环节都必不可少。

习近平总书记指出:"青年的人生目标会有不同,职业选择也有差异,但只有把自己的小我融入祖国的大我、人民的大我之中,与时代同步伐、与人民共命运,才能更好实现人生价值、升华人生境界。"

第一节 就业指导的内涵

"我找到工作啦!"毕业生亲身讲述求职故事——成了一名"码农"

面临求职季,有压力也有动力。如今我已被互联网公司蚂蚁集团录取,成了一名"码农"。

在这之前,我曾在互联网公司实习过,所以求职时专注于互联网企业。说实话,这届大学生的就业形势比较严峻,前几年一直很"热"的互联网行业今年似乎也不太乐观。就拿我的专业在校园招聘中的规模来说,明显感受到比往年少了很多,更让我感到压力大的是,来自名校的硕士、博士也加入了求职竞争的行列,激烈程度可想而知。

在校期间,我的学习成绩还不错,曾获得过国家奖学金,也在数学建模、"挑战杯"等各类学科竞赛中取得过好成绩。刚开始找工作时,我满怀信心,总觉得"这都不是事儿",现实却是刚走上求职之路的我就碰了壁。起先我通过校园招聘给几家互联网企业投了简历,但很多都石沉大海,就连面试过的企业也都以失败告终,这让我倍感压力,也很沮丧。"明明在校期间表现不错,为啥找工作就这么困难?"我陷入了自我怀疑与否定,甚至一度认为自己找不到满意的工作了。不过好在老师和辅导员给了我很大的帮助。

杭师大开设有"生涯工作室",每天都有具有丰富就业指导经验的老师开展咨询和指导。我预约了老师对面试进行复盘,找到了失败的症结所在。老师告诉我,作为工科生,不要总觉得在面试时把握好技术类问题就万事大吉了。面试考察的是个人综合素质能力,回答面试官的每道问题时都应充分展现自己的亮点和优势,平平无奇的答案并不足够让自己在众多竞争者中脱颖而出。

学院开展的就业经验交流会也让我受益匪浅。学院邀请了往届优质就业的前辈们为大家传授经验,分享自己的面试"秘笈",手把手教我们如何在面试中脱颖而出,最大限度展示自己的综合实力。

除了要掌握面试技巧,我认为还要树立正确的就业心态。通过一次次与辅导员谈心谈话,我充分认识到,在校期间表现优秀并不能完全等同于职场上的优秀,求职面试过程中有失败也是正常的,没必要沉溺在沮丧的情绪中。

现在我充分认识到,每次面试都是很好的锻炼,要总结经验教训,准备得更加充分,表现得更加从容自信,才能获得成功。祝福每位毕业生都能顺利找到心仪的岗位。

（贝铱铭 杭州师范大学本科毕业生）

（《"我找到工作啦!"毕业生亲身讲述求职故事》）

就业是个人职业生涯发展的前提,任何一个社会成员不就业就不会有职业和个人的发展,所以每一个大学生都要面临就业的抉择。个体由学生转变为职业人,由家庭、学校转入职场,在人生角色这一重大转变中往往有很多的不确定和不适应,所以,就业一定要有专门的指导,要依据科学的理论、知识和方法,要树立健康的就业心态,要遵循市场经济规律。

一、就业

就业是指个体从事一定的社会劳动并取得相应的劳动报酬的活动状态。就业是最大的民生,是所有具备劳动能力的社会成员要面对的最具实际意义的活动,这是因为,人只有通过工作才能获取赖以生存的物质条件,而只有为社会劳动奉献才能实现自己的人生价值。

(一)就业的特性

(1)经济性　生存是第一位的,对大部分社会成员来说,从事生产劳动的直接目的就是满足自身对物质和文化生活的需要,就业是获得物质生活资料、维持生存、改善生活质量的主要途径,由此可以说经济性是就业的基本属性。

(2)社会性　就业是社会化劳动的产物,是劳动者与生产资料在一定的生产关系中实现的,所以就业要受到各种生产方式及其所构成的生产关系的制约,同社会密切相关。同时,就业也是社会劳动的分工需要,是个人参与社会活动的一种主要方式,因此就业必须是从事满足他人和社会需要的有效劳动,要为社会认同,要体现出社会价值。

(3)计划性　就业是主观的,但其内容是客观存在的,劳动者和生产资料的结合不是随心所欲而进行的,是要按一定的计划和比例来规划的,其规划的基本准则是要与社会分工、生产方式、生产关系和社会经济发展相一致。

(4)变动性和相对稳定性　随着人类社会生产力水平的不断提高,生产方式在不断变化、社会分工在不断发展,并由此衍生出了当代无边界职业生涯态势,这就使劳动者就业岗位的变换越来越频繁。但是,不同劳动资料与劳动对象相结合的就业岗位,对劳动者文化技术水平的要求有差异,变换就业岗位会付出一定的代价。所以为了提高结合的效益,劳动者会不断提高自身适应能力,尽可能地稳定在一个就业岗位上。

(二)就业的分类

(1)全职就业　是指每周工作时间达到或超过工作单位规定的最低工作时间标准,签订正式劳动合同,享有稳定且相对较高的工资待遇,在福利与社会保障方面也比较完善。全职就业通常是比较稳定的就业形式。

(2)兼职就业　是指个人在同一时期内,除了主要职业或全职工作之外,还从事其他有偿工作的就业形式。兼职工作可以在业余时间或特定时间段内进行,工作时间和薪资通常较全职工作灵活。

（3）灵活就业　是指在劳动时间、收入报酬、工作场所、保险福利、劳动关系等方面不同于建立在工商业制度和现代企业制度基础上的传统主流就业方式的各种就业形式的总称。它涵盖了非全日制、临时性、阶段性和弹性工作时间等多种灵活的就业形式，如个体经营者、电商主播、外卖骑手等。

（三）就业的功能

就业的功能是多维度且深远的，它不仅关乎个人的生计与发展，还对社会经济发展、社会稳定等方面产生着重要的影响，具体而言，主要有以下四个方面。

（1）提高人民生活水平　就业是社会成员获得收入的主要途径之一，通过就业，人们能够获得稳定的经济收入，从而满足个人和家庭日常生活和发展的需要。人们通过勤劳地工作，带来收入的提升，进而提高其消费能力，可以更好地满足日益增长的美好生活需要。

（2）实现自我价值　个人通过参与职业并在其中发挥积极作用，从而促进自我价值的全面实现。这种实现不仅体现在经济的独立和自主上，更体现在个人能力的增长、社会认可度的提升以及社会贡献的增加等多个方面。当个人在职业中找到自己的位置并不断努力时，会感受到自己的价值和意义，从而更加自信地面对生活中的各种挑战和机遇。

（3）促进社会经济发展　就业是劳动力资源得到充分利用的重要途径，通过就业，社会生产可以正常开展，社会物质财富得到创造，社会经济得以增长。而且，随着社会高质量充分就业的发展，生产活动效益会相应扩大，进而推动经济的可持续高质量增长。

（4）促进社会稳定与和谐　就业是民生之本，世无氓流，野无闲散，稳定的就业环境有助于减少社会矛盾和冲突。而且，就业使得社会中的人们有了共同的目标和追求，增强了社会的凝聚力和向心力，促进了社会不同群体之间的交流和合作，有利于和谐社会的构建。

二、就业指导

就业指导是指帮助个体选择并从事一项适合自己的职业的过程，即帮助个体树立正确的择业观、运用科学的方法了解自我、了解职业环境、获取职业信息，在此基础上做出职业选择并顺利入职，达到有效配置社会人力资源的过程。

大学生就业指导不只是选择职业、谋求工作，而是具有明显的教育学功能，系统性和针对性都很强的工作。大学生就业指导从关注学生的全面进步和可持续发展出发，强调职业在人生发展中的重要地位，以学业为基础，以就业为导向，以职业为载体，以事业为目标，统筹兼顾、协调一致，促进其专业能力和综合素质的和谐发展，使其成为身心健康、有觉悟的有能力的社会主义事业建设者。

大学生就业指导要贯穿于大学阶段人才培养的全过程，提升其基本的就业能力和素养。其中就业能力包括个体求职过程中所应具备的求职材料的准备能力、就业市场的分析评估能力、就业政策的把握能力、就业信息的收集和处理能力，以及择业技巧、求职礼仪等。而就业素养就是要树立正确的择业观、具有健康的就业心理。

 拓展阅读

战国时，赵国的都城邯郸遭到强大的秦国围困，赵国的平原君无力与秦国对抗，所以准备向楚国请求出兵援助。因为这件事情关乎赵国的生死存亡，所以平原君决定选出二十名说客和他一同前往楚国求援。

经过慎重的考虑和重重选拔，平原君从他的门客中选出了 19 名说客，然而最后一名却难以选择，正当平原君准备随便挑选一人充数时，一位名叫毛遂的门客站了出来，说自己就是胜任这一次任务的最佳选择。

大家都震惊于这人的狂妄，平原君也感觉此人过于自大，便出言嘲讽，如果你真如你所说得那么出众，那为何这么多年一直默默无闻，一个有才华的人就像锥子，放到口袋里一定会露出锋芒。

毛遂听完后不羞不躁，只是平静地说道，阁下都没有将我放到口袋里，又怎么会知道我的锋芒呢？这一回答使平原君发现自己好像看轻了他，于是便给他一个机会，带上他一同前往了楚国。果然毛遂不负所望，用自己的智慧成功让楚王出兵援助赵国。

千里马常有而伯乐不常有，有时候我们需要敢于毛遂自荐，让"伯乐"发现我们就是"千里马"。就业指导就是帮助"千里马"找到自己的"伯乐"，而且能够更好地向"伯乐"展现自己的才华和能力。

第二节　就业指导与人生发展

案例导入

1955 年，我国正蔓延着一种"怪病"，叫脊髓灰质炎，俗称小儿麻痹症。得病的大多是 7 岁以下的孩子，病情严重时手脚和四肢会疼痛变形，终身残疾，甚至会导致死亡。最可怕的是，这种疾病隐形传染，无法治愈，大家都非常恐慌。

就在这个时候，我国病毒学家顾方舟临危受命，牵头研制疫苗。他带人挖洞、建房，用 9 个月的时间建成了疫苗实验室。他和团队驻扎在那里，一刻也不敢放松，与死神争分夺秒……疫苗研究后要进行动物试验和临床试验。在临床试验的时候，顾方舟义无反顾地带头喝下了疫苗。他还做出了一个惊人的决定，瞒着妻子给出生不久的儿子喂下了疫苗。这是一个艰难的决定，如果疫苗存在问题，那父子俩就会面临巨大风险。幸运的是,试验取得了成功。之后顾方舟经过反复研究,将液体疫苗制成了糖丸。糖丸疫苗又好吃又方便保存,遍及了祖国的每一个角落,使我国进入了无脊髓灰质炎的时代。

2019年1月2日,92岁的"糖丸爷爷"顾方舟与世长辞,在老人生命的最后时光里,他仍然心系国家的卫生事业,当研究所的工作人员探望他时,老人已几乎睁不开眼,他紧紧握住后辈的手,留下最后的遗言:"我一生做了一件事,值得……值得……孩子们快快长大,报效祖国。"

顾方舟用实际行动诠释了,职业并不仅仅是一种谋生的手段,更是实现人生价值的途径。

就业指导不仅关乎个体的经济来源和生活品质,更与人的尊严、自我实现和人生价值紧密相连。就业指导帮助大学生树立正确的择业观、养成健康的就业心理,明确职业目标、岗位要求和资质准备,全面提升就业能力和职业素养,所以,就业指导不只有助于大学生完成学业、顺利就业,而且对以后的生涯发展也会产生长期的积极作用。

一、培养大学生科学的择业观

择业观是人生观、价值观在择业问题上的综合反映,是对于职业选择、职业理想、职业行为的根本看法,它决定着大学生的择业方向以及入职后的职业行为和职业心理。择业观正确与否直接影响到大学生职业选择是否合理科学,影响其职业生涯能否顺利发展。

(一)择业观的基本内容

1. 择业的价值观

择业的价值观是指大学生在选择职业时所依据的一系列价值判断和标准,它反映了个人对于职业发展的核心信仰和追求。这些价值观构成了大学生在职业选择过程中的决策框架,影响着对职业的认知、评价和选择。因每个社会成员的人生价值追求不同,所以择业价值观的视角和维度也不同,大致来讲可分为四种情况:一是职业性质方面,不同的职业其社会功能不同,一般来说对解决社会矛盾、促进社会发展、保障社会稳定的作用越大,该职业的社会影响力就越高;二是职业的科技含量方面,专业性强、从业者素质要求高,则该职业的社会评价就高;三是职业的自然条件方面,技术设备、安全设施、卫生条件越好的职业,其舒适性就越强;四是职业的人际环境方面,包括人际关系、发展前景等,环境越好,职业的和谐程度就越高。大学生会从上述职业的性质、知名度、影响力、经济收入、工作稳定程度、人际关系等方面确立自己的择业观。

2. 择业的动机观

择业的动机观是个体在选择职业时所持有的动机和观念,它受到多种因素的影响,并随着自身的成长和环境的变化而发生变化。大学生择业的目的、意义、观念都是建立在需要的基础上的,诸如社会影响力需要、生活福利需要、事业成就需要、社交需要、安全需要等,都会成为其择业的动机。在择业时大学生会权衡各种需求和条件,以个人需求、个人素质和工作条件为出发点做出职业选择。

3. 择业的苦乐观

苦与乐是辩证的,任何职业都有苦与乐两面性,诸如工作的重与轻、繁与简、难与易、洁与乱等,择业的苦乐观,就是指个体在选择职业时,对可选择职业的苦与乐的认识及接受的态度。大学生以何种态度看待工作中的苦与乐对其就业及以后职业生涯发展有很大的影响,具有社会奉献精神和历史担当意志,面对再艰难的工作也敢于接受,而且乐在其中,经得起考验;反之,怀有好逸恶劳心态,怕苦怕累,不仅择业难,而且就业后的职业生涯发展也难有成就。所以大学生择业要辩证地看待职业的苦与乐,要保持积极的就业心态,敢于迎接挑战,到社会需要的地方去。

(二)大学生常见的择业观误区

大学生在择业过程中,由于经验不足、信息获取有限以及职业认知的局限性,往往容易陷入一些误区,会严重影响求职择业及以后的职业发展。作为大学生应理性对待择业观误区,并及时进行调适。

1. 脱离实际,盲目追求热门职业

社会舆论对于热门职业的炒作往往会让大学生产生一种错觉,认为只有进入这些职业才能获得成功和社会认可,以致许多大学生在选择职业时,盲目追求当前社会上的热门职业,而忽视了自己的兴趣、能力和长远发展,会造成今后的职业发展出现挫折。而对整个社会而言,盲目追求热门职业也会助长不必要的职业竞争,产生严重的人才浪费。

2. 好高骛远,过分追求享乐

时下不少大学生择业目标设定过高,往往超出自身的能力或现实条件,奢望"一步到位""工作必须轻松""收入必须高",一味追求生活安逸和工作舒适,结果是想要的得不到,适合自己职业生涯发展的地方又不愿去,于是高不成低不就,无法实现就业。

3. 目光短视,缺乏长远规划

大学生择业缺乏长远规划是普遍现象,比如一些大学生在择业时过分看重薪资和福利待遇,而忽视了职业发展的其他重要因素,如人职匹配、专业特长发挥、个人成长空间和社会奉献等。入职后也会为了追求更高的薪资而频繁跳槽,致使职业生涯分发展不断遭遇坎坷。这种择业短视行为,只为眼前利益,没有发展远景,从长远来看就业是不成功的。

4. 缺少公平竞争意识,为达目的不择手段

就业具有竞争性,面对严峻的就业形势,一些大学生可能会不顾道德准则,心存侥

幸,采取不正当的方式竞争,如提供假信息、贬低竞争对手、不遵守协议等,也有一些大学生过于依赖家庭背景、社会关系等非自身努力的因素来寻找就业机会,而不是通过自身的努力和能力去争取。这些无原则竞争行为既不利人,也不利己,即使侥幸就业,以后的生涯发展也会存在极大隐患。

(三)培养正确的择业观

正确的择业观对于大学生乃至所有求职者而言都至关重要,它有助于帮助大学生在职业选择、职业发展等方面做出理性的选择,更好地实现自我价值和社会价值。大学生培养正确的择业观应做到以下几个方面。

第一,正确的择业观应建立在充分了解自我的基础之上。大学生在择业前,需要深入剖析自己的兴趣、能力、价值观以及性格特点。通过自我评估,明确自己的优势和不足,进而选择与自己相匹配的职业。大学生择业应把理想和现实结合起来,把利益和奉献结合起来,把具体岗位和自身发展结合起来,就业后在未来的职场中也要扬长避短,发挥出最大的潜力和社会价值。

第二,正确的择业观要关注社会的需求。职业选择不是一厢情愿,而是与社会发展紧密相连的。大学生在择业时,应关注国家的政策导向、产业的发展趋势以及社会的需求变化,要积极响应国家的就业政策,勇于到基层第一线、西部地区、艰苦行业去施展才华。

第三,正确的择业观要秉持公平竞争的原则。在求职过程中,大学生应该遵守社会道德和规则,要通过提升自身能力和素质来赢得就业机会,通过正当的途径和方式参与择业竞争,避免不正当手段或依赖非自身努力的因素来获取职位。公平竞争不仅有助于维护就业市场的秩序和公正,也有助于历练个人的诚信意识和社会责任感。

第四,正确的择业观要保持开放和灵活的心态。职业选择不是一成不变的,随着个人成长和社会变化,需要不断调整自己的职业方向。因此,大学生应该保持对新兴职业和行业的关注,不断提升自己的适应能力和挑战意识,积极寻求新的发展机遇。

🎓 生涯小贴士

晓辉就读于某名牌大学,学业优秀,能力也较强。他从小学起就一直担任学生干部,总觉得自己条件优越。大学毕业时他只把目光盯着大城市,从机关事业单位到著名大企业大公司,寻求的都是什么总经理助理、策划师之类的职位。结果本来看好他的几家单位都不敢要他了。至今,晓辉还在"待价而沽"。

点评: 由于大学生对自我的评估能力不强,因此往往导致自我评价不准确,所以大学毕业生应当正确地认识自己,要客观冷静地做自我分析,认清自身的优势、特长与不足,形成一个全面、客观、正确的自我评价。大学生还要及时调整就业期望值,摆正自己的位置,了解用人单位的需要,调整就业期望值不是降低职业理想,而是在迈出择业的第一步时,不要过多追求职业声望,不要对职业条件要求太高,不能过于讲工作条件和物质生活待遇。大学生还要明白在求职择业的过程中,不能一步到位属正常现象,不要因此而沮丧,应在职业理想的引导下,立足自身条件和社会需要,在现实可能的条件下积极就业,在实践中去开拓事业,增长才干。

二、引领大学生积极就业

引领大学生积极就业,即通过就业指导促进大学生理性地认知自我和职业世界、科学地确定职业目标、具备扎实的职业能力和良好素养、拥有健康的职业心理,这是就业指导与人生发展的核心逻辑,对大学生就业及未来职业生涯发展具有重大意义。

(一)就业指导促进大学生的自我认知与定位

对于大多数人而言,职业生涯占据了人生的大部分时间,选择一个与自身兴趣、能力和价值观相匹配的职业,意味着更容易在工作中实现满足感和成就感。就业指导帮助大学生了解自己的兴趣和特长,使其能够更清晰地认识到自己适合从事哪些行业和岗位。另外,就业指导还能引导大学生思考自己的职业价值观,厘清在求职择业过程中自己最在乎的因素,帮助大学生在职业选择时做出更符合自己内在需求的决定。就业指导还可以帮助大学生体验不同职业环境,从而评估自己的综合能力,认清自己的优势和局限,进而做出明智的目标定位。

(二)就业指导助力大学生的职业选择与规划

就业指导在大学生职业选择与规划的过程中扮演着至关重要的角色。学校开展大学生就业指导,会安排职场体验、行业实习、提供就业信息、转发就业政策等,由此大学生可以了解最新的行业发展趋势、就业前景、薪资待遇等宏观信息,同时还可以发现不同职业在工作内容、岗位职责、发展路径等方面的区别,有利于其进行职业选择。大学生明确职业发展方向后,就业指导能够帮助他们设定短期、中期和长期的职业目标,确定努力方向。在不同阶段的目标的基础上,提供实现目标的详细行动计划。有了可行的目标的指引、行动计划的激励,大学生将一步步迈向自己理想的职业。

(三)就业指导提升大学生的职业技能与素养

有效的就业指导不仅包括职业方向的指引,更涵盖了实际工作所需的技能和素养的提升。这些技能和素养是大学生在未来职场竞争中脱颖而出的关键,是实现自我价值的基石。

(1)职业技能培训 一方面,学校就业指导中心可以协同有关院(系)、部门,针对不同大学生的专业特点和市场需求,开设相关的专业技能培训课程。另一方面,学校就业指导教学要开展大学生一般职业技能的培养,如沟通技巧、时间管理、情绪管理等,通过开设课程或组织活动,全方位地提升大学生职业技能。

（2）职业素养培育　就业指导特别强调职业道德的重要性,通过知、情、意、行的教学,以及典型的案例分享等方式,帮助大学生认识职业道德对职业生涯发展的影响,努力引导大学生树立正确的职业观,遵守职业道德规范。就业指导也重视大学生领导力、合作精神等综合素质的提升,鼓励大学生积极进行自我管理和自我激励,不断提升自己的综合素质。

（3）职场适应力提升　面对由学生到职业人身份的转变和当今社会快速变化的职场环境,职场适应能力愈发显得重要,并成为就业过程中的关键能力。就业指导通过模拟训练、案例分析等方式,帮助大学生提高职场适应能力和应变能力,以便获得更好的职业发展。

（四）就业指导增强大学生的心理素质与抗压能力

就业过程往往伴随着压力、焦虑、不确定感等情绪,如果心理长期承受高压会对大学生的身心健康造成严重的负面影响,干扰其学业和就业。高校一般都设置有心理健康指导中心,专门为大学生进行就业心理调适,帮助大学生应对这些负面情绪,减少给学习、择业所带来的心理负担,保持个人心理健康。心理健康是大学生全面发展的必要保障,能够有效克服自身择业、就业压力,能保持清晰的思维和积极的态度去面对求职过程中的困境。

拓展阅读

马克思在其《青年在选择职业时的考虑》一文中,表达的核心观点就是职业选择要有价值追求,归结为一点就是为"人类的幸福和我们自身的完美"而工作。据此,马克思提出:"那么我们就可以选择一种使我们最有尊严的职业;选择一种建立在我们深信其正确的思想上的职业;选择一种能给我们提供广阔场所来为人类进行活动、接近共同目标(对于这个目标来说,一切职业只不过是手段)即完美境地的职业。"马克思提出的职业选择标准已经超越了择业观,上升到人生观、价值观的高度,对青年成长具有重大意义。

一是"选择一种使我们最有尊严的职业"。有尊严的职业可以使人有高尚的人格,使工作和奋斗具有崇高的价值,使职业成为一种事业追求。对当代青年而言,选择有尊严的职业,要充分展现青年人的创新精神,不断提升专业技能,面对新情况、新问题,敢于迎难而上,制定科学合理的解决方案,以自己的发明创造为国家发展做出贡献。

二是选择"一种建立在我们深信其正确的思想上的职业"。任何一种职业背后都代表一种价值理念,这种价值理念有高尚的,也有世俗的,有正确的,也有错误的。面对纷繁复杂的职业,青年要选择正确价值理念的职业,而且一定要对其正确性坚信不疑。这种对职业价值判断的最高标准就是"人类的幸福和我们自身的完美"。

三是选择"一种能给我们提供广阔场所来为人类进行活动、接近共同目标即完美境地的职业"。在此,"最广阔场所"从时间维度而言,是贯通历史、现在、未来;从空间层面来看,是打破地域、民族、宗教等一切限制,只有具有这种时空视野的职业,才能与"为人类活动"相匹配。

人的根本属性是社会属性,这就决定了对个人的评价主要看社会价值。一个人的专业技能无论多么出色,如果没有对社会的贡献,那他即使是富有才干的人也不是优秀的人。当代青年生逢盛世,职业选择时要把个人理想融入中华民族伟大复兴的事业,融入社会主义现代化强国的建设,这就是《青年在选择职业时的考虑》最重要的现实价值和意义。

(《职业选择关系个人生存和发展方式——当下青年应培养怎样的择业观》)

第三节　就业形势与政策

高校毕业生求职进入"黄金期"　生物医药行业用人需求激增

眼下,正是高校毕业生求职的"黄金期"。哪些行业是 2024 年的"招聘大户",哪些专业的学生受到市场的青睐?

在江苏南京的一场校园招聘会上,生物医药行业的招聘企业占据了整场招聘会接近一半的展位。蒋素梅是一家医药研发企业的人力资源负责人,刚到招聘现场就有不少学生前来投递简历。蒋素梅介绍,2023 年企业校招突破1000 人,2024 年根据公司的发展需要,预计有2000 人的需求计划。临床研究人员以及产品上市后的市场医学人员,生物医药、智能制造等成为目前企业招聘的主要人才对象,但是这方面人才比较稀缺。

调研数据显示,生物医药行业数字化、智能化转型不断提速,也拉高了企业对"医学+技术"复合型人才的迫切需求。38.2%的企业认为,员工需要加强"大数据分析"等综合能力。2024 年春招季,全国小微企业的招聘需求明显增加,康养护理、零售、文化旅游、交通出行等服务业岗位需求走高。面对就业市场的新变化,不少毕业生也在调整自己的求职意向。

新兴制造领域人才需求扩张"实践型"　毕业生受追捧

除了生物医药行业,新兴制造领域的相关人才需求也在快速扩张。其中,人工智能、大数据等专业人才需求旺盛。在广东佛山的一个机器人产业园区,相关企业负责人正在对毕业生进行小组面试。2024 年,这个园区新上马了多条智能产线,急需大量自动化、数字化相关的人才。自动化专业的毕业生高飞表示,2024 年春招季自己这个专业比较吃香,企业开出的月薪也普遍达到了 1 万元以上。在北京的一场校园招聘会上,企业对人工智能、嵌入工程师、机械工程师等岗位的需求也不小。

（《2.2 万亿、4300 万……就业形势总体稳定！新兴制造领域人才需求旺盛》）

就业形势和政策是就业的社会大环境，对社会成员就业具有重要影响和制约作用，前者是在宏观上、间接形式上对个体就业产生影响的诸社会因素，后者则是国家明确的对个体就业具有指导性作用的文件法规。大学生就业一定要了解就业形势，熟悉国家的就业政策。

一、就业形势

就业形势即就业的社会背景，是整个社会对于就业的整体看法和预期，包括高校毕业生数量状况、国家政治经济和社会发展态势、产业结构调整以及就业市场供求走向等。随着我国高等教育的不断发展，经济转型以及产业结构的调整，就业形势出现了许多新情况、新问题，目前我国大学生就业形势主要呈现以下特点。

（一）高校毕业生人数逐年攀升

自 1999 年教育部出台《面向 21 世纪教育振兴行动计划》以来，我国高等教育开始扩招，当年高校招生人数增加 51.32 万人，总数达到 159.68 万人，增长速度达到史无前例的 47.4%。进入 21 世纪后高校招生开始大幅增长，2008 年高校毕业生人数突破 500 万，2022 年突破 1000 万，2024 年毕业生人数则达到了 1179 万人。高校毕业生人数的逐年攀升，反映了我国高等教育大众化、普及化的快速发展，在提升整体国民素质和文化水平方面起到了巨大作用，但同时也造成了就业市场竞争更加激烈，部分毕业生可能会面临就业难的问题。

（二）经济发展带来机遇与挑战

社会就业归根结底要依靠经济的拉动和促进。我国经济增长方式的转变，经济结构的优化升级，以及我国工业化、信息化、城镇化、市场化进程的不断加快，将为大学毕业生创造更多施展才华的空间。在我国经济融入全球化的过程中，会拉动经济结构、产业结构的大调整，成为大学毕业生就业的机遇：第三产业的迅猛发展，为大学生就业拓宽了行业领域；创业机制与环境的不断完善，为大学生实行自主创业带来了更好的条件。但同时也要看到，在经济发展转型和生产方式快速的变化中，有不少行业、不少区域存在着劳动力相对的供大于求的现象。比如新质生产力的发展催生了新产业、新模式、新动能，摆脱了传统的经济增长方式和生产力发展路径，这势必会改变原有的人力资源配置模式，会在一定程度上、一定阶段内影响高校毕业生就业供给侧的态势。

（三）结构性失业呈增长趋势

虽然高校毕业生数量逐年攀升，其出现的"就业难"貌似人才过剩，但实际上不少行业仍然存在着人才需求空间，部分职业岗位大学毕业生在从业人员中所占的比例与发达国家相比还存在差距。当前高校毕业生"就业难"主要是因为我国高校毕业生供求存在明显的结构性失衡，不同地区、不同部门、不同学科专业、不同学历层次、不同院校的毕业生就业状况差异显著。比如大量毕业生拥挤在东部沿海发达地区和大中型城市，而中西部地区、广大基层却面临人才匮乏；再比如不少用人单位存在"人才高消费"的观念，盲目追求高学历人才，对毕业生的需求出现扭曲，人为地制造了大学生就业不畅。

（四）应届毕业生优势不明显

首先是应届毕业生存在若干短板，难以满足用人单位的需要。目前用人单位越来越强调应聘者的实践能力、社会适应能力、工作执行能力和团队协作能力等，而由于众所周知的原因，我国学校教育重在"应试"，大学毕业生普遍缺乏社会实践能力。如果企业招收应届毕业生，势必要对其进行相关培训，这就加大了用人成本，所以部分企业不愿意招收应届毕业生。其次是出于各种原因，特别是经济的原因，有不少大学生会选择"先就业、后择业"的生涯路径，这就在客观上造成了大学生就业频繁跳槽。这种"再就业"的方式毫无疑问会增添社会就业的压力，而且也扰乱了用人单位的人力资源计划，给社会人力资源配置带来了一定程度的混乱。

从《政府工作报告》看2024年就业形势

今年《政府工作报告》（以下简称《报告》）中更加突出了就业优先导向，制定了一系列措施。从导向上来讲，今年《报告》中将城镇的就业预期目标设定为1200万人以上，去年是用"1200万人左右"，今年是"以上"，这就体现了党和政府做好就业工作的力度、决心和鲜明的政策导向。为了实现就业目标，特别是保障年轻人、高校毕业生的就业，《报告》中提出了一系列政策举措，概括起来有三个方面：

一是加大政策支持力度。《报告》中要求今年加强财政、金融等政策对就业的支持力度，要多出有利于稳预期、稳增长、稳就业的政策。同时，专项促就业政策也加大力度，比如失业保险稳岗返还、稳岗扩岗专项贷款、就业社保补贴等。

二是加大重点行业企业和重点群体的支持。《报告》中要求加强对就业容量大的行业企业的支持，加大对高校毕业生等重点群体帮扶。同时对社会上关心的公平就业、权益保障等工作，《报告》也做了安排。

三是加强职业技能培训。《报告》中提出要适应先进制造、现代服务、养老照护等领域的人才需求，加强职业技能培训，通过实施这些政策，既能缓解当前就业压力，同时也能够提高劳动者素质，满足经济发展所需的高技能人才的需求。

二、就业政策

就业政策是指以国家或政府为主体,在特定经济社会条件下实行的以促进劳动就业、加强就业管理为主要形式,旨在解决就业问题,从而满足社会经济发展以及劳动者个人需要的一种社会政策。2007年8月通过的《中华人民共和国就业促进法》明确提出,"国家把扩大就业放在经济社会发展的突出位置,实施积极的就业政策,坚持劳动者自主择业、市场调节就业、政府促进就业的方针,多渠道扩大就业。"2015年4月对《就业促进法》进行了修订和完善。其后,2021年《中华人民共和国国民经济和社会发展第十四个五年规划和2035年远景目标纲要》提出"强化就业优先政策";2022年党的二十大提出,"实施就业优先战略,促进高质量充分就业"。就业政策是重要的职业软环境,大学生就业必须了解国家、地方的就业政策,以便更好地制定自己的择业方向和目标定位。

(一)统筹推进高校毕业生就业工作

2021年8月国务院印发《"十四五"就业促进规划》,为推动社会更加充分更高质量就业制定了方向,其中关于高校毕业生就业工作主要有:

其一,拓宽高校毕业生市场化、社会化就业渠道。结合国家重大战略布局、现代产业体系建设、中小企业创新发展,创造更多有利于发挥高校毕业生专长和智力优势的知识技术型就业岗位。健全激励保障机制,畅通成长发展通道,引导高校毕业生到中西部、东北、艰苦边远地区和城乡基层就业。围绕乡村振兴战略,服务乡村建设行动和基层治理,扩大基层教育、医疗卫生、社区服务、农业技术等领域就业空间。为有意愿、有能力的高校毕业生创新创业提供资金、场地和技术等多层次支持。

其二,强化高校毕业生就业服务。健全校内校外资源协同共享的高校毕业生就业服务体系,完善多元化服务机制,将留学回国毕业生及时纳入公共就业人才服务范围。加强职业生涯教育和就业创业指导,加大就业实习见习实践组织力度,开展大规模、高质量高校毕业生职业技能培训,提高高校毕业生就业能力。实施常态化高校毕业生就业信息服务,精准组织线上线下就业服务活动,举办行业性、区域性、专业性专场招聘,加强户籍地、求职地、学籍地政策服务协同,提高供需匹配效率。对离校未就业高校毕业生开展实名制帮扶,健全困难毕业生就业援助机制。强化择业就业观念引导,推动高校毕业生积极理性就业。开展"最美基层高校毕业生"学习宣传活动。

(二)促进高校毕业生就业的政策和措施

为促进大学生高质量就业,各地区、各有关部门把毕业生就业摆在当前就业工作的首位,采取切实、有效的措施,拓宽就业门路。近年来,国务院和教育部每年都会出台相关的就业政策和措施促进大学生就业。根据教育部高校学生司(高校毕业生就业服务司)编印的《高校毕业生等青年就业创业政策汇编(2024年)》,我国现行的有关大学生的就业政策和措施主要有:

1. 企业吸纳政策

企业招用登记失业半年以上的高校毕业生,可予以定额依次扣减增值税、城市维护建设税、教育费附加、地方教育附加和企业所得税优惠。

小微企业招用毕业年度和离校 2 年内未就业高校毕业生,可申请享受社会保险补贴。

小微企业前 1 年内新招用高校毕业生等符合条件人员人数达到一定比例的,可申请最高不超过 400 万元的创业担保贷款,由财政给予贴息。

高校毕业生到中小微企业就业的,在职称评定、项目申请、荣誉申报时享受与国有企事业单位同类人员同等待遇。

国有企业按照工资效益联动机制确定的工资总额难以满足扩大高校毕业生招聘需求的,经履行出资人职责机构或其他企业主管部门同意,统筹考虑企业招聘高校毕业生人数、自然减员情况和现有职工工资水平等因素,可给予一次性增人增资,核增部分据实计入工资总额并作为下一年度工资总额预算基数。

2. 基层就业促进政策

高校毕业生到基层就业,可享受学费补偿和助学贷款代偿,高定工资档次,放宽职称评审条件。

高校毕业生可参加"三支一扶"计划(支教、支农、支医和帮扶乡村振兴)、农村教师"特岗计划"、大学生志愿服务西部计划等基层服务项目,服务期满后可享受考研加分、公务员定向招录、事业单位专项招聘等政策。

符合条件的医学专业高校毕业生,可报名参加"大学生乡村医生专项计划",按照相关规定享受编制保障、学费补偿、国家助学贷款代偿等政策。

3. 自主创业政策

高校毕业生自主创业可参加创业培训,申请获得培训补贴。

高校毕业生自主创业可得到资金支持,免收有关行政事业性收费,享受税收优惠政策,申请一次性创业补贴,申请最高 30 万元的创业担保贷款,由财政给予贴息,合伙创业的还可适当提高贷款额度。

可在公共创业服务机构享受创业服务,获得咨询辅导、政策落实、融资等服务,政府投资开发的孵化基地等创业载体还会安排一定比例场地,免费向高校毕业生提供。

高校毕业生灵活就业的,可申请获得社会保险补贴。

4. 职业培训政策

国家实施青年专项技能培训计划,高校毕业生可根据自身情况参加就业技能培训、新职业培训、岗位技能提升培训、企业新型学徒制培训、创业培训等,提升技术技能,并按规定申请职业培训补贴。

培训后通过初次职业技能评价并取得符合规定证书的,还可享受职业技能评价补贴。

教育部实施"中央专项彩票公益金宏志助航计划",通过深入开展线上线下集中培训,帮助重点群体毕业生增强就业信心、提高综合素质和就业能力。

5. 参军入伍政策

高校应届毕业生和在校生可在学校所在地参加应征入伍,也可在入学前户籍所在地参加应征。

高校毕业生应征入伍服义务兵役,享有优先报名应征、优先体检政审、优先审批定兵、优先安排使用"四个优先"政策,家庭按规定享受军属待遇外,还享受优先选拔使用、学费补偿和国家助学贷款代偿、退役后考学升学优惠、就业服务等政策。

6. 就业见习政策

国家实施百万就业见习岗位募集计划,离校 2 年内未就业高校毕业生、16 至 24 岁登记失业青年可参加 3 至 12 个月的就业见习,进行岗位实践锻炼,期间由见习单位给予基本生活费,办理人身意外伤害保险。

吸纳见习的单位,可申请享受就业见习补贴,用于见习单位支付见习人员见习期间基本生活费、为见习人员办理人身意外伤害保险,以及对见习人员的指导管理费用。

7. 就业服务政策

高校毕业生可通过国家大学生就业服务平台、高校就业网站、国聘平台等国家有关部门、地方和高校的校园招聘途径,获取政策文件、招聘岗位、服务指南等就业信息。

高校毕业生可参加教育系统组织的"万企进校园"招聘活动,参加二级院系举办的专而精、小而优的小型招聘会。

困难毕业生可在毕业学年申请享受一次性求职补贴,还可获得就业援助服务。

高校毕业生可以前往公共就业人才服务机构进行求职登记和失业登记,提出就业需求,获得岗位信息、职业指导、职业培训、就业见习等就业服务,咨询和申办就业补贴政策。

8. 就业手续办理政策

2023 年起,高校毕业生就业报到证不再作为必需的存档材料,之前档案材料中的就业报到证应继续保存,缺失的无需补办。

毕业去向登记是毕业生办理离校手续的必要环节,高校毕业生(含结业生)要及时完成毕业去向登记,实行定向招生就业办法的高校毕业生,要严格按照定向协议就业并登记去向信息。高校毕业生(含结业生),在离校前要及时注册使用全国高校毕业生毕业去向登记系统(https://dj.ncss.cn)或者省级高校毕业生毕业去向登记系统登记个人毕业去向信息;在离校时统一使用全国登记系统对毕业去向信息进行确认,确保信息真实准确。

学生档案不能由高校毕业生个人自带和保管,要由高校按规定有序转递。到机关、国有企事业单位就业或定向招生就业的,转递至就业单位或定向单位;到非公单位就业、灵活就业及自主创业的,转递至就业创业地或户籍地公共就业人才服务机构;暂未就业的,可根据毕业生本人意愿转递至户籍地公共就业人才服务机构,或按规定在高校保留两年。

高校毕业生户籍可以迁往就业创业地(超大城市按现有规定执行),也可以迁往入学前户籍所在地。

高校毕业生可通过中国高等教育学生信息网(https://www.chsi.com.cn)查询和验证高校毕业生学历、学位信息。

高校毕业生本人授权同意后,户籍和档案接收管理部门可通过全国高校毕业生毕业去向登记系统,查询核验毕业生离校时相应去向登记信息。

拓展阅读

让青春之花在基层绚丽绽放——河南青年大学生基层就业典型人物事迹

青春的样子,本就是有理想、敢担当、能吃苦、肯奋斗的样子。

2023 年 6 月,习近平总书记在同团中央新一届领导班子成员集体谈话时强调:"广大青年要树立共产主义远大理想,坚定中国特色社会主义共同理想,坚定听党话、跟党走的政治信念,在强国建设、民族复兴的历史潮流中确立正确的人生目标,为一生的奋斗奠定基石。"当前,新质生产力快速发展,青年大学生的就业观要跟上时代的步伐。"三支一扶"等基层就业项目的实施,不仅有助于高校毕业生树立正确的择业观、就业观,积极投身乡村振兴一线,也为农村经济社会高质量发展增添了新的活力。

李冰是河南农业大学外国语学院英语专业的 2018 届毕业生,毕业后的他始终扎根于西藏边陲,日喀则市的聂拉木县中学、定结县中学、仁布县中学都留下他奋斗的身影。短短三年,曾经青涩的他,已经成为学生眼中的"全科教师",同事眼中的"教学能手",领导眼中的"业务标兵"。

"扎根西部、服务边疆是我一直以来的梦想,作为新时代青年,就应该到祖国和人民最需要的地方打磨成长。"李冰是这样说的,也是这样做的。在冰天雪地的高原环境下,条件异常艰苦,但他却始终保持迎难而上、坚毅果敢的拼搏劲头。面对基础薄弱的学生,他细心探索出新的课堂教学模式;面对繁重的工作内容,他勇于承担起考验,不断丰富教学知识。由于工作成绩突出,他也先后获得"优秀学科教师""学生最喜爱的教师"等荣誉称号。

基层的田野是广袤无垠的,要想真正深入基层,必须放下架子,俯下身子,扎根在这里,才能磨炼洗礼自己,真正实现自己的人生价值。李冰始终恪守着这样的信条,将自己深深地沉淀在基层,深入到学生群体,把根扎向群众深些,再深些,让幸福的格桑花在西藏大地上绚丽绽放。

朱贺 2019 年毕业于河南牧业经济学院动物药学专业,现任西藏自治区聂荣县委组织部一级科员。大学毕业时,朱贺放弃了读书期间努力经营的创业项目,说服了家人,毅然决然来到位于藏北羌塘草原上的聂荣县。

初到工作岗位时,朱贺被分配到县委组织部,但他主动向组织提出申请,希望到基层最前沿磨炼,去面对面接触群众,实打实干出成绩。2021 年 4 月,经组织批准,朱贺担任下曲乡桑玉村大学生村官。三年的时间里,朱贺挨家挨户走访调研,建立"一户一档";积极争取,为村级组织活动场所通上了高压电;协调解决 5 个自然村的道路坑洼问题,帮助百姓修出了"致富路"。他还深入桑玉村奥巴发展专业合作社,分析发展困境,制定解决措施,原本经营不善的桑玉村糌粑加工厂重新开工投产,销售收入大幅增长,带动农户增收。

从县委组织部到驻村,朱贺认为这就是工作中"成长再成长"的过程,尽管环境艰苦,但他依然用自己的实际行动践行着"与其苦熬消耗生命,不如苦干为民服务"的那曲精神,在聂荣这片雪域高原上写就了多彩的青春答卷。

现任洛阳市嵩县德亭镇第二中心小学(原杨村小学)教学副校长的王予川,是 2020 年毕业于洛阳师范学院教育科学学院的"95 后"大学生。2019 年的 9 月 10 日,她作为河南省两名公费师范生之一,参加了庆祝 2019 教师节暨全国教育系统先进集体和先进个人表彰大会,受到习近平总书记等党和国家领导人的亲切接见。习近平总书记的殷切期望坚定了她成为教育者,投身教育事业的理想信念。

从记事开始,父母的言传身教就深刻影响着王予川。她深知,走出大山对于大山里的孩子来说有多艰难,因此在大学期间就深入乡村小学展开调研,分析研究乡村教育问题。在作为一名公费师范生回归家乡投身教学后,王予川一方面主动学习、提升自我,另一方面积极创新教育教学形式,丰富乡村校园文化,把富有特色的全科教育与传统教育相结合,寓教于乐。同时,她还在新华社记者的牵线帮助下,联系国有企业为乡村儿童捐资助学。王予川立志把似锦年华献给自己将为之奋斗终生的教育事业,始终牢记习近平总书记的殷殷嘱托,扎根农村教学点,指引着学生们走出大山,走向更广阔的未来。

青年人有理想、敢担当、能吃苦、肯奋斗,党和国家事业才能兴旺发达。高校毕业生在基层中磨砺会获得受用终身的精神财富,能够为走好职业之路提供源源不断的滋养,青春也能在全面建设社会主义现代化国家的火热实践中绽放绚丽之花。

第四节　就业指导的基本内容

 案例导入

　　李明是一名大学毕业生,专业是计算机科学。尽管在校期间成绩优异,但他面临毕业时并不清楚如何开始自己的职业生涯。他对简历撰写、面试技巧和职场礼仪等方面的知识缺乏了解,这让他感到焦虑和迷茫。为了提高就业竞争力,李明决定寻求专业的就业指导服务。

　　在学校就业顾问的帮助下,李明进行了职业兴趣测试,明确了自己对软件开发的浓厚兴趣和长远发展目标。顾问根据他的兴趣和能力推荐了相应的行业和职位,并帮助他设定了短期和长期的职业目标。

　　就业顾问对李明的简历和求职信进行了个性化指导,突出了他的技术项目经验和相关课程成果,采用量化的成果来展示他的能力。同时,顾问还教给他一些撰写技巧,确保文档格式专业且内容吸引人。

　　通过模拟面试,李明学习到了如何有效地回答常见面试问题,如何展示自己的优势,以及如何处理压力较大的面试情境。顾问还向他介绍了一些非语言沟通的技巧,如肢体语言和面部表情。

　　经过几个月的精心准备,李明成功获得了一家知名科技公司的软件工程师职位。他不仅在面试中脱颖而出,而且很快就适应了工作环境,表现出色。六个月后,他因为在一个关键项目中的杰出贡献而获得了提升。

　　就业指导旨在引领社会成员顺利就业,具有促进个体职业生涯发展、合理配置社会人力资源、保障社会稳定的多功能,是一项复杂的社会学工程。所以,大学生就业指导并非简单地介绍工作,而是一套多内容构成的组合行动,包括培养大学生科学的择业观和健康的就业心理,引导大学生学会运用就业信息、掌握求职技巧和方法,帮助大学生了解相关的就业政策和法律并能够运用法律武器维护自己的合法权益,指导大学生入职后能够适应工作环境。

一、就业形势与政策指导

　　如前文所述,就业形势与政策是社会就业的大环境,与劳动者就业有着千丝万缕的关系,具有重要的制约作用,因此是就业指导的一个重要内容。开展大学生就业形势与政策指导,一是要引导大学生准确把握国家经济和社会发展形势,了解行业、区域的总体就业态势和发展趋向,要结合当下影响就业的利弊因素,根据专业方向、行业发展特点,全面地向大学生分析就业形势。通过分析和指导,可以让大学生更清醒地认识到就业中

存在的机遇和困难,及时调整就业心态和期望,并采取积极主动的方法迎接挑战。二是要引导大学生理解和把握国家的就业方针、政策,特别是要指导大学生在求职择业的过程中学会运用政策,保障自己的就业活动始终处于积极、主动、有利的状态。

二、就业观念的指导

就业观念是个体世界观、人生观、价值观在择业和就业上的直接反映,是准确选择职业目标和确定职业发展路径的导航仪,大学生树立正确的就业观对科学地规划学业、目标定位、求职择业以及未来的生涯发展具有重要的意义。大学生就业观念指导旨在引导和教育大学生在择业和就业过程中正确处理个人目标与社会需要、个人素质与岗位发展、个人利益与集体利益等关系,确立崇高的职业道德,以积极进取的精神和态度投入工作岗位中,实现个人价值和社会价值。要引导大学生从自身实际情况出发,正确认识自我,明确社会需要,处理好环境、利益、地位等各类客观因素的干扰和影响,找准切合自身发展特点的职业道路。

三、就业信息指导

在信息社会,信息是第一生产要素,可以说谁优先掌握了信息,谁就掌握了主动权和制胜的机会。所以,及时掌握社会需求信息、用人单位信息、招聘信息已成为大学生就业的关键因素。大学生就业信息指导就是帮助大学生积极地利用就业市场信息,从而适时地、明智地做出职业选择。大学生就业信息指导一方面要提供尽可能多的内容,宏观上包括国家经济发展趋势、行业发展态势、人才供需形势分析等;微观上主要是具体的用人单位的招聘信息,如招聘时间、招聘人数、专业要求、岗位性质、工作职责、应聘资质要求、薪资范围等。另一方面,就业信息指导还应培养大学生收集、整理和使用信息的能力,使大学生信息收集做到"早、广、实、准",最大化地为其就业提供主动性和时效性。

四、就业方法与技巧指导

求职择业既是实务,同时也是艺术,高超的求职方法和技巧是就业成功的重要助推因素。通常情况下,面临就业的大学生,思想准备普遍不足,有惶恐感,一些大学生由于缺乏生活历练,甚至在求职择业时言行古板,限制了自己的正常能力的发挥,给自己的就业造成很大的被动。所以,大学生就业方法与技巧指导十分必要,要指导大学生熟练掌握自荐、应聘、面试等各个环节中的方式与方法,了解与用人单位沟通时应掌握的基本常识、恰当的礼仪,更好地发挥肢体语言和有声语言在求职择业过程中的合理运用,使大学生学会在应聘、面试有限的时间内最大限度地展示自己的才华,努力赢得用人单位的认可。

生涯小贴士

求职面试啥最重要

张真玲是河南省郑州市现代人才测评与考试研究院的一名专业面试官,她说,面试主要是通过与岗位相关的一系列问题,来考察求职者的专业知识、工作经验、工作能力和应变能力等。因此,求职者面试前应尽可能多地了解一些招聘单位的情况,做到心中有数,同时还要掌握相关的专业知识和技能,想清楚对职业的选择倾向。

张真玲建议,求职者在面试中一定要保持自信,放平心态,回答问题不拖泥带水,面试结束后要及时总结,了解自己的优缺点和不足之处,即使没有成功也要为今后的求职积攒经验。

张真玲还建议广大求职者可以到属地公共就业人才服务机构寻求帮助,填写求职意向和服务需求,及时获得岗位信息、求职培训等公共就业服务,也可以有意识地在专业人士指导下进行模拟面试,精准弥补个人能力短板。

(《扎实做好高校毕业生就业工作 就业一线探访》)

五、就业程序与权益指导

就业程序指毕业生从求职准备到正式就业所经历的一系列步骤和流程。大学生就业并非简单地由学校入职场而已,其中有许多重要的环节、流程需要妥善处理,以免在毕业、求职过程中出现问题影响顺利就业。另外,大学毕业生往往因社会经验不足,自我保护意识较差,同时由于就业竞争激烈、某些就业市场不够规范等原因,一部分毕业生在求职择业的道路上会遇到各种各样的"陷阱"。因此,要加强大学生就业权益指导,帮助了解就业过程中的基本权益与常见的侵权行为,掌握维权的方法与途径,保障个人的合法就业权益。

六、就业心理指导

大学生在求职就业过程中,由于压力大难免会出现的焦虑、消极、盲目、自卑等心理情绪或心理障碍,严重的会影响其就业乃至身心健康。因此,及时有效地进行大学生就业心理指导十分必要。一方面,要从培养正确的就业观和良好的择业心态着手,引导大学生客观地分析就业形势,正确面对自身的优势和劣势,准确地进行自我评价和定位,防止出现因个人及环境因素导致的心理波动和落差;另一方面,在就业指导过程中,要对大学生已经表现出的心理问题进行及时干预,通过相关的心理调适,矫正不良心理因素,增强战胜挫折和困难的勇气及能力,以积极健康的心态面对就业,化被动为主动,实现顺利就业。

七、职业适应指导

职业适应是指个人与某一特定的职业环境进行互动和调整,以达到和谐的过程。大学生从学校走向职场,需要经历一个角色转变以及和岗位磨合的过程,角色转变以及岗位磨合的状态如何直接影响其工作顺利与否。学校和职场是两个完全不同的景域,时间、空间、人际关系、生活方式、责任都有剧烈的变化,大学生在短时间内完成角色转变并与职业环境良性互动,有一定的难度,比如不能马上适应新环境、与同事隔膜、不知该怎样面对领导的批评等,如此会使自己的职业生涯发展处于十分不利的境地。所以,大学生就业指导要重视职业适应能力的培养,指导大学生入职后能够自觉地、及实地调整心态、虚心请教;要树立良好的个人形象、建立和谐的人际关系;要陶冶职业道德、养成团队意识等,为职业生涯发展构建有利的环境。

拓展阅读

专家支招大学生求职:明确目标、提升自我,积极走好就业路

学生:去年"秋招"未找到工作,今年"春招"我该如何应对? 由于求职不顺导致的失眠和心理压力,又该如何调节?

老师:暂时找不到合适的工作,必然会造成学生短期内的压力与焦虑,此时切莫惊慌失措、乱了阵脚。学生可以向学校就业指导经验丰富的老师或已顺利就业的学长学姐寻求帮助,进一步学习借鉴求职面试的实战经验,切勿将自己关在宿舍"胡思乱想"。同时,与其他工作未定的同学多交流,互相鼓励、互相帮助,也能较为有效地缓解心理压力。

我还想提醒的是,这一阶段茫然和焦虑只会耽误求职准备的时间,大家不如重整旗鼓,彻底静下心来,心无旁骛地进行复盘,想一想去年"秋招"时自己的综合能力是否与用人单位岗位需求相匹配。如确已达到岗位需求标准,就应进一步思考自己的就业能力短板是什么,并进行针对性补强;如未达到需求标准,在这次"春招"中,就应扬长避短,选择应聘更加适合自己的用人单位。

此外,大家在找工作时,一定要迅速完成学生与求职者间的身份转换。在应聘前,首先,需要对当地各目标行业企业及单位岗位的薪酬标准、工作稳定性、工作时长、工作环境、管理组织等情况进行细致调研,而不是简单地依赖家人、同学、朋友带给自己就业的消息和意见。其次,要尽可能努力争取目标就业岗位的实习机会,亲身实践更能检验出自身的真实就业素质能力,可以快速倒逼自己提升相关潜能。最后,要持续提升自己的抗压耐挫承受力,回顾毕业论文答辩时面对质疑的"脸红心跳"与"挫败感",面试应聘时也常会经历相同场景,因此要提前做好抗压耐挫方面的自我心理建设。

第五节　就业指导实施

 案例导入

打破信息壁垒、认知真实自我——用好学校资源，找准人生最佳"赛道"

从当初择业时的迷茫，到目前参加入职培训后对于职业梦想的坚定，半年时间已经过去。我庆幸，在迷茫时，有一双双大手牵引我，帮我打破信息壁垒、认知真实自我，进而找准人生的最佳"赛道"。

我是西安交通大学材料科学与工程学院热喷涂实验室的硕士毕业生，本科毕业于哈尔滨工业大学焊接技术与工程专业。去年秋天，我加入浩荡的就业大军，成为一名"准毕业生"。一开始，尽管心中懵懂地知道自己想要从事专业领域的研究，但择业和就业规划都非常模糊。很快，我就被线上线下数千家单位的海量招聘信息淹没，对于具体岗位的薪资、工作职责、职业发展等信息更是不知该如何了解。要是选错了怎么办？紧张、焦灼的情绪一下笼罩了我。

幸运的是，学校就业创业服务中心以及学院辅导员老师及时伸出援手，为我搭建了一条条与企业沟通交流的渠道。

学校先是尽可能地克服种种困难，为毕业生们举办线下宣讲会，让我们能获得与用人单位面对面交流的机会。接着，通过就业信息网、微信公众号、QQ群、微信群等渠道将精心匹配后的信息及时推送，使我的择业方向逐渐清晰。学校还举办"毕业生事业起航周""校友茶话会"、求职加油站、模拟面试等指导活动，使我们对不同行业有了更深层次地了解。

逐渐缩小"目标圈"后，某国防重点研究院进入了我的视野，它非常符合学校就业引领"五个计划"中的科技强国"行业菁英"的方向。但新的疑惑又来了——参加工作后，我的具体岗位职责是什么？有没有机会在喜欢的专业领域深耕？当得知我拿到offer、仍然迟迟不能做出抉择后，学院负责就业的老师主动帮我联系了在该研究院工作的一位师兄。师兄耐心解答了我的疑虑，并且结合自身经历介绍了入职后的职责和工作状态，其中一句话让我热血沸腾，"有些事情总是要有人去做的，作为交大人，我们应该义无反顾！"师兄的分享，打消了我心中最后的顾虑。

回首这段求职经历，我深深感到，某种意义上，找工作也是一场"信息战"，但我们从来不是孤军奋战。大家只要积极利用好学校、学院为我们搭建的就业平台、提供的就业服务，充分了解市场和用人单位信息，结合兴趣和所学专业坚定就业方向，就一定能够找对自己的人生"赛道"。

如前文所述,大学生就业指导具有显著的教育学属性,内容丰富,头绪众多,既体现出了系统工程的特征,也凸显了针对性很强的个性化要求。大学生就业指导的这些特点要求在实施的过程中形式多类、途径多样、原则性强,以保证就业指导的活泼、有效、健康开展。

一、就业指导实施的类型

大学生就业指导实施主要有课堂教学、专家讲座、就业信息发布、组织招聘会以及个体咨询等多形式,每种类型都有其独特的优势和应用场景,大学生可量体裁衣,根据自身需求选择合适的就业指导类型。

(一)课堂教学

在高校对大学生进行就业指导,开设专门的课程进行教学是主要方式,通过教学可以使指导活动系统化、全面化和专门化,能够充分提高就业指导的效果。其中课堂教学是大学生就业指导最传统、最主要的类型,通过老师系统的、严谨的课程讲解,可以使大学生系统、全面、高效地学习和掌握就业理念、知识和操作技能,并在较短的时间内获得较多的就业信息、求职技巧。

另外,高校就业指导教学根据需要还可以采取网络教学和实践教学。前者是利用计算机网络向学生传递就业知识、就业信息的一种辅助教学形式,其特点是比较便捷、时效性强;后者是深入社会进行实践体验,有企业参观、专业实训、兼职、试工、访谈、社会调查、职业素质拓展等,其特点是能够增进大学生对职业的感性认识,在实践中检验自己的职业素质。

(二)专家讲座

专家讲座是针对性强、专业水准较高的一种就业指导活动,主讲人一般由就业指导专家、人力资源管理专业人士、行业成功人士以及社会劳模等构成。专家讲座可以是现场讲座,也可以是线上的网络直播或录播课程,内容主要是分享职业生涯成功经验、激励科学的人生观、交流就业市场信息、提出职业规划建议等。由于专家讲座感召性强,能迅速引起听讲人的共鸣,可以有效推动大学生对职业规划和就业指导的重视,促进大学生就业能力和素养的提升。

(三)组织招聘会

组织招聘会是大学生就业指导实施的常见形式,其特点是具有季节性、行业多、规模大、现场可签约,因此比较适时、对比性强、择业余地大、效率高。招聘会一般由学校、政府部门和劳动力人才市场组织,其中,学校组织招聘会要根据本校当年毕业学生的人数、层次和专业来确定性质、范围和规模,然后向各个用人单位发出邀请,在规定的时间、地点组织相关行业单位入场招聘。校园招聘的职位大多针对应届毕业生,提供的工作也是以基层工作岗位为主,这就可有效避免毕业生参加社会招聘时的因工作经验缺乏所带来的歧视,为毕业生提供了更为公平的求职环境。

(四)个体咨询

现实中很多求职者的就业期望比较高,但同时又缺乏应有的能力储备及心理准备,缺乏一定的求职技巧,面对用人单位的问题和考察,容易出现很多困惑,而这种情况又多为个案,所以通常可采用个体咨询的方式进行指导。个体咨询的优势是就业指导针对性强,可帮助求职者详细、准确地认知自我,发现问题透彻,见效快。个体咨询常见的有职业测评和职业心理健康指导。

二、就业指导实施的主体

就业指导实施的主体是指开展大学生就业指导活动的组织者、实施者,一般是高校、政府、社会营利性机构或个体,就业指导实施主体的多样化有助于大学生就业指导多途径、全方位开展,可以满足大学生就业指导的各种需要。

(一)高校大学生就业指导服务中心

目前我国高校都设置有大学生就业指导服务中心,这是专门负责学校大学生就业指导工作的机构,通常有专职的就业指导课老师,承担全校大学生的就业指导教学,并提供个性化的职业规划和求职指导。除组织教学之外,就业指导服务中心主要职责有:宣传党和国家有关的就业政策、法律法规;负责就业指导师资队伍建设,组织开展大学生职业生涯规划与就业咨询、指导、讲座和相关课程体系建设;实施大学生职业倾向测试、个人能力测试;主办大学生职业规划大赛;搜集和管理用人单位需求信息,建立用人单位信息资料库,及时发布就业信息;拓展毕业生就业市场,组织校内大型招聘活动。

(二)公共就业服务机构

公共就业服务机构是由政府设立的,为求职者和用人单位提供就业服务的公益性机构。这些机构在我国通常由县级以上的人民政府设立,由劳动和社会保障部门、人力资源和社会保障机构、人才市场等管理和运营,核心目标是促进社会就业,支持劳动力市场的高效运行,以及帮扶就业困难群体。大学生就业可充分利用公共就业服务机构的优势,在就业政策法律咨询、职业供求信息、职业介绍、职业技能培训、社保咨询、职业心理测评等方面获取支持。

(三)营利性就业咨询机构

营利性就业咨询机构是指那些以盈利为目的,为求职者和雇主提供职业咨询、就业指导、人才推荐等服务的商业实体。这类机构通常由私人或企业投资设立,通过收取服务费来维持运营。该类机构在就业指导市场中扮演着重要的角色,它们通过专业化和市场化的服务,促进了人力资源的有效配置,帮助求职者找到满意的工作,同时也帮助企业更高效地找到合适的人才。营利性就业咨询机构增添了整个就业市场的活力,大学生要善于通过这类机构增强自己的就业竞争力,获取更多的就业机会。

(四)就业指导在线服务平台

就业指导在线服务平台对大学生就业支持十分便捷,针对性较强,资源广泛,覆盖了从职业规划、技能提升、简历撰写到面试准备等多个方面。利用这些平台,有助于大学生全面了解就业市场的需求,制定有效的职业规划,提升自己的求职技能,进而提高求职成功率。如我国人力资源和社会保障部推出的高校毕业生就业服务平台,联通全国服务资源,搭建高校毕业生和用人单位高效对接通道,为高校毕业生提供不间断常态化就业服务。其他常见的就业指导在线服务平台有:教育部"互联网+就业指导"公益直播课,学职平台,各地方就业主管部门网站,各高校就业指导中心网站,营利性专业招聘网站等。

三、就业指导实施的原则

科学合理的就业指导决定着大学生职业生涯发展对社会生产力的适应程度以及对社会贡献的水平,决定着生活质量的提升和自我价值的实现,所以就业指导是理性的、科学的,需遵循一定的原则,以保证大学生能够获得适应时代发展的、最大化实现自身价值的职业。大学生就业指导应坚持以下几个原则:

(一)紧跟时代原则

职业是社会现象,随着社会生产力的不断发展,社会分工不断精细,社会中的职业分类越来越多,而且生产力方式也在不断地发生变化,这就要求择业者紧跟时代步伐,顺应时代潮流而成为具有时代特色的职业人。比如当今时代正在兴起的新质生产力,由技术革命性突破、生产要素创新性配置、产业深度转型升级而催生,必然要带来生产方式的极大变化。大学作为人才培养的主体,要不断通过就业指导为新质生产力发展提供高水平的创新人才支持。所以增强大学生就业的适配性和稳定性以适应时代的发展,这是大学生就业指导的重要原则。

(二)联系实际原则

就业直面现实生活,因此就业指导具有很强的实践性,在就业指导的过程中要避免过多的空洞说教和理论阐述,要注意通过各种时事、生活案例以及职业体验,帮助大学生了解行业态势和岗位要求,不断提高就业实际能力。同时,每个人的就业心理不同,即便是同一个求职者其就业心理在不同的时期也会发生变化,因此大学生就业指导一定要从社会实际和自身的实际出发,在实践中检验、甄别,以提高就业指导的针对性和实效性。

(三)匹配性原则

在这里就业指导的匹配原则具有两方面的含义:一是人与职业要尽可能适宜;二是人力资源与社会需求应最佳配置。首先,就劳动者来讲,只有在最适合自己的岗位上才能扬长避短,施展才华,获得职业生涯的成功。因此要指导大学生全面、客观地分析和看待各种各样的就业机会,明白职业是社会的分工,职业本身并没有卑贱之分,职业生涯成功与否关键是看自身特质与职业是否匹配。其次,人才是重要的社会资源,既然是资源就会有怎样配置的问题。所以要指导大学生树立科学的择业观,了解国家就业政策,了解社会发展对人才的需求状况,在择业时要把自己的理想同社会的需要相结合,做到人尽其才,才尽其用,达到人力资源的合理使用。

(四)尊重和引导原则

尊重与引导,即在对个体进行就业指导时既要尊重其意愿,又要进行必要的引导。就业指导的主要目的是为择业者提供服务,应尊重其意愿,但一味尊重个体意愿未必能实现高质量的就业,必须辅以必要的引导。经验告诉我们,有不少大学生受家庭环境、文化观念等因素的局限,其思想境界及人生视野未必能跟上时代的发展,甚至还会出现心理偏执,对这部分大学生若放任其愿,就业有可能会出现扭曲。所以大学生就业指导必须施以积极的、正向的引导。

(五)教育性原则

就业指导既不是简单的职业介绍,也不是普通的心理诊治,而是生涯发展教育的有机构成,所以就业指导必须体现出教育学的意义。不少大学生因缺乏社会了解,思想观念波动大,就业指导更应坚持教育性原则。具体来说,就业指导要着眼于大学生的职业理想、择业观、职业道德、就业政策、劳动法等方面的教育,促进大学生在择业过程及职业生涯发展中身心健康协调发展,个人价值与社会价值共同提升,实现高质量就业。

拓展阅读

今年,"新质生产力"成为热词,与之相关的多个行业受到关注,并可能在未来获得巨大的发展。下面对与"新质生产力"相关的部分行业发展情况进行介绍。

一、人工智能行业是新质生产力的重要体现。随着技术的不断进步和应用场景的持续拓展,人工智能将在各个领域中发挥越来越重要的作用。

首先,从技术的角度看,人工智能正在经历快速发展和变革。随着深度学习、自然语言处理、计算机视觉等关键技术的突破,人工智能的性能不断提升,能够处理更加复杂和精细的任务。未来,随着算法、算力和数据等要素的进一步优化,人工智能的技术水平将持续提高,为各行业的发展提供强有力的支撑。其次,从应用的角度看,人工智能正在渗透到各个行业中,为传统产业的转型升级提供了新动力。例如,在医疗领域,人工智能可以帮助医生进行疾病诊断、手术辅助和药物研发等;在金融领域,人工智能可以用于风险评估、投资决策和客户服务等;在交通领域,人工智能可以实现智能交通管理、自动驾驶等。此外,人工智能还在教育、娱乐、农业等领域展现出巨大的应用潜力。随着政策支持和市场需求的不断增长,人工智能行业的发展环境也在逐步改善。各国政府纷纷出台政策,鼓励人工智能技术的研发和应用,推动产业创新和发展。同时,市场需求也在不断增加,无论是消费者还是企业都对人工智能技术有着强烈的兴趣和需求。

然而,人工智能行业的发展也面临一些挑战和问题。例如,数据安全和隐私保护问题、算法公平性和透明性问题、人工智能伦理问题等都需要得到关注和解决。同时,还需要加强人才培养和跨界合作,推动人工智能技术的普及和应用。

二、智能制造行业也是新质生产力的重要推动者。随着全球工业4.0浪潮的推进以及中国制造业的转型升级,智能制造正在成为推动产业变革的重要力量。

首先,从技术进步的角度来看,智能制造融合了物联网、云计算、人工智能等多种先进技术,使得生产过程更加智能化、自动化和精细化。这些技术的应用不仅可以提高生产效率、降低成本,还可以提升产品质量和客户满意度。随着这些技术的不断发展和优化,智能制造将在未来发挥更加重要的作用。其次,从市场需求的角度来看,随着消费者对个性化、定制化产品的需求不断增加,智能制造的定制化生产能力将得到进一步发挥。同时,随着全球制造业竞争的加剧,企业需要不断提高生产效率、降低成本、增强市场竞争力,而智能制造正是实现这些目标的关键手段。此外,政策支持和资金投入也为智能制造行业的发展提供了有力保障。中国政府高度重视智能制造的发展,制定了一系列政策措施,鼓励企业加大投入、加强研发、推动应用。同时,资本市场也对智能制造行业给予了高度关注,为行业发展提供了充足的资金支持。

然而,智能制造行业的发展也面临一些挑战,如技术标准的统一、数据安全和隐私保护、人才培养等问题。为了应对这些挑战,行业需要加强合作与交流,推动技术标准的制定和完善;同时,加强数据安全和隐私保护技术的研究和应用;此外,还需要加大人才培养和引进力度,为行业发展提供有力的人才保障。

三、新能源行业也是新质生产力的重要领域之一。随着全球对环境保护和可持续发展的日益重视,新能源行业正逐渐成为推动经济增长的重要引擎。

首先,从政策层面来看,各国政府纷纷出台支持新能源发展的政策措施,推动新能源技术的研发和应用。例如,对可再生能源的补贴、税收优惠以及碳排放限制等政策,都为新能源行业的发展提供了有力支持。其次,从市场需求来看,随着人们对清洁能源和低碳生活的追求,新能源产品的需求不断增长。特别是在交通、电力、建筑等领域,新能源技术的应用越来越广泛,为新能源行业的发展提供了广阔的市场空间。此外,新能源行业还涉及多个产业链环节,包括设备制造、技术研发、运营维护等,这些环节的发展也将带动相关产业的繁荣。例如,随着新能源汽车的普及,电池制造、充电设施建设等相关产业也将迎来快速发展。

然而,新能源行业的发展也面临一些挑战,如技术瓶颈、成本问题、市场竞争等。为了克服这些挑战,需要加大研发投入,推动技术创新和产业升级;同时,加强国际合作与交流,共同推动新能源行业的发展。

四、数字经济行业也是新质生产力的重要体现。随着全球数字化进程的加速推进,数字经济正逐渐成为推动经济增长的重要引擎。

首先,政策支持为数字经济的持续发展提供了有力保障。各国政府纷纷出台政策,推动数字经济的创新发展。例如,中国政府提出"数字中国"战略,旨在推动数字技术与实体经济深度融合,培育经济发展新动能。这些政策的实施将为数字经济的繁荣创造有利环境。其次,技术创新是数字经济发展的核心驱动力。人工智能、大数据、云计算、物联网等新兴技术的广泛应用,为数字经济的发展提供了强大的技术支持。这些技术的不断创新和进步将推动数字经济向更高层次迈进,为经济增长注入新活力。此外,数字经济与传统产业的深度融合将推动产业转型升级。智能制造、智慧农业、智慧物流等领域的发展将提高生产效率,降低运营成本,为经济增长注入新动力。同时,数字经济的崛起也带动了一系列新兴产业的发展,如电子商务、在线教育、远程医疗等,这些新兴产业将为经济增长提供新的增长点。

然而,数字经济的发展也面临一些挑战,如数据安全、隐私保护、技术标准统一等问题。因此,在推动数字经济发展的过程中,需要注重平衡创新与安全,加强监管和合作,共同推动数字经济行业的健康发展。

❓ 思考题

1.请你讲一讲怎样树立科学的择业观,如何开展积极就业。

2.请你调查一下你所学专业的就业形势,并思考你该如何做好就业准备。

3.你最关注的就业指导的内容有哪些? 为什么?

4.你所在的学校为你提供了哪些就业指导服务? 讲一讲这些就业指导服务各自的特点是什么。

就业信息的搜集与处理

学习目标

1. 了解就业信息的基本内容。
2. 了解就业信息的主要来源。
3. 掌握就业信息的利用方法。
4. 学会辨别信息。

学习导读

　　小李是即将毕业的大学生,深知就业信息的重要性。大三下学期开始,他积极搜集就业信息。他利用学校就业信息平台了解各行业招聘需求和薪资水平,初步确定求职方向为互联网行业产品经理岗位。小李关注招聘网站和社交媒体上的招聘信息,筛选符合求职方向的岗位,并查看职位描述、任职要求和公司背景等。他还参加招聘会和校园宣讲会,与招聘方面对面交流,结识求职同学和朋友,共同分享就业信息。经过努力,小李收到知名互联网公司面试邀请,面试表现出色,最终成功应聘产品经理岗位。

第一节　就业信息概述

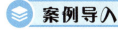

赵明的就业之路:政策解读与职业发展

　　赵明是市场营销专业的毕业生。在求职过程中,他深入研究了当前的就业政策,并成功利用政策优势找到了满意的工作。

一、政策解读

　　赵明首先关注的是国家和地方针对大学生就业出台的一系列优惠政策。他了解到,为了鼓励大学生到基层和艰苦地区就业,政府提供了一系列的补贴和奖励措施。同时,对于自主创业的大学生,政府也提供了贷款扶持、税收减免等优惠政策。

二、职业定位与规划

在了解政策的基础上,赵明结合自己的专业特长和兴趣,明确了自己的职业定位和发展方向。他选择了一家位于基层的、专注于农产品营销的企业,希望通过自己的努力,为当地的农业发展做出贡献。

三、利用政策优势

在求职过程中,赵明充分利用了政策优势。他申请了政府的就业补贴,降低了自己的求职成本。同时,他还参加了政府组织的基层就业培训,提升了自己的专业技能和适应能力。

四、成功就业

经过努力,赵明成功被这家企业录用。他不仅在基层工作中发挥了自己的专业技能,还积极参与企业的市场营销活动,为企业的发展做出了贡献。同时,他也享受到了政府提供的就业补贴和奖励,为自己的职业发展奠定了坚实的基础。

通过这个案例,我们可以看到赵明在就业过程中是如何分析和利用就业政策的。他首先深入解读政策,了解政策的优惠内容和适用范围;然后结合自己的专业特长和兴趣,明确职业定位和发展方向;最后充分利用政策优势,成功找到了满意的工作。

在信息化时代,大学生应具备优秀的信息素养,涵盖信息意识、对信息的敏感度,以及发现、评估、运用和交流信息的能力。尤其在求职和择业环节,掌握了全面且精确的信息,有利于在激烈竞争中的优势和主动权。反之,若信息不足或出现错误,则可能陷入被动局面,错失良机,甚至导致不可挽回的损失。因此,对当代大学生而言,理解就业信息的内容、特性和作用具有重大意义。

就业信息是指通过各类媒介传播的与就业相关的信息和情况,包括就业政策、就业机构、劳动力供需状况、经济发展形势与趋势、国家或地方政府发展规划、劳动用工制度、人事制度、就业方法、岗位需求状况以及行业发展的现状和前景等。这种信息素养的培养并非一蹴而就,需要大学生在日常生活中不断积累和实践。首先,要培养对信息的敏感度,学会从海量信息中筛选出有价值的内容。其次,要提升信息评价能力,学会辨别信息的真伪和优劣,不被虚假信息误导。此外,大学生还应积极交流信息,通过分享和讨论,加深对信息的理解和运用。

在具体实践中,大学生可以采取多种方式提升自己的信息素养。例如,参加各类与就业相关的讲座、研讨会和培训课程,了解行业动态和就业形势;通过实习、兼职等方式接触职场环境,积累实际工作经验;利用网络平台和社交媒体等渠道获取信息,但要注意甄别信息的可靠性。

总而言之,良好的信息素养是大学生在信息化时代必备的素质之一。只有不断提升自己的信息素养,才能在激烈的就业竞争中脱颖而出,实现个人价值和社会价值的双重提升。

一、就业信息的内容

许多大学生存在误解，将就业信息局限于用人单位的招聘信息，实则就业信息的范畴宽广得多。从宏观层面的政治、经济、政策、法规，到微观层面的市场供求状况以及用人单位的需求信息，皆属于就业信息的范畴。针对大学毕业生，以下几个方面的就业信息尤为值得关注。

（一）就业政策与法规

就业政策和法规，即国家和地方各级政府、高等院校就推动大学毕业生就业所制定的基本原则、实施程序、具体措施及相应义务等。这些政策和法规旨在指引大学毕业生走向正确的职业道路，减少曲折，提升就业成功率。同时，它们也是大学生在就业过程中的保障，维护学子们的合法权益，确保就业公平。若大学生违反相关就业政策和法规，也将受到相应处罚，承担相应责任。

我国就业政策丰富多样，例如鼓励高校毕业生前往基层、中西部地区就业（每年4—6月）；倡导高校毕业生响应国家号召，应征入伍服义务兵役（每年11—12月）；积极吸纳优秀高校毕业生参与国家和地方重大科研项目；鼓励和支持高校毕业生在中小企业就业及自主创业；强化对困难家庭高校毕业生的就业援助等。目前已实施和生效的就业法规包括《中华人民共和国劳动法》《反不正当竞争法》《劳动合同法》《国家公务员法》等。

拓展阅读

普通高校毕业生基层就业政策公告

一、鼓励毕业生到基层就业主要优惠政策

1. 对高校毕业生到中西部地区和艰苦边远地区基层单位就业、履行一定服务期限的，按规定给予学费补偿和国家助学贷款代偿。

2. 结合政府购买服务工作的推进，在基层特别是街道（乡镇）、社区（村）购买一批公共管理和社会服务岗位，优先用于吸纳高校毕业生就业。

3. 艰苦边远地区基层机关招录高校毕业生可适当放宽学历、专业等条件，降低开考比例，可设置一定数量的职位面向具有本市、县户籍或在本市、县长期生活的高校毕业生。

4. 艰苦边远地区县乡事业单位公开招聘高校毕业生可适当放宽年龄、学历、专业等条件，可以拿出一定数量岗位面向本县、本市或者周边县市户籍人员（或者生源）招聘；乡镇事业单位招聘本科以上高校毕业生、县级事业单位招聘硕士以上高校毕业生，以及招聘行业、岗位、脱贫攻坚急需紧缺专业高校毕业生，可以结合实际情况，采取面试、直接考察的方式公开招聘；可以根据应聘人员报名、专业分布等情况适当降低开考比例，或不设开考比例,划定成绩合格线。

二、学费补偿和助学贷款代偿政策

5.对到中西部地区和艰苦边远地区基层单位就业的中央部门所属高校应届毕业生实行学费补偿或国家助学贷款代偿,本专科生每人每年最高不超过12000元,研究生每人每年最高不超过16000元。本科、高职(专科)、研究生和第二学士学位毕业生补偿学费或代偿国家助学贷款的年限,分别按照国家规定的相应学制计算。每年补偿学费或代偿国家助学贷款总额的三分之一,三年代偿完毕。

6.各省(自治区、直辖市)制定吸引和鼓励本地所属高校毕业生面向艰苦边远地区基层单位就业的学费补偿和国家助学贷款代偿办法。

三、基层就业户口档案政策

7.落实省会及以下城市放开对高校毕业生落户限制的规定,高校毕业生在基层就业可根据需要自愿迁移户口。人事档案按规定转至就业地县级人力资源社会保障部门所属公共就业和人才服务机构,或有关单位的组织人事部门。

四、中央基层就业项目简介

8.近年来,中央有关部门组织实施的引导高校毕业生基层就业项目,主要包括:"大学生志愿服务西部计划"、"三支一扶"计划、"农村义务教育阶段学校教师特设岗位计划"。

五、中央基层就业项目优惠政策

9.公务员招录优惠:每年拿出公务员考录计划的一定比例,专门用于定向招录服务期满且考核称职(合格)的服务基层项目人员。服务基层项目人员也可报考其他职位。

10.事业单位招聘优惠:各省(区、市)县乡基层事业单位公开招聘时,应根据本地区实际拿出一定数量或比例的岗位,对"三支一扶"等服务期满考核合格的人员进行专项招聘,并增加工作实绩在考察中的权重,聘用后可以不再约定试用期;省市事业单位公开招聘时,对"三支一扶"等服务期满且考核合格的人员同等条件下优先聘用。

11.考学升学优惠:服务期满后三年内报考硕士研究生初试总分加10分,同等条件下优先录取;高职(专科)学生可免试入读成人本科。

12.国家补偿学费和代偿助学贷款政策:参加中央基层就业项目的毕业生,符合规定条件的,可享受相应的学费补偿和助学贷款代偿政策。

13.服务期满自主创业的,可享受税收优惠、行政事业性收费减免、创业担保贷款和贴息等有关政策。

14.参加基层服务项目前无工作经历的人员,服务期满且考核合格后2年内,在参加机关事业单位考录(招聘)、各类企业吸纳就业、自主创业、落户、升学等方面可同等享受应届高校毕业生的相关政策。

15.各基层就业项目服务年限计算工龄。服务期满到企业就业的,按照规定转接社会保险关系。

（2022年，教育部高校学生司、教育部学生服务与素质发展中心发布《普通高校毕业生基层就业政策公告》）

根据国家政策法规，各级地方政府结合本地实际情况，对毕业生引进、安排及使用等方面制定了一系列具体措施。如《河南省就业促进条例》规定，鼓励和支持高校毕业生到城乡基层、非公有制企业和中小企业就业。在公务员招录、事业单位选聘过程中，对在城乡基层就业两年以上的高校毕业生，同等条件下优先录取。高校毕业生从事个体经营的，免缴登记类、管理类和证照类的各项行政事业性收费。为推动大学应届毕业生应征入伍，河南省实施了优先征集、优先选拔使用、考学升学优惠、补偿学费及国家助学贷款代偿等六项优惠政策。

此外，为保障毕业生就业顺利进行，各高校根据国家和地方就业政策制定了一系列补充规定，大学毕业生应及时了解并遵守。

（二）社会职业状况与供求信息

社会职业状况是一个涵盖多个方面的综合概念，主要描述社会中各种职业的基本情况、发展趋势以及相互关系。以下是对社会职业状况的一些主要方面的详细分析：

①职业分类。职业分类是按照一定的规则、标准及方法，将具有相同或相似特点的社会职业归纳到一定的类别系统中。这种分类有助于对职业进行管理和研究，同时也为职业规划和职业发展提供了基础。

②行业分布。行业是根据生产工作单位所生产的物品或提供服务的不同而划分的。不同的行业具有不同的特点和要求，行业的发展状况也会直接影响到职业的发展。

③就业状况。就业状况是指社会中各个职业的就业情况，包括就业率、就业结构、就业趋势等。这些信息可以反映出一个职业的市场需求和就业前景。

④职业发展趋势。随着社会的不断发展和进步，职业也在不断变化和演进。了解职业发展趋势可以帮助人们更好地规划自己的职业道路，选择具有发展潜力的职业。

⑤职业要求和待遇。不同的职业对从业者的要求和待遇也不同。了解职业的要求和待遇可以帮助人们更好地选择适合自己的职业，并为之努力。

总的来说，社会职业状况是一个复杂的系统，它受到多种因素的影响，包括经济、社会、文化等。了解社会职业状况可以帮助大学生更好地认识职业世界，为自己的职业规划和职业发展做出更明智的决策。

供求信息包括供应方信息和需求方信息。在当前大学生的就业模式为双向选择的情况下，掌握供求双方的信息显得尤为重要。供求信息是一个复杂且动态的话题，它受到多种因素的影响，包括经济状况、行业需求、个人能力和就业市场竞争等。

①需求方面。不同行业对毕业生的需求状况各异。一些快速发展的行业，如科技、人工智能、数据分析等，可能为毕业生提供更多就业机会。这些行业通常对具备相关技

能和经验的毕业生有较高需求。另外,一些传统行业可能面临就业岗位减少或竞争加剧的情况。

②供给方面。每年有大量毕业生涌入就业市场,这使得竞争压力增加。毕业生的专业知识、技能和实践经验对于就业的竞争力至关重要。拥有与行业需求匹配的技能和经验的毕业生更有可能在就业市场上脱颖而出。

③地域差异。不同地区的就业市场状况也存在差异。一些地区可能提供更多的就业机会,而另一些地区可能面临就业困难。此外,不同地区的薪资水平和生活成本也会影响毕业生的就业选择。

④政策影响。政府的就业政策也会对大学生就业供求信息产生影响。例如,政府可能通过提供就业补贴、创业扶持等措施来鼓励企业招聘毕业生。这些政策可以在一定程度上缓解就业压力。

(三)就业经验

搜集往届毕业生的求职经验、教训、体会和建议等就业信息,具有不可估量的价值。这些信息,宛如一盏盏明灯,照亮前行的道路,为我们在求职的海洋中指引方向,避免走弯路,帮助我们顺利踏上职场之旅。

首先,通过了解往届毕业生的求职经验,可以从中汲取宝贵的职场经验。这些经验包括如何撰写一份吸引人的简历,如何在面试中表现出色,如何与面试官有效沟通等。例如,一些往届毕业生可能分享了他们如何通过突出自己的特长和成就,成功吸引了雇主的注意。而另一些人则可能分享了他们在面试中遇到的棘手问题,以及他们是如何机智应对的。这些宝贵的经验可以为即将步入职场的毕业生提供参考。

其次,通过了解往届毕业生的教训,可以更加清晰地认识到求职过程中的风险和挑战。这些教训可能涉及对职场的误解、对职位的过高或过低期望、对面试准备不足等方面。了解这些教训可以帮助毕业生更加理性地看待求职过程,从而在求职过程中更加稳健和成熟。

再次,通过了解往届毕业生的体会和建议,可以更加深入地了解职场文化和工作环境。这些体会和建议可能涉及如何与同事相处、如何管理时间、如何平衡工作和生活等方面。这些实用建议可以帮助毕业生更好地适应职场生活,提高工作效率和生活质量。

最后,搜集这些就业信息的过程本身也是一种学习和成长的过程。通过与往届毕业生的交流和互动,可以拓宽自己的视野,增强自己的社交能力,为未来的职业发展打下坚实的基础。

二、就业信息的特性

就业信息具备所有信息共有的特性,同时还突出表现在其变动性和时效性上。

（一）变动性

变动性指就业信息受国家政治、经济及地区、行业形势影响而不断变化的现象。过去几十年，我国就业市场变动性明显。面对就业市场变动性，大学生应关注国家政策、行业发展趋势，了解人才需求情况。结合兴趣和特长，做好职业规划，寻求职业发展机会。保持学习和进步心态，提升综合素质和能力，以适应变化。同时，抓住变动性带来的机遇，勇敢尝试新领域，实现自身价值。

（二）时效性

鉴于就业信息不断发生变化，每条就业信息的效用均具有一定的时效性。一旦错过期限，其效用将逐渐减弱，甚至消失。在信息时代背景下，信息传播途径多样且广泛，包括网络、报纸、电视以及招聘会等渠道。因此，高校毕业生需积极应对，及时捕捉有效信息，掌握第一手资料，避免观望态度导致错失良机。

（三）共享性

在现代社会，就业信息的公开与透明已经成为一种趋势。一旦这些就业信息得以公布，无论是线上还是线下的形式，其内容都迅速成为公众可以获取的资源。对于即将走出校园的应届毕业生来说，这些就业信息无疑是他们迈向社会的第一步重要参考。

在这样的背景下，毕业生们面临着如何有效获取并利用这些信息的挑战。舍友、同班同学、年级同伴等都是宝贵的资源。可以一起分享这些就业信息，通过集体的智慧和力量，共同探讨和分析这些信息背后的深层含义和潜在机会。

（四）传递性

就业信息的流动与传递是现代社会不可或缺的一环。在这个信息爆炸的时代，信息的流动性和传递速度至关重要。对于就业信息而言，它不仅仅是一堆静止的数据，还是处于持续流动和传递的状态中，通过各种渠道和媒介不断地传播，以满足求职者、招聘者和相关机构的需求。

（五）针对性

就业信息具有明显的针对性。一些单位或由于招收人数少，或因为与学校有常年的合作关系，会委托学校或相关机构发布就业信息，以吸引广大毕业生应聘，针对性非常强。

（六）两面性

在当前信息爆炸的时代背景下，就业信息同样呈现出鱼龙混杂的状况，其中包括真实与虚假的区分，以及积极与消极的差异。在面对海量就业信息时，大学生在进行搜集和筛选的过程中，应当注重辨别信息的真实性，以防受到欺骗。

三、就业信息的作用

（一）就业信息是选择职业的重要依据

在当前自主择业和双向选择的就业环境下，就业竞争的本质一定程度上体现在信息的竞争。对于大学毕业生而言，掌握全面且可靠的就业信息至关重要，包括用人单位的招聘信息以及国家和地方政府的就业政策法规。任何一个信息环节的失误都可能对毕业生的求职择业产生负面影响。此外，在收集一定数量的信息后，毕业生可通过思考和分析，洞察当前的就业态势和发展趋势，以此作为择业的依据。因此，大学生应利用准确、可靠的信息来科学指导自身的择业行为，以争取主动权。

（二）就业信息是顺利就业的可靠保证

在获取就业信息之后，毕业生需经过整理、分析、筛选、比较和决策的过程，最终确立一个或多个目标，有针对性地准备面试。为确保面试顺利通过，毕业生需对用人单位的发展状况、产品结构等各方面信息有清晰的了解。这样，在面试时才能胸有成竹、从容应对，从而提高成功概率。若未经任何准备，仅简单表达求职意愿，结果往往不尽如人意。机遇总是青睐有准备的人，掌握准确而全面的就业信息是顺利就业的可靠保障。

四、就业信息的分类

根据就业信息的来源，就业信息可分为就业形式信息、社会需求信息和就业指导信息三大类。

（一）就业形式信息

大学生应关注就业形势及相关数据，包括中央和地方有关部门（尤其是毕业生就业主管部门）发布的毕业生就业人数、供需比、签约率、待就业率等统计数据，以及就业环境变化、相关专业毕业生就业状况和就业趋势预测等信息。掌握这些信息对大学生准确评估当前就业形势、建立合理就业期望至关重要。教育部、各省毕业生就业主管部门及各类媒体通常在每年的9—12月公布全国和地方以及部分高等院校毕业生就业情况，大学生搜集这些信息对于就业准备具有重要意义。

（二）社会需求信息

社会需求信息以及用人单位对招聘对象的专业、学历层次、个人能力和需求人数等方面的要求，涵盖招聘单位、招聘专业、职位数量、招聘条件以及招聘方式等具体状况。社会需求信息在就业信息中占据主导地位，它关乎毕业生能否找到心仪的单位，对高校毕业生就业产生深远影响。因此，社会需求信息一直是毕业生及家长关注的焦点。

值得关注的是，社会需求信息呈现出明显的阶段性特征。毕业生就业工作一般于每年11月20日左右启动。部分国内外知名高新技术企业和"三资"企业由于用人机制灵活,招聘毕业生工作启动较早,故在11月下旬至年底期间,这类单位的需求信息较为集中。次年初至4月,用人单位双向选择活动步入高潮,各地供需见面会、双选会此起彼伏,各类单位的需求信息数量也达到峰值,有时甚至有一所院校在一天内收到数十家单位的数百条信息。进入5月,大部分毕业生已与用人单位签订就业协议或达成意向,需求信息数量相应减少。

(三)就业指导信息

就业指导信息涵盖广泛的范畴,包括普遍的就业指导理论、方法、技巧,以及职业指导专家或机构针对就业共同性问题所发表的评论和建议等。此外,还包括学校制定的一系列就业指导相关资讯。这些信息对于毕业生准确理解就业形势、掌握就业技巧具有重大价值。除此之外,毕业生还需了解在就业过程中,何时开始和终止与单位的联系,如何准确填写毕业生推荐表,以及签订就业协议的相关事宜。在签订就业协议时,需要履行哪些手续亦为必须掌握的内容。此外,毕业生还需了解就业的派遣形式、用人单位招聘毕业生的一般流程等事项。若在学校规定期限内未能与用人单位签订就业协议,户口和档案应如何转移,以及在毕业后办理改派时需注意哪些问题,皆为必须熟知的内容。

对毕业生而言,统筹搜集以上三类信息,对做出正确而有效的选择是十分有利的。只掌握社会需求信息,不了解就业形式信息和指导信息,很可能做出短视的错误选择;只掌握就业形势信息和指导信息,不了解社会需求信息,就如同空中楼阁,没有使用价值。

第二节　就业信息的搜集

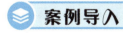

案例一:小明的就业信息搜集之路

小明是一名即将毕业的大学生,他对于未来的职业方向感到迷茫。为了找到适合自己的工作,小明开始积极搜集就业信息。

首先,他关注了多个招聘网站和社交媒体平台,这些平台发布了大量的招聘信息和行业动态。小明每天都会浏览这些信息,了解不同行业和公司的发展情况,以及所需的岗位和技能要求。

其次,小明还参加了多场招聘会和职业规划讲座。在招聘会上,他与多家公司的招聘人员进行了面对面的交流,了解了这些公司的文化、发展前景以及招聘要求。在职业规划讲座中,他听到了行业专家的分析和建议,对于自己的职业方向有了更清晰的认识。

最后,小明还利用自己的社交网络,向身边的朋友、学长学姐以及校友寻求帮助。他们分享了自己的求职经验和建议,为小明提供了更多的就业信息和资源。

通过以上的努力,小明最终找到了一份适合自己的工作。他深刻体会到,就业信息的搜集和整理对于求职成功至关重要。

案例二:小红的就业信息搜集策略

小红是一名即将毕业的研究生,她对于自己的职业定位非常明确,希望进入一家具有创新精神和良好发展前景的公司工作。

为了实现这个目标,小红制定了一套就业信息搜集策略。

首先,她关注了一些与自己专业相关的行业媒体和公司官方网站,这些媒体和网站会发布最新的行业动态和公司招聘信息。小红通过浏览这些信息,了解到了行业的发展趋势和公司的经营状况。

其次,小红还利用了一些专业的求职平台和社群,与同行和业内人士进行交流和互动。通过这些平台,她不仅了解到了更多的职位信息和公司文化,还结识了一些有经验的前辈和同行,为自己的求职之路提供了宝贵的帮助。

最后,小红还积极参加了一些线下活动,如行业研讨会、企业开放日等。通过这些活动,她能够更直观地了解公司的运营状况和文化氛围,同时也有机会与公司的招聘人员进行面对面的交流和沟通。

通过以上策略的实施,小红最终成功进入了一家具有创新精神和良好发展前景的公司工作。她深刻体会到,制定一套有效的就业信息搜集策略对于实现职业目标至关重要。

一、就业信息搜集的基本原则

在职业目标的设定、就业地域的选择,或是求职计划的制订、决策方案的抉择过程中,就业信息的搜集与处理扮演着至关重要的基础角色。实际上,择业决策的过程本质上是涉及就业相关信息搜集、整理、分析以及应用的过程。在开展就业信息搜集时,需遵循以下四个基本原则:

(一)准确原则

信息搜集源要真实可靠,在信息搜集过程中要严格分析筛选,去伪存真,排除错误的信息。近年来,社会上一些以盈利为目的的职业介绍机构,用一些过时或者虚假的信息吸引学生,致使毕业生徒劳奔波。无论采取何种方式和渠道搜集就业信息,大学生均应提高警惕,要善于从众多的就业信息中,发现和剔除虚假信息,避免落入各式各样的招聘陷阱中。

(二)时效原则

信息本身具有时效性,只有及时搜集才有效。在就业信息发布的有效期限内,如果用人单位完成了招聘计划,已经与求职者达成协议,那么就业信息自然就失效了。因此,在就业竞争十分激烈的环境下,无论是学校的就业指导部门还是学生本人,都要随时注意查看所搜集的就业信息是否过期,争取在第一时间掌握有效信息。

(三)系统原则

对于就业程序、目标职业相关信息、预报考单位的招聘信息等要全面系统收集,以便把握方向,达到预期目的。大学生要广泛关注用人单位的发展历史和发展潜力、产品和服务组织的所有权、管理风格、组织文化、员工数量、组织结构、工作氛围、工作量、下属参与决策活动的数量、培训和发展计划等。

(四)目的原则

在进行信息搜集时,务必具备明确的方向性和针对性,切勿漫无目的地展开。同时,努力挖掘那些鲜为人知的信息,从而在求职择业过程中占据优势地位。对于大学生而言,在搜集就业信息之前,首先需明确自身就业方向,进而有目标地搜集相关行业中各类企业发布的就业信息。随后,根据职位进行筛选,确保求职过程有的放矢。

总之,搜集就业信息应力求精确、及时、全面且实际。精确意味着收集的信息务必准确无误;及时是指需提前做好准备,紧跟最新资讯;全面则要求搜集范围广泛,系统且不局限于特定领域,涵盖各个方面和不同层次的就业信息;实际则意味着搜集具体、有针对性的信息,如用人单位的地理位置、环境、员工结构、福利待遇、发展前景,以及新员工的基本要求和联系电话等详细信息。总之,掌握的信息越具体,越有利于求职者全面了解和把握就业市场。

二、就业信息搜集的方法

(一)定方向搜集法

在职业生涯规划过程中,大部分大学生会依据自身确定的职业方向和行业范畴收集相关资讯。网络求职时,求职者输入行业类型、目标职位等关键词,搜索引擎便会立即呈现出与之匹配的招聘信息。此类方法以个人专业背景、能力倾向及兴趣爱好为依据,有助于寻找更为契合的职业及单位。然而,若大学生所选择的职业方向和求职范围过于狭窄,可能会导致选择空间大幅缩减。尤其在择业过程中,部分大学生过于理想化,将目标锁定在竞争激烈的"热门"行业和职位,从而降低求职成功率。

(二)定区域搜集法

在大学生求职择业的过程中,部分地区因其独特的吸引力而成为他们的首选。他们对于工作地点的重视程度,有时甚至超过了职业方向和行业领域。例如,前几年出现了大量毕业生涌向东部沿海地区的"一江春水向东流"现象。然而,随着一线城市如北京、上海、广州的生活和工作压力逐渐显现,许多学生开始将目光投向二线城市,尤其是省会城市。同时,也有一部分在外省就读的学生在毕业后,怀着强烈的愿望回到家乡工作。

这种以地区为主导、相对轻专业方向的信息搜集方式,虽然有其便利性,但也可能因为目标地区的局限性和过度热门(即大量求职者涌入同一地区)而增加择业的难度。因此,大学生在求职过程中,应理性看待地区因素,结合自身的专业特点和职业规划,做出更为全面和明智的选择。

(三)全方位搜集法

鉴于当前就业形势日趋严峻,众多大学生,特别是那些专业对应就业岗位稀缺的大学生,在寻求职业机会的过程中,倾向于广泛搜集与所学专业相关的各类就业信息。随后,他们会依据一定的标准对这些信息进行分类整理与筛选,以挑选出既符合兴趣又适合自身特点,同时有较高录用可能性的专业相关职位。这种方法的优势在于信息来源广泛,为求职者提供了更多的选择空间。然而,其缺点也显而易见,即需要投入大量的时间和精力进行信息的搜集与筛选。

三、就业信息搜集的渠道

很多大学毕业生在求职择业时,目光只盯着招聘会或网上发布的招聘信息,这就大大限制了信息搜集的范围和数量。事实上,就业信息搜集的渠道非常多,每种渠道都有各自的特点,毕业生要对各种渠道的信息保持敏感性,善于利用各种渠道广泛地搜集信息。总体来说,大学生获取就业信息的途径主要有以下几种:

(一)国家、地方各级毕业生就业管理指导部门

国家、地方各级毕业生就业管理指导部门是负责规划大学毕业生就业方向的重要机构,具有全国和区域层面信息交流与人才配置的高度权威性。这些部门不仅提供政策咨询服务,还负责其他各类服务。主要的管理指导部门包括教育部、各省教育厅、人力资源和社会保障厅以及各级市教育局、人事局。以河南省为例,其高校毕业生就业管理指导部门为河南省大中专毕业生就业指导工作领导小组办公室,负责指导河南省大学毕业生就业服务,建立就业市场信息库,并通过就业信息网实现信息共享。毕业生可以定期浏览相关网站,获取准确的就业信息。

(二)毕业生所在高校的就业指导机构

在当前严峻的就业形势下,为更好地服务毕业生,各高校已纷纷设立专职机构,专门负责毕业生的就业指导工作。这些机构每年都会主动、及时并有针对性地向上级主管部门及用人单位收集用人信息。它们不仅是用人单位挑选高校毕业生的主要渠道,同时也是高校学生毕业分配工作的行政管理部门。高校就业指导机构发布的就业信息,具备以下显著特点:

1.针对性强

高校就业指导中心所发布的就业信息,主要是基于各高校的学科专业布局,由相关

用人单位向上级人事主管部门提交用人规划后,再向学校传达的具体需求。此类信息特别针对该校的应届毕业生,专业匹配度极高。相较之下,人才市场、网络平台以及报纸杂志等媒介发布的职位需求,其受众范围更为广泛,涵盖全社会各个群体。

2. 可靠性大

在对外发布用人单位的岗位需求信息之前,高校就业指导中心会对相关用人单位的资质进行审慎的审核。为了确保信息的准确性和可靠性,许多高校实施了用人单位需求信息登记制度。据此,有招聘需求的用人单位需前往就业指导中心或其指定的代理点,完成"用人单位需求信息登记"的相关手续。在办理过程中,用人单位必须提供有效的证明文件。为保持信息的时效性和准确性,此项登记手续需由用人单位每年进行一次更新。通过此制度,高校能为学生提供更为精准和可靠的就业信息,从而有效协助涉世未深的大学毕业生规避求职风险。

3. 时效性强

高校就业指导中心是毕业生求职过程中的重要帮手,它们发布的就业信息对毕业生来说具有巨大的价值。这些就业信息通常涵盖了各类企业的最新招聘需求,为毕业生提供了第一手的求职资料。这些信息之所以宝贵,主要得益于它们的时效性。

4. 成功率高

高校就业指导中心在发布用人单位招聘信息以及组织招聘洽谈会的时间安排上,往往会选择在省、市级大型招聘会针对应届大中专毕业生之前进行。在此期间,用人单位所提供的需求信息不仅数量庞大,而且呈现出高度的集中性。通常情况下,只要大学生的专业与用人单位的需求相匹配,并在用人单位的考核中表现优秀,那么他们便有机会在学校的招聘洽谈会上与用人单位顺利达成就业协议。

5. 提供就业相关信息

高校就业指导中心致力于传达上级部门的就业政策和规定,并为大学生提供当地就业市场的动态变化和丰富的就业信息资料。然而,作为高校的一个职能部门,其核心职责仍聚焦于教育与学生的服务,而非专业的人才交流。因此,在用人单位的数量和领域覆盖上,其掌握的信息可能有所不足。鉴于此,大学生在关注就业指导中心的就业信息的同时,也应积极寻求和探索其他途径,以获取更全面、及时的就业信息,从而在就业竞争中占据优势地位。

(三)毕业生就业市场

毕业生就业市场作为大学生寻求职业的另一重要途径,具备诸多优势。首先,相较于报纸、网络等媒体,大学生能通过与用人单位的直接沟通,获取更为丰富且全面的招聘信息。其次,在面谈过程中,大学生不仅能提升面试技巧,增强面试信心,还能客观审视自身优劣势。此外,通过人才市场的海量信息,大学生能了解当前就业形势及紧缺职位,从而有助于灵活制定就业策略。实际上,众多毕业生正是通过这一渠道找到了合适的工作单位。

(四)网络、报纸、广播等各种信息媒介

当前传媒行业迅猛发展,广播、电视、报纸、杂志等各类新闻媒介已成为众多用人单位与求职者所青睐的重要信息渠道。例如,由教育部主管,教育部学生服务与素质发展中心主办的《中国大学生就业》杂志,以及各地广泛传播的《就业指导报》《人才市场报》《劳动信息报》等,均在此领域中扮演着举足轻重的角色。这些媒介以定期或不定期的方式,为广大求职者提供最新、最全面的人才供求信息。此类信息渠道的主要优势在于其传播速度快、覆盖面广、信息量大,为求职者提供了更多的择业机会。

同时,这些媒介也存在一定的局限性。首先,由于广告篇幅的限制,求职者往往难以深入了解招聘单位的背景及详细信息。其次,许多用人单位要求求职者先行寄送简历,不接受直接来访,这在一定程度上增加了求职的难度。此外,报纸上的招聘广告可能存在虚假信息,因此,大学生在搜集就业信息时,应选择正规报纸,以确保所获取信息的真实性。正规报纸通常拥有严格的审查程序,并对所发布的信息承担相应的法律责任。

互联网作为备受大学生青睐的求职渠道,信息丰富但真伪难辨。在选择网站及辨识信息时,大学生需提高警惕。主要的求职信息搜集网站可分为以下几类:

1. 专业求职网站

选择专业求职网站的最大优势是能在短时间内查询到大量招聘信息。它可以根据求职者输入的个人信息和求职意向等提供有针对性的查询服务。求职者可以在线填写个人简历,这些简历会被收录在网站的数据库里,有用人计划的招聘单位可以查询到符合他们需要的求职者的信息。比较知名的专业求职网站有:新华英才网(www.chinahr.com)、前程无忧网(www.51job.com)、智联招聘网(www.zhaopin.com)、国家大学生就业服务平台(www.ncss.cn)、卓博人才网(www.jobcn.com)、俊才网(www.goodjob.cn)等。

2. 门户网站的求职频道

比如新浪、搜狐和网易的招聘频道,这些门户网站求职频道的最大的好处是容纳了许多家一流的招聘网站的信息,还提供有关人才政策、就业方面的新闻,以及一些就业技巧,大学生从这里可以得到一定的就业信息。

3. 用人单位的网站

许多正规的用人单位都有属于自己的专门网站,用来介绍本单位的基本信息、企业文化、产品服务以及招聘信息等。如果大学毕业生有意向去某个单位求职,可以经常浏览该用人单位的网站,或许也能从中获得很多重要信息。实践表明,建立"高校就业指导部门—用人单位—人才市场—政府部门—信息网络"的五级联动的就业信息控制机制,是提高就业信息有效性的重要保障。

（五）社会关系网

大学生接触社会的机会有限,要想得到更多有价值的求职信息和就业机会,拓宽社交范围是十分有必要的,周围的亲戚、朋友、老师、同学、邻居、熟人、校友、已经毕业的学长,以及朋友的朋友等,这些都能成为个人的"人脉"。事实上,很多用人单位都比较愿意录用经人介绍和推荐进来的求职者,他们认为这样录用进来的人比较可靠。据统计,大约60%~90%的工作是通过关系网找到的,研究表明,通过个人关系更容易找到薪水高、声望好的工作,有更高的工作满意度。这就要求大学生在毕业求职之前,在校期间,就要发展并建立广泛的关系网。当然,关系网不只是简单拥有联系方式,而是要建立友谊,当他们需要帮助的时候也要及时、热情地帮助,分享信息。

（六）社会实践与教学实习

很多高校在第三或第四学年安排有社会实践或教学实习活动,有的学校和院系鼓励学生自己主动联系实习单位,有的院系则有自己的实习基地,这些基地往往跟学校或院系有一定的合作关系或其他形式的联系,实践或实习活动的内容也多与学生所学专业密切相关。这种活动,有助于大学生开阔视野,接触社会,从而在了解职业的同时了解自己。在实习过程中,大学生往往能获得最及时、可靠的单位用人计划和招聘信息,这是大学生自我推荐的一个绝好的时机和场所。

如果大学生综合素质高,在实习期间表现良好的话,往往能获得用人单位的好感和信任,甚至直接谋得自己期望的职位,这就是所谓的"近水楼台先得月"。因此,大学生一定要把握住实践和实习的机会,而不要抱着懈怠的心理,认为实习不过是出去玩玩,放松一下而已。

（七）个人走访搜集

个人走访搜集是指毕业生采取上门走访的方式,直接到自己向往的用人单位,面对面地和人力资源部负责人沟通交流、表达愿望的一种信息搜集途径。实践表明,漫无目的地投递或邮寄简历给用人单位,求职成功率很低,而且浪费时间和金钱。但确定了自己感兴趣的用人单位之后,可以在投递简历的同时附上一封自荐信,或先通过电话预约,然后亲自登门走访,这样不仅可以节省等待的时间,还能通过实地考察,对用人单位的各方面情况有清晰的了解,待决策时参考。

（八）人才中介机构

人才中介机构是专门搜集、发布人才供求信息,办理人才交流登记,为用人单位招聘人才,为个人求职做中介服务和管理工作的机构。人才中介机构搜集的信息数量大,涵盖的行业范围广。但大学生需要注意的是,在求职择业时一定要选择背景可靠、声誉好、效率高及专业性比较强的机构,以防上当受骗。因为有些非法中介会专门利用大学生就业难、求职心切,同时又缺乏阅历的弱点,来设置陷阱坑骗大学生,从而为自己谋得经济利益。大学生如果在求职中误入了非法中介的圈套,发现自己的合法权益受到了侵害,一定要向有关部门举报,为自己挽回损失。以下几种非法的中介机构和行为,需要引起大学生的高度警惕。

(1)非法中介陷阱　是指一些没有相关资质、未取得人力资源服务许可或者冒用、伪造相关资质的"黑中介",非法从事职业介绍、工作招聘等中介服务活动。这些"黑中介"常打着介绍工作的幌子通过发布虚假招聘信息,以"轻松拿高薪""升职加薪快"等为诱饵,使用各种手段骗取求职者钱财。

(2)收费陷阱　非法用人单位或者中介机构以招聘为名,收取求职者服装费、培训费、押金等费用。有些中介机构与非法用人单位合作,先由中介机构以推荐工作为名收取费用,求职者到该用人单位入职时,非法用人单位编造各种理由拒绝上岗或中途辞退。

(3)借贷陷阱　个别中介机构或用人单位以"高薪""低成本"为诱饵,在招聘中以借贷的名义行"诈骗"之实,致使个人财产受到侵害,或者胁迫、引诱求职者签订贷款合同,求职者求职心切、经验不足,可能会面临身负高额借贷又没有实现就业的不利局面。

(4)骗取个人信息　有很多贩卖个人信息的中介公司,往往会在网上发布虚假招聘信息,吸引求职者前来,从求职者递交的海量简历中,精准获得求职者的个人信息进行贩卖。

(5)扣留个人重要证件　一些不良中介或用人单位可能会在求职者面试或入职时,以各种理由扣留求职者的身份证、学历证等重要证件,以此来威胁或控制求职者。

为了避免这些陷阱,求职者在选择中介机构或用人单位时,应该进行充分的调查和了解,确保他们的合法性和信誉度。同时,求职者也应该保护好个人信息和财产安全,避免被不良中介或用人单位利用。

就业小案例

大学生被黑中介诈骗十万余元:你快长点心吧

暑假前夕,武汉一些大学生通过一家中介找暑期兼职,中介要求缴纳300元的定金,结果工作没找到,这家中介公司已人去楼空。接到报警后,武汉警方对这起侵害大学生利益的警情高度重视,初步查明该团伙诈骗300多名大学生共计10万余元。

年年都有被中介欺骗的大学生。2016年暑假,淮安某学院的一名大二学生被中介忽悠到外地打工,结果一份工作也没找到,辗转江苏、浙江、上海等多地后,竟然被丢在了外地。2017年一名大学生被黑中介欺骗,被骗至身无分文求救。2018年一位毕业来杭州找工作的大学生,租房过程被闲鱼上的无良租房中介欺骗收钱。

(摘自新浪新闻中心2019年9月2日报道)

第三节　就业信息的整理和利用

在通过各种渠道搜集到就业信息后,大学生不要急于求职,而是要对信息进行整理、筛选和分析,剔除无效甚至虚假的信息,根据自己的实际情况,有选择、有侧重地参加应聘活动,这是就业信息搜集和运用过程中十分重要的一个环节。

一、就业信息的整理及原则

(一)对比信息,把握重点

大学生通过不同途径搜集了大量信息后,应依据一定的准则对这些信息进行整理与分类。需要仔细比较各个用人单位在招聘过程中对人员素质的期望、岗位类型、工作条件以及福利待遇等各方面的具体细节。之后,大学生应将所有自己感兴趣的真实信息按照重要程度从高到低进行排序,并从中挑选出最为关键的信息进行深入分析,同时做好相关记录。至于其他一般性的信息,仅作为参考。这一过程有助于大学生明确求职的主要目标和具体方向,从而更好地进行职业规划。

(二)全面考察,深入了解

就业信息归类选择后,大学生需通过相关渠道核实信息的可靠性,深入了解招聘单位,以防受骗并为求职面试做好准备。不能仅凭招聘信息或对信息的一知半解盲目投递简历或直接应聘。

整理信息时,大学生应避免误区,如过度依赖朋友介绍或忽视网络、报纸信息,或轻易相信经常做广告的用人单位。无论信息来源,都应全面考察和深入了解后再决定是否应聘。

许多大学生过于看重毕业前择业成功,对用人单位了解不足,反映出择业盲目、浮躁或急功近利的心态。不了解应聘单位不仅影响成功择业,还可能给未来工作带来负面效应。

(三)放平心态,拓宽范围

大学生应有开放的就业心态。有些大学生设定了明确的职业目标,如只考公务员或考研。当这些目标未能实现时,他们可能感到失望和自责。在寻找工作时,大学生应避免过于局限自己的视野,仅关注计划中的职业或热门单位。这种心态可能降低求职成功率。

大学生应保持开放和灵活的心态,扩大就业范围,先就业再择业。人的潜力是无限的,真正的职业适合度往往需要经过多次尝试甚至失败后才能发现。这种开放的心态有助于大学生减轻就业压力,找到满意的职业。

就业小案例

　　小杨是河南某师范院校的一名心理学专业应届大学生。从小,他就怀揣着一个梦想,那就是成为教育部门的一名公务员。然而,梦想与现实之间总是存在着一定的差距。尽管他付出了巨大的努力,但最终还是未能如愿以偿地进入公务员队伍。

　　面对这样的现实,小杨曾一度感到失落和迷茫。他原本以为自己能够轻松地找到一份理想的工作,但现实却给了他一个沉重的打击。不过,他并没有因此而放弃,而是选择了到郑州郊县的一所中学教书。

　　虽然这份工作与他的初衷有些出入,但小杨并没有因此而气馁。相反,他逐渐发现了与学生交流的乐趣。他发现,与学生交流不仅可以让他传授知识,更可以让他深入了解他们的内心世界,帮助他们解决成长中遇到的问题。这让他感到自己的工作充满了意义和价值。

　　随着时间的推移,小杨的教学水平逐渐得到了认可。他通过不懈的努力,不仅在教学上取得了显著的成绩,还成功地调到了重点中学任教。这一经历让他更加坚定了自己从教的决心,也让他更加明白自己的兴趣和专长所在。

　　后来,小杨又应聘到了一家知名心理咨询机构担任助理。在这里,他充分发挥了自己在中学任教期间积累的经验和心理学专业功底,工作得井井有条,深受领导和同事的好评。他不仅在机构内部担任着重要的角色,还经常受邀到各大学校和社区开展心理健康讲座,为广大群众普及心理学知识。

　　回顾自己的职业生涯,小杨感慨万分。他发现在读书时,自己定的路太死,总是追求那些看似光鲜亮丽的职业,却忽略了自己真正的兴趣和专长。而工作后才逐渐发现,原来自己真正喜欢并擅长的是与人交流和帮助他们解决问题。这让他感到生活变得更加充实和愉快。

　　小杨的故事告诉我们,人生并不是一帆风顺的,也不是一成不变的。有时候,我们需要经历一些挫折和磨砺,才能找到自己的兴趣和专长,找到真正适合自己的职业道路。在这个过程中,我们需要保持积极的心态和不懈的努力,不断学习和成长,才能最终实现自己的梦想和价值。

二、就业信息分析

　　就业信息分析包括定性分析、定量分析和定时分析。所谓定性分析是指对信息进行质的分析,如对就业信息中应聘条件、岗位特点、招聘对象的分析。所谓定量分析,是从数量关系上对就业信息进行分析,如对某职业岗位所需人数与进行面试人数与应聘人数之间的关系的分析。所谓定时分析,是对一定时间内就业发展趋势进行分析。进行就业信息分析,常用的方法有对比分析法、综合归纳法和典型分析法。

　　分析就业信息时,要抓住信息传递的内在含义。对自己感兴趣的用人单位,要仔细进行研究其招聘信息,认真分析信息传递出来的内在含义,冷静地思考用人单位到底想要招聘什么样的人,分析招聘信息的弦外之音后,要进一步判断自身的条件与用人单位的要求是否符合或在多大程度上符合。

在对求职信息进行分类整理时,要对自己有一个明确的认识和客观的分析,了解自己的长处是什么,短处是什么。一般来讲,当职业与个人的理想、爱好、个性特点、专业特长接近时,个人的主观能动性容易激发出来,因此,在筛选求职信息时,一定要充分考虑如何最大限度地发挥自己的专长。

三、就业信息的利用价值分析

(一)辨别信息的真伪

经劳动、人事部门核准,并通过高校就业指导中心或人才市场电子信息屏及招聘信息橱窗或在正规报刊、广播、电视、网站等媒体发布的招聘信息,通常被认为是真实可靠的。一份优质的就业信息应包含:企业全称、性质、业务经营范围、发展实力及远景规划等介绍;详细的职位说明,包括岗位职责、工作环境、工作条件、学历或职业技能要求,以及政治思想、道德品质、工作态度等方面的要求;福利待遇,如薪资水平、保险种类等;申请方式,即应聘者应如何申请,如亲自申请、电话申请或投递简历等;联系方式,如企业的联系电话、邮编、地址及附近的交通线路。

例如,一则招聘广告写道:"高薪诚聘软件工程师 2 名,要求本科毕业,英语六级以上,三年以上工作经验,备历、照片;联系地址寄:上海××路××号××先生收,合则约谈,恕不退件。"此广告存在若干问题:首先,未明确软件工程师的具体职责,使应聘者难以判断自身是否适合该岗位;其次,"备历"一词含义模糊,不明确是指准备学历还是简历,或是两者都需要,以及需要原件还是复印件;再次,未提及劳资制度和工资待遇;最后,联系方式仅提供了招聘地点,不够明确。面对此类招聘信息,大学生应保持谨慎,通过各种方式核实信息真实性后,再投递简历。

在求职过程中,大学生可能会遇到各种虚假信息,不仅来自非法企业,也可能来自个别正规企业。因此,在筛选和分析信息时,大学生应保持警惕,保护自身合法权益不受侵害。

招聘骗局　五花八门

1.高薪诱惑:许多骗局会以高薪为诱饵,吸引求职者应聘。这些职位可能看起来非常理想,但往往要求求职者先支付一定的费用,如报名费、培训费、押金等。一旦求职者支付了这些费用,可能就无法联系到招聘方,或者发现工作并不像宣传的那样。

2.虚假职位信息：一些招聘者会发布虚假的职位信息，以吸引求职者应聘。这些职位可能并不存在，或者招聘者只是想要获取求职者的个人信息。在这种情况下，求职者应该仔细核实招聘信息的来源和真实性。

3.非法中介：一些非法中介会冒充招聘方，向求职者收取高额的中介费用，但并不为他们提供真实的工作机会。这些非法中介往往会使用虚假的招聘信息和承诺来吸引求职者。

4.网络刷单骗局：一些招聘者会以"刷单"为名，让求职者进行虚假交易和评价，以获取佣金。然而，这些佣金往往难以到手，而且求职者还可能面临个人信息泄露和法律责任等风险。

为了避免陷入招聘骗局，求职者应该保持警惕，仔细核实招聘信息的真实性和来源。同时，他们也应该注意保护自己的个人信息和财产安全，不要轻易支付任何费用或提供个人信息给陌生人。

（二）抓住信息的关键点

经筛选后的真实可靠信息，大学生应关注以下关键点：

★用人单位全称和所有制性质、规模。

★人事管理权限及上级主管部门。

★用人单位使用意图、具体岗位和人才要求，以便对照自身条件准备求职资料。

★联系方式，如电话、网址、邮箱和通信地址，便于求职者深入了解并有效沟通。

★其他招聘职位，不要局限于某一职位，可能发现更合适的工作。

★实际招聘人数，对于竞争激烈的单位，可尝试并视为锻炼机会。

（三）分析信息传递的内在含义及自身的适合程度

大学生面对感兴趣的用人单位时，应深入研究其招聘信息，理解其中的深层含义和潜在信息。冷静思考用人单位期待的人才特质。

在解析了招聘信息的言外之意后，应进一步评估自身的条件与用人单位的要求是否匹配，或在多大程度上相符。不妨先思考以下这些问题：

★我应聘这个职位的优势、竞争力是什么？

★我的个性怎样？该工作岗位是否符合我的个性？

★我具备哪些跟岗位相关的专业理论知识和技术能力？

★这份职业是否可以挖掘和提升我的能力？

★什么是别人做不到而我做得到的？我用什么去说服用人单位录用我？

好的招聘信息并不一定是对自己最有用的信息，只有用人单位招聘的职位和要求与自己的条件相符或相近时，应聘求职才会有较大希望。也就是说，适合自己的才是最好的。

生涯小贴士

在求职面试时，大学生们经常会被问到这样一个问题："你觉得自己最大的优势是什么？"面对这个看似简单实则关键的问题，许多求职者会不假思索地提到英语水平高、计算机技能强或专业成绩优异等。然而，这些回答虽然在一定程度上反映了求职者的能力，但在竞争激烈的就业市场中，它们已经变得不够独特，缺乏足够的说服力。

那么，什么才是真正的优势呢？真正的优势应该具备两个特点：一是独特性，即"我有的别人没有"。例如，如果你在大学期间曾经参与过某个独特的项目，或者拥有某项特殊的技能，那么这些都是你独特的优势。这些经历和技能不仅展示了你的能力，更体现了你的创新思维和个性特点。相比之下，仅仅提及英语水平或计算机技能，就显得有些乏善可陈了。二是全面性，即"别人有的我都有"。无论你的专业背景如何，拥有扎实的专业知识、良好的英语水平和计算机技能都是基础要求。在这个基础上，如果你还能够展现出良好的团队合作能力、沟通能力、解决问题的能力等，那么你就能够更好地适应工作环境，与同事和上级建立良好的关系。独特性优势能够让你在求职过程中迅速吸引招聘者的注意，全面性优势则能够让你在竞争中保持不败之地。

除了强调自己的优势之外，大学生在面试时还需要注意个性与职位的匹配度。不同的职位对个性的要求是不同的。例如，会计职位需要求职者具备细心、谨慎的个性特点；而销售职位则更需要求职者具备热情、开朗的性格。因此，在面试前，大学生需要对自己所申请的职位有一个清晰的认识，了解自己的个性是否适合这个职位。如果发现自己的个性与职位不太匹配，可以在面试中通过强调自己的学习能力和适应能力来弥补这一不足。

（四）分析信息是否有利于自己的发展

大学毕业生在寻求职业机会时，不能仅仅以就业为唯一目标，而应当深入分析潜在雇主的招聘信息，以评估其是否与个人的长期职业规划相符。特别对于那些处于快速发展阶段且前景光明的新兴产业，应予以更多的关注和考虑。相反，对于那些已步入衰退期或受市场波动影响较大的行业，即使提供了就业机会，也应持谨慎态度，这些职位可能不利于个人的长期职业发展。此外，由于不同地区的经济发展趋势各异，大学生应了解各地区的宏观经济发展规划，并预测相应趋势下所需的人才类型，从而做出更为明智的就业选择。

四、就业信息的应用

对经过自己分析筛选出来的有效信息，要学会合理、充分地利用，这样才能把信息的无形价值转换成实实在在的成功择业收益。在就业信息的运用上，大学生要把握好以下五点：

(一)注意就业信息的时效性

就业信息的时效性是大学生求职不可忽视的特点。快速更新的信息和有限时间要求大学生具备高敏感性和时间管理能力。市场快速变化和用人单位需求波动决定了就业信息的时效性。大学生需密切关注市场动态和招聘需求,及时调整求职策略。信息有效期限也体现就业信息的时效性。大学生需注意招聘日期,确保在规定时间内完成应聘。同时,需具备高效信息筛选、整理和时间管理能力。

重视就业信息的时效性是大学生求职的关键。通过加强市场了解、明确职业目标、提高综合素质和专业技能以及采取应对策略,大学生可更好应对时效性挑战,找到理想工作,实现职业梦想。

(二)把握适度性原则

大学生求职时,往往重视薪资、层次和类别,有时会选择高薪但压力大的工作,而放弃更适合自己且有发展潜力的职位。适度性原则有两方面:个性、需求与职业要求相符以及通过努力胜任工作。难度过高则难以胜任,导致挫折和压力;难度过低则感到大材小用、乏味,失去积极性。因此,大学生应用招聘信息时,应客观、全面、发展地看待职业和岗位,适合自己的才是最好的。

(三)灵活应用信息

虽然用人单位对招聘人员有各方面的要求,但这些要求并非固定不变。当招聘信息中出现"一般需要具备"或"特殊情况下可放宽"等字眼时,即使不完全符合条件,也可以尝试投递简历。最重要的是,在个人简历中展示自己的独特才能、经历和水平,让用人单位认为自己与众不同。面对就业信息,大学生应冷静分析自身优劣势,不因次要条件不符合而放弃,保持灵活并相信自己的实力,尝试和争取,或许会有意外收获。

(四)参照信息完善自己

搜集大量求职信息后,大学生可分析总结出用人单位对人才的整体要求,再对照自身,发现长处和不足,扬长避短,不断完善自己,这对未来求职和工作大有裨益。此工作应在大学期间开始,常浏览就业指导网站,与学长校友交流,参与和专业相关的兼职工作,深入了解市场需求。大学生需多与社会接触,积攒工作经验。避免在毕业前才探究总结招聘信息和人才素质要求,以免错过最佳发展时机,付出失败和错误的代价。

(五)共享信息资源

在自己获取的就业信息中,有的对自己并无直接用处,但可能对他人有用。遇到这种情况,大学生应主动地将这些信息提供给他人,避免信息资源的浪费。这样做可以帮助别人,而被帮助的人在获取了对你有益的信息时,也会及时地反馈给你的。从这种角度来说,帮助别人也等于帮助了自己。

?　**思考题**

1. 选择一个特定行业或领域,利用不同的渠道,如招聘网站、公司官网、社交媒体等,收集与该行业相关的、不少于 5 个的工作职位信息,包括公司名称、职位要求、薪资范围以及申请截止日期等关键信息。

2. 利用所学到的信息搜集方法,辨别出 1、2 个虚假的招聘信息,分析出是虚假信息的具体原因。

3. 对搜集到的信息进行整理与分析,利用所学到的知识,分析自身应聘这个职位的优势、竞争力是什么,自身具备哪些跟岗位相关的专业理论知识和技术能力。

第八章

求职方法与技巧

 学习目标

1. 了解求职礼仪的具体内容。
2. 了解求职材料的准备。
3. 了解笔试和面试的具体内容。

 学习导读

随着社会的发展和竞争的加剧,求职变得越来越具有挑战性。在求职之路上,不仅需要自身专业素养作为求职的基础,而且需要懂得求职方法和求职礼仪,二者缺一不可。求职礼仪不仅是求职者个人良好素质的重要体现,也是其成功走向社会的通行证,对于能否促成求职行为、能否通过面试官的筛选进而被成功录用,发挥重要作用。因此,求职方法与技巧也是大学生求职之路上需要重点学习的内容,通过对求职方法与技巧的学习和掌握,能够顺利地找到自己心仪的工作,从而求职之路取得成功。

第一节 求职礼仪

 案例导入

米琳大学时就听人说就业不容易,所以毕业前就投了很多简历,可都石沉大海,没有结果。后来好不容易盼来两家公司的面试机会,可是都出了问题。米琳自己感觉明明不错,可就是没通过,于是找到职业顾问进行咨询,才知道这里面有很多学问,在进行了专业辅导之后的再次面试时心中有了底,心态也非常好,信心十足、面带微笑、语气和缓、应对自如,顺利通过面试。

面试过程中要注意哪些礼仪呢?接下来就在本章为大家详细介绍面试的方法和技巧,学习求职礼仪等相关内容,提高求职能力。

礼仪是求职成功的重要砝码。一个彬彬有礼的人在求职时,会更容易得到这份工作。服饰打扮、言谈举止、气质风度、文明礼貌,无一不在影响着你的形象,决定着你的前程命运。职场上注重礼仪的人,会更容易得到一些好的机会,最终得到自己满意的工作。本节从日常礼仪准备、求职着装礼仪、面试礼仪三个方面介绍。

一、日常礼仪准备

(一)自我介绍的礼仪

自我介绍是与陌生人交往的第一步,也是在面试时十分常见的介绍方式。无论是毕业后参加工作还是考研,都有面试,而面试的第一项往往就是考官要求应试者作一番自我介绍。因此,需要为此做充分的准备,争取在有限的时间中展现自己的个人魅力和职业素养,给考官留下深刻的印象,并为之后的面试做好铺垫。

自我介绍要求直接、简单、明确,突出自己的个性。需要遵循三个原则:简洁、清晰、客观。就你求职的岗位而言,突出重点,最好在两分钟之内介绍你受教育程度、有无实践经验、有何成绩、特长,依次有条理地表达你所符合这个工作的各个方面,实事求是,态度诚恳。当然,为了加深印象,可以自信幽默地介绍自己,使得气氛更加融洽。如在介绍自己姓名时,可以幽默地说:"我叫张伟,全中国有20多万人的名字都叫张伟,但我是独一无二地适合这个工作的张伟。"自信、大方的态度会使对方认为你幽默风趣,更加容易记住你。

(二)握手的礼仪

握手礼在我国以及全球许多文化中都是重要的见面和告别礼节,它确实能够体现一个人的教养和礼仪水平。以下是关于握手礼的具体要求。

1. 握手的要求

握手方式是见面的双方各自伸出右手,手掌均呈垂直状态,然后五指并拢,稍许一握,时间以3秒钟左右为宜。握手时,上身要略向前倾,头要微低一些。具体来说,握手的要求是:

(1)姿势要正确 行握手礼时,双方应相距一步之遥,双脚并拢站立,身体微向前倾,用右手的掌心向对方传达诚挚的问候。五指并拢,拇指微微张开,与对方的手掌相握,并进行简短的握手动作,随后自然松开,恢复站立姿势。

(2)要讲究次序 男女之间,男性应等待女性主动伸出手后再进行握手;若女性没有握手意愿,男性可以点头示意或鞠躬致意。宾主之间,主人应先向客人伸出手,以表示欢迎和尊重。当年龄与性别产生冲突时,通常以女性或年长者先伸手为准则。而在身份差异较大的场合,通常是地位较高者先伸出手,地位较低者应迅速回应。

(3)必须用右手 握手时应使用右手,因为这是国际通行的礼仪规范。如果出于特殊原因需要戴手套,应在握手前将其取下,以示真诚。

(4)其他注意事项

眼神交流:在握手时,应保持适当的眼神交流,以表达真诚和尊重。

避免交叉握手:如果有多人在场,应避免交叉握手,以免给他人带来不便。

注意手部卫生:在握手前,应确保手部清洁,避免给他人留下不良印象。

尊重文化差异:在不同文化背景下,握手礼的具体要求和方式可能有所不同。因此,在跨文化交流中,应尊重对方的文化习惯,避免造成误解或冒犯。

2. 不礼貌的握手

与人握手时需要多加注意,需遵守约定俗成的礼仪,否则就会被认为失礼。就比如以下情况是不礼貌的:

(1)男士戴着帽子和手套。如来不及脱下,需向对方致歉。

(2)长久地握着异性的手不放。男士与女士握手时间要短一些,用力更轻一些。

(3)用左手与他人握手。

(4)交叉握手。

(5)握手时目光左顾右盼。

【其他礼仪】

拱手礼又名长揖,是我国沿用至今的古代礼仪之一。行此礼时,两手抱拳,胸前举高,自上而下,以示问候。

鞠躬礼也是我国的礼节之一,一般是下级对上级、服务人员对宾客、初次见面的朋友之间、欢送宾客及举行各种仪式时使用。在我国,主要用于演员谢幕、讲演和领奖,举行婚礼和悼念活动等场合。行鞠躬礼时,先立正站好,戴帽者先脱下帽子,双目注视受礼者,面带笑容,然后上身向前倾斜20°左右,实现随之自然下垂。

招手礼必须用右手,右手高举过顶,以目光示意,是招呼对方,这种礼必须答礼。手高举过顶,掌心向前,左右不停摆动,是答别礼。右手举起过肩但不过头,掌心向侧面,这种礼节表示再会。

合掌礼是亚洲佛教国家所用的一种礼节。行礼时面对受礼者,双手手掌合拢并齐,掌尖和鼻尖基本平齐,手掌稍向外并向下倾斜,头微微向下;受礼者应以同种礼节还礼。

(三)聆听的礼仪

1. 聆听可以使对方感受到尊重,促进双方在友好的气氛中交流

聆听,作为一种交流艺术,能够显著增进对他人的尊重,并在友善的氛围中促进双方之间的深入交流。在口头交往中,如果我们对讲话者的内容漫不经心或毫无反应,这无疑是对其极大的不尊重。这种态度不仅会破坏交流的氛围,更难以与对方建立起真诚且

持久的关系。

2. 聆听可以赢得别人的敬仰和爱戴

当下属主动找上级交流时，他们往往带着特定的目的或需求。如果对方能以真诚和关心的态度聆听，便传递出一个明确的信息：愿意了解他们的内心世界，关心他们的需求和困扰。这种态度会促使下属敞开心扉，分享他们的真实想法和感受。

即便无法直接解决他们的问题，但通过聆听所展现出的态度和诚意，也能让下属感受到关心和支持，从而产生感激之情。这种聆听的方式不仅能够赢得下属的好感和信赖，还能为团队营造更加和谐、融洽的氛围。

在面试过程中，聆听同样扮演着关键角色。面试官的每一句话都蕴含着重要的信息，我们需要仔细聆听，捕捉其中的关键内容，并理解其背后的期望。通过聆听，我们可以更好地把握面试的走向，调整自己的回答，以展现出最符合岗位要求的能力和风采。

3. 聆听应注意的问题

聆听不仅仅是一个被动的接收过程，更是一个展现尊重与理解的重要社交技能。在聆听时，我们需要特别注意以下几点：

首先，要全心全意地聆听。集中注意力，真诚地关注对方的言语，确保能够捕捉到对方所传递的每一个信息点。如果你真的时间紧迫或不愿继续听对方讲话，不妨礼貌地表达："我很想继续听你说，但今天我有急事需要处理，我们改天再聊吧。"然后，你可以礼貌地离开。

其次，聆听时，要记得对方的名字，并用目光注视对方，保持微笑。这不仅能够让对方感受到尊重，还能加深你们之间的情感联系。同时，要有耐心，不要随意打断对方的谈话。即使对方的表达不够流畅或思路稍显混乱，也要耐心听完，再提出自己的不同意见。

在聆听过程中，身体语言同样重要。身体应该倾向于说话者，以表示对对方的重视。同时，可以适当地做出反应，如点头、微笑或提出一些问题，如"这几条建议中，你认为哪一条最符合我们的需求呢？"或"这件事确实很有趣，我很愿意继续听你说"。这些反应能够鼓励对方继续分享，并加强双方的交流。

最后，要适时给予反馈。反馈不仅能够帮助你更好地理解对方的观点和想法，还能够让对方感受到你的关注和理解。你可以用自己的语言复述对方的讲话内容，或者用自己的理解来解释对方的观点，如"你的意思是不是可以这样理解……"这样不仅能够确保双方的理解一致，还能够促进更加深入的交流。

总之，聆听时不可心不在焉，更不可随意转换话题。只有真正投入地去聆听，我们才能与他人建立起深厚的联系，实现真正的交流与理解。

（四）微笑的礼仪

微笑，无疑是人际交往中的一把金钥匙，它的魔力在于其能够迅速拉近人与人之间的距离,传递出友善、谦恭、和蔼与融洽等美好的情感。作为一种最富有吸引力和价值的面部表情,微笑具有无法估量的价值。

在社交场合中,我们应该充分认识到微笑的重要性,并学会在适当的时候展现它。无论是初次见面还是久别重逢,一个温暖的微笑总能迅速打破尴尬,营造出轻松愉快的氛围。在商务谈判中,微笑可以展现我们的自信与友善,使对方更愿意与我们合作;在日常生活中,微笑则能够增进我们与亲朋好友之间的情感,使彼此更加亲近。

为了充分发挥微笑的价值,我们需要在不同场合下恰如其分地运用它。在与人交流时,我们要时刻保持微笑,以展现我们的热情和亲切;在遇到困难或挑战时,微笑能够让我们保持冷静和乐观,更好地面对一切;在庆祝成功或喜悦时,微笑则能够让我们更加珍惜这份喜悦,与他人共同分享。

1. 微笑与身体健康

微笑能够传递出正能量,促进身心健康。它有助于释放压力,减少焦虑,增强免疫系统功能。

2. 微笑增强记忆力

研究表明,微笑和积极情绪能够促进大脑中的神经递质(如多巴胺和内啡肽)释放,这些物质对记忆和学习能力有积极影响。

3. 微笑促进社交

微笑是社交互动中的非语言沟通工具,能够迅速拉近人与人之间的距离,促进友谊的建立。

4. 微笑在业务工作中的应用

在商业环境中,微笑是客户服务的重要组成部分,能够创造舒适、友好的购物或工作环境,增加客户满意度和忠诚度。

5. 微笑解决工作难题

有时候,我们会碰到工作难题,不知所措,微笑有助于减轻工作压力,使人保持冷静和专注,从而更容易找到解决问题的新思路和方法。

6. 表现心境良好

微笑不仅是对外界的一种展示,也是内心情感的真实反映。一个经常微笑的人,往往更加乐观、自信,能够更好地应对生活中的挑战。

7. 微笑时要注意的问题

微笑时应当注意要笑得自然和真诚,注意微笑的场合、微笑的种类及微笑要适度。

二、求职着装礼仪

(一) 个人仪表的重要性

"礼仪"一词,确实最早见于中国古代的经典文献《诗经》和《礼记》。在现代社会,"礼仪"一词的含义已经扩展得非常广泛,它不仅仅是一种外在的行为表现,更是一种内在的道德修养和文化传承。作为一种文化现象,礼仪是个人乃至一个民族素质的重要组成部分。在社会生活中,礼仪是人们处理人际关系、表达友谊和好感的重要符号。通过遵循礼仪规范,人们可以建立起和谐的人际关系,促进社会的稳定和发展。

礼仪对于个人而言,具有多重意义。首先,它可以使一个人变得有道德。礼仪不仅是一种行为准则,更是一种道德要求。通过遵循礼仪规范,人们可以培养自己的道德情操,提升自己的道德水平。其次,礼仪可以塑造一个理想的个人形象。一个懂得礼仪的人,往往能够给人留下良好的印象,赢得他人的尊重和信任。最后,礼仪还可以帮助一个人在事业上取得成功。在商务场合中,遵循礼仪规范可以展现出自己的专业素养和良好形象,从而赢得合作伙伴的信任和支持。

我国是历史悠久的文明古国,五千年来创造了灿烂的文化,被誉为"文明古国,礼仪之邦"。我们的祖先们留下了高尚的道德准则和完整的礼仪规范,这些传统文化为我们现代人提供了宝贵的精神财富。在今天这个快速发展的时代,我们更应该珍视和传承这些优秀的传统文化,让它们在我们这一代人中得到更好的发展和创新。通过学习和践行礼仪文化,我们可以更好地提升自己的综合素质,为社会的发展做出更大的贡献。

仪表,作为人的外在表现,涵盖了仪容、姿态、服饰、风度等多个方面,它不仅仅是外在的装饰,更是个人素养、品位和心态的直观体现。

1. 仪表是素养和品位的体现

一个人的仪表往往能够反映出他的素养、自尊以及品位格调。这不仅仅是对自己的尊重,更是对他人和周围环境的尊重。美国行为学家迈克尔·阿盖尔的实验便证明了这一点:当他以不同的仪表装扮出现在同一地点时,得到的反馈截然不同。这告诉我们,尽管不能以貌取人,但在人际交往中,个人仪表所传达的信息往往比语言更为直接和深刻,它能够反映出一个人的灵魂和内在品质。

2. 仪表和成功联系在一起

一个人的心态对于成功至关重要,而仪表作为心态的外在表现,同样对成功有着不可忽视的影响。优雅得体的仪表能够增强人的自信,使人以更加奋发、进取、乐观的心态去面对现实,处理人生所遇到的各种问题。这种积极的心态往往会赢得大家的青睐,为个人交际和事业的成功奠定坚实的基础。

在求职应聘等场合,仪表的重要性更是不言而喻。现代企业招聘人员时,往往非常注重面试这一环节,而应聘者的仪表则是面试中的首要问题。因为企业的员工是直接与社会、消费者接触的,他们的仪表在一定程度上代表着企业的形象。因此,有着整洁、得体仪表的求职者不仅能够给面试官留下良好的印象,而且入职后还能为企业赢得更多的信任和尊重。

(二)基本着装中的礼仪规范

在社交场合中,着装不仅仅是遮盖身体的基本需求,更是个人形象、气质和态度的直观体现。因此,掌握基本着装中的礼仪规范显得尤为重要。以下是三个主要的着装原则。

1. 整洁原则

整洁原则是着装的基石。无论服饰的款式、颜色或材质如何,保持整洁都是首要条件。整洁的服装能够给人留下积极向上的印象,展现出对交往对象的尊重和对社交活动的重视。整洁并不意味着追求时髦或高档,而是要注重细节,如保持衣物无污渍、无破损、无褶皱,以及合适的尺码和剪裁。

2. 个性原则

个性原则强调在着装中展现个人独特的风格和气质。每个人的年龄、性格、职业和文化素养都不同,因此应该选择适合自己的服装来展现自己的个性。在选择服装时,要深入了解自己的气质和喜好,选择能够突出自己美好气质的服饰。同时,也要避免盲目追赶时髦或模仿他人,而是要根据自己的综合因素来选择合适的服饰。

3. 和谐原则

和谐原则是指着装要与自身体形、年龄、肤色等因素相协调。在选择服装时,要充分考虑自己的体型特点,选择能够修饰和美化体形的款式和剪裁。同时,也要根据年龄和肤色来选择适合的颜色和材质。和谐的着装能够让人看起来更加舒适、自然和协调,展现出良好的个人形象。

(三)男生着装要点

1. 西装选择

选择裁剪良好、款式经典的西服套装,避免过于前卫的设计。
颜色以黑色、灰色、深蓝等深色系为宜,纯色为佳,避免大格子、大条纹等图案。
面料应易于打理且不易变形,以保持整洁和挺括。
学生身份的求职者可根据实际情况选择着装,但应避免运动装,保持整洁和得体。

2. 衬衫搭配

衬衫面料应挺括、优良,色调明朗、柔和。
白色长袖衬衫是首选,其他颜色衬衫需与西装颜色搭配得当。

衬衫需合身,面试前应熨烫平整,避免皱巴巴的感觉。

3. 领带选择

领带是西装的重要配饰,颜色应与西装颜色对比不过于强烈。

领带上至少有一种主色与西装主色相一致,传统条纹、几何图案和佩斯利螺旋花纹是不错的选择。

领带必须干净、整洁、平整,避免搭到皮带上,一般不用领带夹。

4. 皮鞋与袜子

皮鞋以黑色为宜,面试前需擦拭干净并上鞋油,确保完好。

避免选择攻击感强的尖头款式,方头系带皮鞋是最佳选择。

皮鞋和鞋带颜色应尽量一致,以保持整体协调。

袜子是容易被忽视的环节,穿深色西装时避免白色袜子,选择与西装或鞋子同色系或深色的袜子。

袜子长度应适中,以袜口至小腿为宜。

5. 其他饰品

男生最好少戴饰品,越简单越好,不要佩戴项链、手链等。戴眼镜也应该选择使人感觉稳重、协调的镜框佩戴。

(四)女生衣着要点

1. 服装选择

以朴素、得体的裙装或套装为宜,展现出优雅和专业气质。

首选黑色、深蓝、灰色等稳重的颜色,同时要考虑与自己的"肤色属性"相匹配。

避免在寒冷天气下着装臃肿,不要穿运动装、晚礼服或其他奇装异服。透明的薄纱裙、吊带的连衣裙也不适宜。

裙子长度要适中,坐下后露出小腿的一部分即可,不要过短。

2. 衬衣搭配

衬衣的颜色和款式也应以保守为宜,避免透明材质、蕾丝花边或雪纺薄纱等过于花哨的设计。

3. 鞋子选择

选择专业、不花哨的鞋子,颜色应与套装相配,素面的中高跟皮鞋是较好的选择。

夏日避免穿露出脚趾的凉鞋或光脚穿凉鞋,不宜将脚指甲涂成彩色。

4. 袜子搭配

穿裙装时,肉色的丝袜是最佳选择,能增添优雅气质。

穿着时注意拉直袜子,避免给人邋遢的感觉。

确保袜子没有破洞,建议女性携带备用袜子以防万一。

5. 配饰选择

配饰应简洁大方,不宜过多。避免戴手链,戒指一个足矣,且款式要简单。

耳环也应选择简洁的款式,避免过大或过长。

6. 包的选择

包应与整体穿着相搭配,选择中等或小型尺寸的包,皮质为佳。

只带一个手提包,将化妆品、笔、零碎物品有条理地收纳好,避免给人凌乱急躁的感觉。

(五)应届大学生求职面试服装建议

面试时穿什么衣服,其实难倒了很多大学生,看着网络上各种着装建议,最后眼花缭乱,没有头绪,大学生面试到底应该穿什么衣服。

首先是中规中矩,这其实也体现了中庸之道。许多人觉得难得有一次面试时机,一定要充分地展现自己,于是,买了一些过于时髦和前卫的衣服,但其实这是一个极大的误区,一般正规的企业是很欣赏传统、干净、利练的衣服,选购的服装一定是要注重稳重、职业的风格,不一定是针对某一个行业,这样即使是在不同的单位求职面试时,都可以应对。

其次是物美价廉,衣服不需要贵,需要的是得体。应届大学生并没有经济收入,此时很难承受昂贵的服装,招聘公司可以理解,只要衣服得体不突兀、不夸张,面试表现得落落大方就已经很加分了。

最后要注意一些细节方面,衣服应该是干净整洁、平整如新和没有异味的,衣服干净会展现你是一个注重卫生、生活习惯很好的人,会给面试官留下很好的印象。如果穿着衣服不整洁、有褶皱,这些小细节恰恰会让你丢失了入职的机会。因此,在选择衣服的时候,也要注意这些细节,点点滴滴的表现都是你整个人素质的体现,好的着装穿着会让你的面试事半功倍,如鱼得水。

 生涯小贴士

行业与着装要点

1. 金融:着装要有针对性

金融行业相对是个保守、传统的行业,不仅要求男着西装女穿套装,对颜色也有些挑剔,因此面试时尽量不要穿浅色的服装,最好选择藏青色或黑色。

金融企业对求职者最关注的还是他的专业知识,应聘中级以上管理层工作时,求职者一般都要过两关或者三关的面试,在应对不同考官的时候,话题要有一定的针对性:人事部面试观察的是你的沟通技巧或是与公司的文化是否合适;见公司老板时,你可能就要说一些战略性的事情,显得你对自己的专业有比较深的思考。因此在面试之前的准备中,要多看报纸,掌握业内的消息、行业内的一些新变化、市场最新情况,可能应聘企业竞争对手的一些情况也应该做到心中有数。

2.销售:热情韧性

对以销售为主的企业,一般都会问求职者以往最好的业绩,以及应聘者是怎样达到这个业绩的,所提问题关注的是应聘者的热情和韧性,热情是指你对销售的热情态度,韧性更多的是指能够吃苦、不轻言放弃。

对于刚刚走出校门的大学生来说,可能没有销售方面的经验。但是可以通过显示对应聘公司的了解,让面试官感到对销售、对企业的热情。另外,还可以通过校内、校外实习经历,体现出自己在销售这方面的能力,让考官感到自己有潜质去做销售。对于能不能吃苦问题,光说自己不怕苦肯定是不行的,应举出一些实际的例子,譬如暑期打工的时候推销过保险,或者做过直销等事例。

3.公关:品位创造力

公关行业的面试与其他行业相比,除了一般了解性质的面试题外,面试官会问一些突发奇想的问题,这些问题没有固定的答案,其实只是要检验一下求职者的反应力。因为公关业比较注重一个人的创造力,需要反应快。所以有一些应聘者听到这样的问题时,心里会揣摩对方问这个问题是什么意思,左思右想反而可能不如直言相对。

公关行业对从业者会有随机应变的一些要求,所以很多人往往被误导,在面试前会比注重这方面的准备,反而忽略了工作业绩的准备。另外,公关行业虽然崇尚个性张扬,但是还很强调专业性和团队合作的能力,所以在面试时除了表现自己的个性外,也应该适时表现出自己的合作能力。

拓展阅读

服饰的色彩哲学

色彩因其物理特质,常对人的生理感觉形成刺激,诱发人们的心理定式和联想等心理活动。色彩还具有某种社会象征性,不同的色彩象征着不同的性格、情感、追求等。

黑色:象征神秘、悲哀、寂静、死亡,或者刚强、坚定、冷峻。

白色:象征纯洁、明亮、朴素、神圣、高雅、恬淡、空虚、无望等。

黄色:象征炽热、光明、庄严、明丽、希望、高贵、权威等。

红色:象征活力、热烈、激情、奔放、喜庆、福禄、爱情、革命等。

粉红色:象征柔和、温馨、温情等。

紫色:象征高贵、华贵、庄重、优越等。

橙色:象征快乐、热情、活跃等。

褐色：象征谦和、平静、沉稳、亲切等。

绿色：象征生命、新鲜、青春、新生、自然、朝气等。

浅蓝：象征纯洁、清爽、文静、梦幻等。

深蓝：象征自信、沉静、平稳、深邃等。

灰色：中间色，象征中立、和气、文雅等。

服饰配色包括同类配色和衬托配色。同类配色是指相同的颜色进行组合搭配，一般是下浅上深、内浅外深，或者相反。

三、面试礼仪

著名人力资源专家威尔斯说："我们很注意观察应聘者的行为举止。当应聘者来到房间后，我会注意观察他是否等我请他坐下时再坐下。"面试的过程虽然短暂，但足以充分展示应聘者的个人修养和内在素质。从他们的举手投足之间，我们不难捕捉到他们的风度与气质。这些无形的特质往往能真实反映一个人的综合素质。

（一）面试中应注意的礼仪

1. 文明应答

进入面试室前，应轻敲门两次，每次三下，以示礼貌。进门后，应转身面对门，轻轻关门。随后，微笑或鞠躬以示敬意，并主动向面试官问好，如："您好！非常荣幸能够参与这次面试。"这样做有助于拉近与面试官的心理距离，营造和谐的面试氛围。在等待面试官指示入座之前，应保持站立，并保持良好的体态。若需等待片刻，应维持端庄坐姿，避免东张西望或频繁看表等不雅行为。

2. 注意仪表

当面试官讲话时，应以微笑的目光注视对方，适时点头或微笑回应，表示理解和尊重。在回答问题或交流时，应保持真诚、亲切的态度，语气平和，语速适中，声音洪亮，表达清晰。面试结束时，应起身致谢，避免过多冗言。

3. 双手递物

面试中如需递物或接物，应采用双手以示尊重。递送文件、资料等物品时，应确保其正面朝向接收者。若物品有尖锐部分，应将尖头朝向自己，以防误伤他人。接收物品时，应同样用双手，即使是被退回的求职材料，也应点头示意或道谢，以体现专业素养。

4. 注意细节

细节决定成败，面试中的行为举止往往能反映出应聘者的综合素质。有些用人单位会特意设计一些细节来考察应聘者，如故意将扫帚倒在地上，观察应聘者是否会主动扶起。这种测试旨在考察应聘者的行为习惯和细致程度。因此，在面试中，应聘者应时刻保持警觉，注意自己的举止和细节，展现出良好的职业素养和综合素质。

案例导入

关注细节，以小见大

杨欣接到一家公关公司的面试通知后，提前来到了面试地点。提供给应聘者的座位仅有一把联椅，只能坐两个人，由于她来得早，还有一个位子空着，她很自然地坐了上去。

面试官进来的时候，门外已挤满了等待面试的人，而这时又从门外进来两位应聘者，其中有位高跟鞋特别高的女生，杨欣主动站起来把座位让给她："你鞋跟高，站着太累了，你来坐吧。"

就这么一个小细节，面试官都仔细地看在眼里，他们认为杨欣能够替别人着想，做事有礼貌，这是公关人员最基本的素质。

分析：面试时应聘者如果给面试官以"没有团队精神""不懂规矩""没礼貌"的印象，那么表现再好也会打折扣。因为现代企业更看重的是你能不能融入企业的文化氛围中。我为人人，人人为我，两者是相辅相成的。只想着人人为我，从来不会想到我为人人，求职就肯定没戏了。

（二）面试后的礼仪

面试结束后，无论结果如何，保持礼貌和冷静至关重要。首先，向人事主管表达感谢，感谢他们抽出宝贵时间进行面试，并表达你期待进一步沟通的机会。例如，你可以这样说："非常感谢您的面试机会，我深感荣幸。若有机会，我期望能再次与您深入交流。"这样的表达既展示了你的礼貌，又体现了你对机会的积极态度。

道别时，可以选择握手的方式，并再次感谢面试机会。你可以说："再次感谢您给我这次面试的机会，如果未来有幸能加入贵公司，我定会全力以赴。"这样的道别方式有助于维持与面试官的良好关系，并展示你的职业素养。

离开面试室时，确保轻轻关门，并尽量将椅子恢复到原位。这些小细节都能给对方留下良好的印象。经过前台时，不妨主动与工作人员点头致意或简短道谢，如"谢谢，再见"。

走出单位大门，面试过程才算真正结束。但在此之后，还有一项重要的礼仪需要注意：在面试结束后的 24 小时内，向招聘人员发送一封书面感谢信。这封感谢信不仅能够体现你的职业修养和专业精神，还能加深你对公司的印象，为可能的后续沟通打下基础。

求职礼仪是求职过程中不可或缺的一部分，它既包括外在的仪容仪表和举止言谈，也包括内在的修养和素质。充分的准备和恰当的礼仪表达能够帮助你在求职过程中脱颖而出，实现自己的职业目标。

实践活动

班级课堂进行模拟面试环节,不同的面试场景,需同学们选择相适应的服装,男生女生分组进行回答。

第二节　求职材料的准备

求职是一场浩大的战役,需要进行谨慎周密的备战。千里之行,始于足下。求职者需要依据自身特点,在了解目标公司的职位需求的前提下,结合实用有效的技巧,为自己打造一份让面试官眼前一亮的简历和求职信,从而为自己赢得一个笔试或者面试的机会。

在正式制作简历之前,可以先做好准备工作。回忆、收集并核实相关信息,先列出重要标题,如教育背景、学校名称、时间、专业、课程、奖励情况、实习经历、学校社团活动等,将自己的重要信息真实全面地展现出来。

一、准备简历

简历是求职者与公司的第一次正式的接触,它直接决定了你的求职命运。因此,即使你通过了盲审得到了面试的机会,在面试的时候也要带着自己的简历,以备随时将自己的简历递给面试官。

(一)简历的种类

如果将简历分门别类,可以细分为许多种类型。但大体上可分为两种:一种是时序型简历,另一种是功能型简历。简历通常需要中英文两个版本。一般来说,简历的内容必须包括求职者的基本信息和与该职位申请相关的信息。

1. 时序型简历

时序型简历是最常见的简历格式,它按照时间顺序列出了求职者的教育背景、工作经历、实习经验以及所获得的成就。这种简历格式清晰地展示了求职者的职业发展轨迹,使招聘者能够轻松了解求职者的工作实习经历和技能发展。时序型简历特别适合那些有着稳定职业发展路径和丰富工作经验的求职者。时序型简历适合于以下情况:

(1)你申请的职位非常符合你的教育背景和工作经历;

(2)你有在著名公司实习的经历;

(3)你的成就或者荣誉具有连续性。

时序型中文简历模板						
中文姓名				通信地址		
手机号码				邮箱地址		
求职意向						
应聘职位						
教育背景 （时间倒叙）	本(专)科 学校名称	学院 名称	开始 时间	结束 时间	学位 名称	主修 课程
实践活动（时间倒叙）						
公司或 社团名称		职位名称			地点	
公司描述		开始时间			结束时间	
职位描述		工作内容及权责范围				
		工作成果鉴定				
		从工作中得到的经验和锻炼				
获奖情况						
奖项名称				时间		
其他技能		专业技能认证（成绩）				
		英语认证名称（成绩）				
		计算机认证名称（成绩）				
其他资料						

2.功能型简历

功能型简历则更注重展示求职者的技能和成就，而非简单的时间顺序。它强调求职者的专业能力和工作经验，并突出与申请职位相关的技能和经验。功能型简历适合那些工作经验较少、但有特定技能或成就突出的求职者，或者那些想要突出自己某一方面技能而淡化职业路径不连贯性的求职者，符合以下情况可以优先考虑使用功能型简历：

（1）跨专业求职，你具有所申请的职位的相关技能；

（2）你缺乏在著名公司实习的经历，缺少荣誉奖励。

功能型中文简历模板					
中文姓名			通信地址		
手机号码			邮箱地址		
职业目标（总结）	曾经做过的相关工作情况				
	自身具备的素质、技能				
	今后的人生、职业规划				
求职意向					
应聘职位					
实践活动（时间倒叙）					
公司或社团名称		职位名称		地点	
公司描述		开始时间		结束时间	
职位描述		工作内容及权责范围			
		工作成果鉴定			
		从工作中得到的经验和锻炼			
获奖情况					
奖项名称			时间		
其他技能	专业技能认证（成绩）				
	英语认证名称（成绩）				
	计算机认证名称（成绩）				
其他资料					

（二）简历的制作

1.个人信息

①姓名、性别、出生年月（建议使用"出生年月"而非"年龄"，以避免可能的混淆）；
②民族、政治面貌（如果与求职岗位相关，可以提及）；
③籍贯（对于某些有特定地区需求的岗位，籍贯可能是一个考虑因素）；
注意隐私保护，避免在简历中提供不必要的个人信息，如身份证号码。

2. 求职意向

①明确具体岗位,避免模糊或过于宽泛的描述;

②如果针对同一单位的不同职位,可以分别列出求职意向,但最好分别准备对应的简历;

③强调个人职业规划与所申请岗位的匹配度。

3. 教育背景

①学校、院系、专业、学位(按时间倒序排列,最近获得的学历在前);

②课程(选择与申请职位直接相关的课程,并标注成绩);

③其他亮点(如奖学金、荣誉证书、学术成就等)。

4. 工作经历

①就职日期与离任日期;

②公司全称、部门名称(如果适用);

③工作地点;

④职务或职位;

⑤工作职责和具体成就[使用 STAR 法则:situation(背景)、task(任务)、action(行动)、result(结果)]。

5. 奖励情况

①强调奖励的级别和重要性;

②使用具体数字或百分比来量化成就,增加说服力;

③注意奖励与申请职位的相关性。

6. 英语和职业技能

①列出与申请职位直接相关的技能,如英语水平(CET-6、托福、雅思等成绩);

②专业技能(如编程语言、设计软件、行业认证等);

③强调技能的熟练程度和应用能力。

7. 其他个人信息

①个人爱好和特长(与申请职位相关的部分);

②自我评价(简洁明了地总结自己的优势和特点);

③其他对申请职位有帮助的信息(如发表的论文、参与的项目等)。

(三)简历写作原则

1. 真实简洁而非华丽

简历的目的是向招聘者传达关于求职者的关键信息,而不是展示设计才华。因此,设计应简洁大方,避免过于花哨或复杂的布局。突出最重要的信息,如工作经验、教育背景、技能等,并将它们放在简历的显眼位置。避免冗余信息,只包含与职位相关的、能够证明求职者能力的内容。

2.不要一份简历打天下

不同的职位和公司可能对求职者的要求不同,因此需要根据目标职位和公司定制简历。

在定制简历时,要仔细研究目标职位的描述和要求,确保简历中的内容与职位要求高度匹配。

调整简历的语言和风格,以符合目标公司的文化和价值观。

3.充分表达自身的独特之处

突出自己的专业技能和工作经验,尤其是与职位相关的成就和贡献。使用具体的数字、百分比和实例来量化自己的业绩,让招聘者能够直观地了解你的能力。强调自己的独特之处,如特定的技能、证书、项目经验等,以区别于其他求职者。

4.如何展现自己的独特之处

在简历中明确列出自己的职业目标,让招聘者了解你的职业规划和期望。突出自己的核心技能,包括专业技能、软技能(如沟通、团队协作等)和语言能力。在教育背景部分,除了列出学校和专业外,还可以突出自己的学术成就、研究项目或实习经历。在工作经历部分,详细描述自己在工作中的职责、成就和贡献,并强调自己如何解决问题和应对挑战。在简历的结尾部分,可以列出自己的奖励和荣誉信息,以证明自己的能力和价值。

二、准备求职信

求职信是求职者写给用人单位的信,目的是让对方了解自己、相信自己、最终录用自己。求职信是求职过程中至关重要的一环,它不仅是求职者与用人单位建立初步联系的桥梁,更是展示求职者个人才华、能力和态度的重要工具。

(一)求职信的重要性

沟通交往,意在公关。求职信是沟通求职者和用人单位之间的桥梁。通过一定的沟通,在相互认识、交流的基础上,实现相互的交往,是求职信的基本功能。实现交往,求职者才可能展示才干、能力、资格,突出其实绩、专长、技能等优势,从而得以录用。因此,求职信的自我表现力非常明显,带有相当的公关要素与公关特色。

表现自我,求得录用。要达到求职目的,自己就必须充分扬长避短,突出自我优势,在众多的求职者中崭露头角,以自己的某些特长、优势、技能等吸引用人单位。表现自我,意在录用,也是求职信的又一基本功能。

1.沟通桥梁

求职信是求职者与用人单位之间进行初步沟通的媒介。通过求职信,求职者可以向用人单位展示自己的基本信息、求职意愿和优势,同时也可以通过信中的语言和态度传递出个人的职业素养和个性特点。

2.展现个人风采

求职信是求职者展现个人风采和魅力的平台。在有限的篇幅内,求职者需要精心构思、组织语言,以突出自己的专业能力、实践经验、个性特点和职业态度,从而吸引用人单位的注意。

3.突出个人优势

求职信是求职者突出个人优势的重要渠道。在信中,求职者可以强调自己的专业技能、工作经验、学术成就等方面的优势,以及自己对于所申请职位的匹配度和适应能力,从而增加自己的竞争力。

(二)求职信的写作法则

1.定制化求职信

避免使用通用的求职信模板"一稿多投"。每一家公司、每一个职位都有其独特的需求和期望。因此,在撰写求职信时,应针对每个公司和职位的具体要求,突出自己的相关经验和能力,以展示自己与职位的匹配度。

2.求职信与简历的互补性

求职信并非简历的简单复制。虽然二者都用于展示求职者的能力和经验,但各有侧重。求职信应着重于个人对职位的热情、对公司的了解以及为何认为自己适合该职位,而简历则更侧重于详细列出个人的教育背景、工作经历和技能。

3.篇幅与结构

求职信应简洁明了,突出重点。过长的篇幅容易让招聘人员失去耐心,而过短的篇幅则可能无法充分展示求职者的能力和经验。因此,在撰写求职信时,应合理安排篇幅,确保包含足够的有效信息,同时避免冗余和重复。

4.表达自己的独特之处

在求职信中,应充分展示自己的独特之处,这包括个人经历、技能、成就等。当然,展示独特之处并不意味着夸大其词或虚构事实。同时,要避免过于强调自己的不足,这可能会让招聘人员对你的能力产生怀疑。

5.行动并且要有结果

求职信本质上是一种实用商业信函,这就意味着在其中应该减少空泛的形容词堆砌,真正需要的是证据和细节,即动作—结果—素质的匹配程度。

6. 奉献和薪酬的平衡

求职信中不仅要表达自己对职位的渴望和期望,更要强调自己能够为公司带来的价值。这包括你的专业技能、工作经验、对行业的了解以及你对公司文化的认同等。同时,要避免过分强调个人的薪酬和职业发展需求,而忽略了对公司的贡献。

7. 专业格式与行文

求职信作为一种商业信函,应遵循专业的格式和行文规范。这包括使用正式的称呼、清晰的结构、简洁的语言以及专业的术语等。同时,要注意检查拼写和语法错误,以确保求职信的专业性和可信度。

 生涯小贴士

求职模板

××公司负责同志:

您好!我是一名刚毕业的大学生。很荣幸有机会向您呈上我的个人资料。

我是一个热爱生活有着积极向上的生活态度和广泛的兴趣爱好的人,对工作责任心强、勤恳踏实,有较强的创新、组织、协调能力,有一定的艺术细胞和创意,注重团队合作精神和集体观念。

学海无涯,学校的学习时间又很宝贵,因而我一丝不苟地对待基础知识和专业知识,以不断提高自己的理论水平,在专业成绩上一直都得到肯定,并多次获得单科奖学金和学校二等奖学金。计算机等级考试已达学校及本专业所规定标准,热爱英语的我具备较好的英语听、说、读、写、译等能力,并通过大学英语四级和六级考试。

同时我也注重综合素质的不断提高,多次参加各种形式的科技活动,如演讲比赛、诗词朗诵赛、辩论赛、设计比赛等,并多次为学校报刊投稿。这些均得到了老师和同学的肯定。

我相信"是金子无论在哪里都会发光"。从踏入学校开始我就加入了学生会和学生社团,并积极认真地完成其交给我的任务。由于工作认真负责,并积累了一定的综合能力,最后我当上了学生会副主席和学校环保志愿者协会会长。其间成功组织了"迎新生活动""一二·九纪念活动""五四纪念活动""心理工作""学风建设""海报设计大赛""环保时装秀"等一系列学生活动。每一件事无论大小都是我锻炼、学习、成长和进步的机会,每一次我都会好好珍惜和把握。

由于身为学生干部,我有更多机会参加各种形式的社会实践活动。曾多次组织和参加青年志愿者活动和社区志愿服务。组织为西部小学募捐、宣传爱护动物保护黑熊、用具体行动和多种活动倡导环保生活。参加暑期社会实践和大学生暑期"三下乡"实践活动,获得了院系和学校的表彰。在节假日和休息之余做社会兼职,虽然很累,但

是这些既增长了我的社会阅历,开拓了我的眼界,也丰富了我的社会工作经验。

无论工作上还是生活中我都做到诚实、热情,我认为诚信是立身之本,所以我一直是以言出必行来要求自己。由于待人热情诚恳,乐于助人,团结同学,尊敬师长,一直与同学和老师相处得很好,与许多同学建立起深厚的友谊。对这个岗位,我虽不是最优秀的,但我一定是最适合的。因为我热爱它,我能吃苦不怕累,并且有能力将它做好,我会为了公司的佳绩而不断努力!请给我展示的舞台,我会为公司赢得最多的掌声!我会用成绩证明你们的选择是正确的。

希望各位领导能够对我予以考虑,我热切期盼你们的回音。谢谢!

敬礼!

求职人:×××

××××年××月××日

实践活动

根据求职信模板仿写一封求职信。

第三节　笔试和面试

一、笔试

笔试和面试都是企事业单位用来考察和筛选求职者的常见手段。在大规模的员工招聘中,笔试可以有效地一次性了解大量应聘者的基本能力和技术水平,从而快速划分出一个基本符合需要的界限。笔试的适用范围广,且费用相对较低,因此可以大规模地运用,极大地提高了招聘的效率。

(一)笔试的类别

1.技术性笔试

技术性笔试主要针对研发型和技术类职位的应聘者。这类职位对相关专业知识的掌握要求非常高,题目主要涉及工作所需的技术性问题,专业性极强。因此,笔试成绩往往与应聘者在大学期间的学习成绩密切相关。为了成功应对这类考试,应聘者需要具备坚实的专业基础。

技术性笔试的内容通常包括专业知识测试、编程能力测试、系统分析与设计测试等。例如,对于软件开发工程师的职位,可能会涉及编程语言(如 C、C++、Java 等)、数据结构与算法、操作系统、计算机网络等方面的知识。应聘者需要通过编程题、选择题、填空题等多种题型来展示自己的专业能力。

大型公司如 IBM、Microsoft、Oracle 等在招聘研发和技术类职位时,通常会设置技术性笔试环节。这些公司的笔试题目往往难度较大,对应聘者的专业能力和综合素质要求较高。例如,微软工程院在招聘过程中设置的笔试,可能会包含复杂的编程题目和系统设计题目,要求应聘者具备深厚的专业功底和解决实际问题的能力。

2. 非技术性笔试

非技术性笔试除了测试应聘者的英文阅读和写作能力、逻辑思维能力、数理分析能力外,还可能涵盖时事政治、生活常识、情景演绎,甚至智商测试等多个领域。这种多样化的考察方式旨在全面评估应聘者的综合素质和潜力。

英文笔试在非技术性笔试中占有很大的比例,其考察的重点主要是阅读理解能力和写作能力,即表达能力。这种能力在国际化企业和跨文化交流中尤为重要。以KPMG的笔试为例,其英文笔试主要分为两个部分:阅读理解和数学部分。阅读理解部分要求应聘者在规定时间内阅读商业英文材料,并回答相关问题;数学部分则主要考察应聘者从数字和图表中获得有用信息的能力。

3. 数理能力笔试

数理能力笔试通常涉及数列的规律、速算、平面几何和立体几何的一些简单应用。这类笔试的目的是评估应试者的数学逻辑思维和问题解决能力。在考试中,通常不允许携带计算器,因此应试者需要具备快速计算和逻辑推理的能力。

4. 知识域考察

知识域考查主要关注应试者对于常识性问题和时事政治的关心程度。这些问题涵盖了政治、经济、社会和人文的多个方面,旨在评估应试者的知识面和综合素养。由于内容分布广泛,应试者需要注重平时的积累,以便在考试中能够迅速回忆和提取相关知识。

5. 语言理解和表达能力测试

语言理解和表达能力测试类似于高考语文的题型,主要考察应试者的语言素养和表达能力。这包括语病的判断、选择合适的词填入、成语的辨析、句群大意的归纳等。在近年来的校园招聘中,如中国工商银行总行、中粮集团、中国建设银行总行等,都出现了这样的语言理解能力考查题目。这类题目旨在评估应试者的语言敏感度和表达能力,以便在工作中能够准确、流畅地进行沟通。

6. 逻辑推理问题

逻辑推理问题通常包括两种题型:图形推理题和文字分析推理题。图形推理题要求应试者通过观察和分析图形的规律来找出相似的图形或者不属于同类的图形。这种题型考察的是应试者的形象思维和抽象思维能力,特别是将具体图形中的相同或相似的共性找出来并将其元素化的能力。在近年来的招聘中,如中国农业银行、中国邮政储蓄银行等单位的笔试中都出现了这样的图形推理题。

（二）笔试的准备

1. 保持良好的心态

参加笔试，心态最为重要，不要给自己太大压力，笔试前要放松自己，好好休息，保证充足的睡眠，以免考试时状态不佳，影响正常发挥。要放松自己的大脑，精力充沛地去参加考试，争取好的成绩。

2. 了解笔试的类型

在准备笔试前，了解不同类型的笔试是至关重要。不同的笔试类型往往有不同的考试内容和形式，因此，进行有针对性的准备能够大大提高应试效率。例如，公务员考试通常有明确的考试范围和指定的参考书，考生可以围绕这些内容进行有针对性的复习。一些用人单位的笔试可能更加灵活，范围也更广泛，没有明确的参考书。在这种情况下，求职者需要围绕用人单位划定的大致范围查阅相关的资料，以便更好地准备。

3. 学习相关知识

（1）英语能力　对于英文阅读和写作，需要着重培养语感。由于大部分的笔试英文和商业英文在表达习惯和表达技巧方面有相似性，因此通过阅读商业英文报纸或网站来培养语感是一个很好的途径，这样有助于更好地理解和应对笔试中的英文部分。

（2）专业知识　对于大学所学的专业知识，需要进行必要的复习。一般来说，笔试都会有一个大体的范围，可以围绕这个范围翻阅相关的资料，巩固和复习所学过的课程内容。这样可以在考试时更加得心应手。

（3）多加训练，提高快速答题能力　为了适应招聘考试中的题量，需要尽快培养自己快速阅读、快速思维和快速答题的能力。现代阅读观念不仅重视信息的获取，还特别强调速度。因此，在准备笔试时，一定要注重提高做题速度。可以通过多做模拟题和真题来训练自己的快速答题能力。

（4）做好临场准备和加强心理素质　在笔试之前，需要提前熟悉考场环境，以消除应试时的紧张心理。同时，仔细阅读考场注意事项，确保自己按照要求做好各项准备。除了携带必备的证件外，还应准备一些考试必备的文具（如钢笔、橡皮等）。另外，要客观冷静地对自己进行正确评估，克服紧张情绪，增强自信心。这样可以帮助你在考试时保持冷静和自信，发挥出自己的最佳水平。

（三）笔试的方法与注意事项

1. 笔试的方法

（1）测试法　常见的笔试测试法大致分为以下几类：填空法、正误判断法、选择法、问答法。

以上这几种方法在测试时，试题量大，考查的信息量多，重点考查求职者个人的综合知识能力,并且是标准化的试题,更容易有客观的评价。

一般来说,专业知识的测试确实以笔试为主要方式。这种专业知识笔试与传统的笔试方法相似,旨在评估应聘者在特定领域内的知识掌握程度。在实际工作中,许多应聘单位会根据求职者的学历和工作经验来判断其专业知识的水平。

对于应届毕业生来说,他们在校期间的成绩,特别是与应聘工作岗位相关的课程成绩,往往成为判断其专业知识水平的重要依据。这些成绩能够反映出大学生在校期间的学习态度和专业知识掌握情况。

以应聘中学老师为例,应聘者通常需要进行试讲和笔试。试讲是评估应聘者教学能力和表现的重要手段,而笔试则主要考察应聘者对中学相关学科知识的掌握情况。笔试内容可能包括一套中学相关学科的综合练习题,旨在测试应聘者的解题技巧和能力,以及对知识的理解和应用能力。

同样,对于翻译员和工程师等职位,笔试也是常见的测试方式。通过翻译员笔试,可以评估应聘者的语言能力、翻译技巧和对语言文化的理解。而工程师的笔试则可能涉及专业知识、问题解决能力和创新思维等方面。

(2)论文法 论文法是一种以论文或记叙文形式来完成的测试方法。这种方法主要考察求职者的独立思考能力、分析问题的能力、逻辑思维能力和文字表达能力。测试内容通常围绕职业选择的具体问题、对某种现象的分析或写出自己的感想。通过论文法,招聘方可以了解求职者在专业领域内的见解、研究能力和表达技巧,从而评估其是否适合特定的职位。

(3)作文法 这种方法在试题上设定了明确的条件或限制,求职者需要在这些条件下进行创作。例如,试题可能要求求职者针对某个具体事件或现象发表自己的观点,或者根据给定的情境编写一个故事。通过这种方法,招聘方可以考察求职者的创造力、想象力以及对特定问题的理解和分析能力。

2.笔试的注意事项

(1)笔试前 在出发参加笔试前,首先要确保心态放松。检查自己的考试备品,如文具、身份证、准考证等。选择一套自己认为最得体、舒适的服装,展现出专业和自信的形象。

提前出发,建议至少提前10分钟到达考场,避免因为交通拥堵或其他因素导致迟到。如果感到紧张,可以在进入考场前深吸一口气,然后自信从容、面带微笑地走进考场,坐在自己的座位上。

(2)笔试中 进入考场后,再次确认考试的开始时间和结束时间,合理分配答题时间。认真审题,分析试题的要求和考察点,然后有针对性地进行解答。在答题过程中,需要根据题目的难易程度和分值情况来判断答题顺序。优先解答自己熟悉的、分值较高的题目,对于难题或不确定的题目,不要慌张,稳定心态,按照自己的思路进行解答。

注意字迹工整、语言表达规范化和专业化。这不仅能够让阅卷老师更好地理解你的答案，还能展现出你的专业素养。完成答题后，要认真检查自己的答案，确保没有遗漏或错误。不要匆忙交卷，充分利用剩余的时间来检查和优化自己的答案。

（3）笔试后　完成笔试后，不要过多地与他人讨论题目和答案，以免影响自己的心态和情绪。整理好自己的随身物品，安静地离开考场。笔试成绩通常会在一段时间后发布，求职者可以通过官方渠道查询自己的成绩。对于大规模的招聘考试，如国家公务员考试等，可以直接上网查询。在等待考试结果的这段时间里，求职者需要调整好自己的心态，保持积极的心态面对可能的结果。同时，可以继续进行复习和准备，为下一次的求职做好充分的准备。

二、面试

（一）面试的类型和特点

我们通常讲"百闻不如一见"，也就是说，你听别人一直讲，不如亲身经历一次印象更加深刻或更加现实。判断一个事物时，亲身体会的感受是十分重要的，所以企业通过面试直观感受求职者的各方面素质，从而能够有更加准确的判断。

求职者面试是用人单位派人对应聘人或毛遂自荐者进行有目的的面谈。通常情况下，面试官通过观察及交谈，了解毕业生的有关信息，比如一个人的仪表风度、口才、反应的敏捷程度等。通过面试可以全面地考查毕业生的思想修养、行为举止、语言表达和思维应变能力。

 案例导入

在有限的时间内展现自己的闪光点

公务员考试快出成绩的那几天，我特别紧张，后来查到自己拿了高分，但很快又开始更紧张了，一想到要进入单位的最终面试，我就觉得压力特别大，每天都在琢磨怎样才能给面试官们留下好印象。

我本想听大家的建议，去买一套深色正装，配上白衬衫，后来反复思量，觉得这个单位并不是每年都招新人，我上网查了一下，发现这个单位"80后"不多，我要是穿得太像外企白领或太老气横秋，可能都不是单位喜欢的风格，还是给面试官展现自己朝气蓬勃的一面比较好，于是选择了一件样式并不夸张的绿色毛衣。面试那天我特意化了淡妆，自我感觉还不错。一进面试房间，几位面试官就不约而同交换了眼神，我心里一阵窃喜，立马就更加自信了。

最后我在十几名面试者中拿到了第一名的面试成绩，求职成功！

（徐晔，女，27岁，国家机关公务员）

由此可见,大学生在求职过程中,了解和掌握一些面试技巧是十分必要的。有时候求职的成败就在这些细节之中,短时间内,第一印象是十分重要的。一次面试,可能是通往阳关大道的入口,也可能是梦想落空的终点。所以在求职面试时恰当地展示自我是求职成功的关键。

1.面试的类型

用人单位在面试时采用的方式、方法很多,依其内容、形式可以进行以下划分。

(1)按面试形式划分

①模式化面试。面试官根据预设的问题和流程,逐一进行提问,旨在全面了解应试者的基本情况、能力和素质。

②项目式面试。面试官提出一个具体的工作项目或计划,要求应试者完成或解决,以此观察应试者在特定任务中的表现和问题解决能力。

③闲聊式面试。面试官通过轻松的交谈方式,观察应试者的表达能力、思维逻辑和风度举止。

④加压式面试。即面试官有意识地对应试者针对某一问题连续发问,不仅详细,而且步步紧逼,追问到底,直到应试者无法回答。面试官通过连续追问、施加压力的方式,观察应试者在压力下的反应和应对能力,以判断其是否具备应对复杂工作环境的能力。

(2)按面试内容划分

①行为面试。即面试官针对应试者过去的行为和经历提问,以了解其思维方式、决策能力和行为习惯。

②状态面试。面试官关注应试者在工作中的具体行为和相关情境,询问其背后的原因和动机,以评估其工作能力和态度。

③特长面试。面试官针对应试者的特长或专业技能进行测试,如外语水平、写作能力、演讲能力等。

④间接面试。通过电话或视频通话的方式,对应试者进行远程面试,以了解其沟通能力和基本素质。

(3)按参试人数划分

①主导式面试。由一位主要面试官负责提问和评估,其他面试官协助观察或补充提问。

②"围攻式"面试。多位面试官同时对一位应试者进行提问,从不同角度和层面评估其能力和素质。

③讨论式面试。面试官与多位应试者围绕某个话题或问题进行讨论,观察应试者的思维逻辑、表达能力和团队合作能力。

④集体式面试。多位应试者同时参与面试,面试官通过比较和评估,选拔出最适

合的候选人。

以上分类是在一般下的划分,在实际面试中,可能只采用一种方式,也可同时采用多种方式。

2.面试的特点

(1)综合性 面试的综合性体现在可以全方位地评估应试者的各项能力和素质。通过面对面的交谈、答辩以及对问题的反应,可以对应试者的应变能力、实际操作能力、公关协调能力、解决问题能力、创新思维能力进行考察。同时,面试还能对应试者的举止仪态、气质风度、兴趣爱好、脾气秉性、道德品质等非技能性素质做出评定。这种综合性的评估有助于用人单位更全面地了解应试者,从而做出更准确的选择决策。

(2)实效性 面试的实效性体现在它能够直接检验应试者的实际能力和专业水平。与笔试相比,面试可以更加直观地展示应试者的实际操作能力和技术应用能力。通过面试,用人单位可以直接观察应试者的表现,了解其在特定情境下的应对能力和实际操作能力,从而避免笔试中可能存在的"高分低能"现象。这种实效性有助于提高人才选拔的质量和效果。

(3)直观性 面试的直观性体现在它是用人单位与应试者之间的直接交流。通过面试,用人单位可以直观地观察应试者的表现,包括其个性、爱好、特长、动机、愿望、能力、谈吐等方面。这种直观性有助于用人单位更准确地判断应试者是否适合该职位,并做出客观公正的评价。同时,直观性也使得面试成为一种有效的双向沟通方式,有助于用人单位和应试者之间的信息交流和互动。

(4)针对性 面试的针对性体现在它可以根据不同的应试对象和职位需求提出不同的问题。在面试过程中,用人单位可以根据应试者的背景、经验和能力,有针对性地提出各种问题,以便更深入地了解其能力和素质。这种针对性使考查更加科学合理,避免人才选聘中的盲目性。同时,针对性也使得面试成为一种更加灵活和个性化的选拔方式,能够更好地满足用人单位的特定需求。

(二)面试的准备

面试是求职过程中的重要一环,应试者要想在面试中有出色的表现,就要做好必要的准备,"不打无准备之仗"。

1.心理准备

在面试前,做好心理准备是至关重要的。首先,要正视自己,既要肯定自己的优点和长处,也要认清自身存在的不足。这有助于在面试中更加自信地展现自己,同时也能避免在面试官提出相关问题时显得手足无措。

其次,面试不仅仅是用人单位在审视你,你也应该在面试中考察用人单位是否符合你的期望和要求。面试是双向选择的过程,双方都需要以自然、平等的态度进行交流。在面试过程中,保持不卑不亢的态度非常关键。自卑或自负都会给面试官留下不良印象。求职者应该表现出热情、诚意和成熟稳重的形象,这样才能给用人单位留下良好的印象,提高面试成功的概率。

2. 面试材料的准备

面试前,准备好个人的必要材料是必不可少的。尽管你已经提交了简历,但随身携带一份备用简历以及相关的证明材料是明智之举。

同时,随身携带笔和笔记本也是很有用的。在面试过程中,你可能需要记录一些重要的信息,如面试官的姓名、联系方式、单位情况等。这不仅有助于你更好地了解用人单位,还能使你在后续的沟通中更加从容不迫。

另外,注意携带的物品要条理分明。最好只携带一个手提包或公文包,将笔、学历证明、其他工作技能证明等重要物品整齐地放置其中。如有化妆品和零碎的小物品也应该有条理地收好,避免在面试过程中造成不必要的麻烦。

3. 面试时间的准备

面试时间的准备是面试前不可忽视的重要环节。严格守时是对应聘岗位和面试官的最大尊重,也反映了求职者的专业素养和态度。如果求职者匆匆忙忙到达面试地点,甚至迟到,会给面试官留下不良的第一印象,这可能会使面试官认为求职者缺乏应有的礼貌和对此次面试的重视,同时也会使得你在面试的过程中更加紧张和焦虑,最后导致求职失败。因此,提前预留时间是十分必要的。

(三)面试中常提到的问题

在面试过程中,大多数面试考官向求职者提出的问题是多方面的,通常情况下,这些问题都在预料之外,但是如果是面试之前有所准备,就会取得事半功倍的效果。

1. 自我介绍

面试自我介绍应简洁、清晰、客观,突出个人特点。遵循"简洁、清晰、客观"三原则,就求职岗位而言,突出重点,最好在两分钟内介绍完毕。

2. 了解应聘单位

面试前对该公司进行深入研究,了解其背景、文化、业务等。对所应聘的职位内容有所了解,并做相应准备。

3. 自己愿意到应聘单位工作的原因

详细、真诚地介绍自己为何愿意加入该公司,表达对该公司的认可和喜爱。突出个人能力与该职位的匹配度,以及自己对该职业的热爱和追求。

4. 自己的优点和特长

求职者面试前应对自己的能力、特长、个性、兴趣、爱好、人生目标、择业倾向有清醒认识,展示自己如何运用这些优点和特长来胜任该职位。

5.自己的弱点和缺点

坦诚地说明自己的不足,并阐述自己为此付出的努力。展示自己愿意改进和提升自己的决心。

6.今后的打算或工作目标

清晰地说明自己的工作目标和计划,展现自己的远见和规划能力。强调自己如何将这些目标与公司的发展相结合。

7.薪资的要求

不要过早提出具体的薪资要求,但也要确保自己的利益不受损害。可以在面试过程中询问公司的薪酬制度和福利待遇,以便更好地评估自己的期望薪资。

8.自己需了解的其他问题

面试时注意自己的举止和态度,避免不必要的小动作。保持平稳、平实的态度,避免夸张的手势动作。注意坐姿、表情和语气,保持自信、真诚和专业的形象。

学习能力是绝大多数用人单位考核应届毕业生的基本能力之一。下面是一个面试实例。

面试官:你的简历中介绍了你在××大学经济管理学院学的是国际贸易专业,你能介绍一下该专业学习的主要内容吗?

求职者:我们这个专业属于应用经济学的范畴,专业课程主要包括宏观经济学、微观经济学、国际贸易、国际金融、国际营销等。

面试官:你的学习成绩如何?(考察学习能力和逻辑思维能力)

求职者:我专业课平均成绩为89.3,位于班级前20%,有推荐免试上研究生的资格。

面试官:很多人认为大学本科的专业对未来的工作没有什么帮助,你怎样看待这个问题?

求职者:我认为这个问题没有标准答案,需要根据具体岗位进行具体分析。对于工程设计、机械制造、财务管理、法律咨询等岗位,本科阶段的专业学习可以说是基础,没有这个阶段的学习和基本训练,根本无法承担相关的工作;对于行政管理、市场营销等岗位,本科阶段的学习更多地体现在提高学生理论学习、知识应用、思考问题、解决问题的能力方面。当然,从事任何岗位的工作都要有学习能力和认真的态度,我认为这是新员工进入职场后所需的基本素质与能力。

面试官：你如何看待自己的失败经历？请举个例子。（考察应变能力）

求职者：我在校报做记者时，有一次要采访一位全市创新创业大赛一等奖的获得者。不料，获奖者不愿意接受采访，我特别沮丧。因为那期报纸主题已定好，就差采访稿了，结果影响了报纸的出版进度。后来我反思了一下，发现前期准备不足，获奖者可能觉得我没有诚意。在全面了解获奖项目之后，我又多次去找他协商，最终他答应接受采访。

了解所要应聘的公司及职位非常重要，这不仅能帮助你确定自己是否真正适合此岗位，以便做出正确的选择，而且能帮助你应对面试官提出的有关岗位的问题。面试官问此类问题，是为了考察求职者的专业度、忠诚度、岗位关注度及提前准备的能力。下面是一个面试实例。

面试官：你为什么来应聘这个岗位？（考察求职动机）

求职者：首先我非常认同贵公司的企业文化（可简单举例说明自己对该企业文化的理解），同时特别看好贵公司的发展前景，一直很向往加入贵公司。应聘这个岗位是因为我对这方面的工作感兴趣，能够实现自我价值，同时我也具备胜任这一工作的基本能力，希望能够在工作中进一步提高。

应对此类问题，预先掌握一些信息会让面试官相信你加入企业的诚意，要想收集有关企业的资料，可以参考企业发布的年报或业绩简报，如果能向该公司的员工咨询则更好。

（四）面试后的注意事项

1. 告别

（1）注意告别时间　在交谈中，许多求职者普遍重视开头，而忽略了结束，不知道何时应该起身告辞。如何从谈话的气氛中准确地判断结束的时间呢？

留意对方的暗示：当面试官表现出对谈话失去兴趣时，如频繁看手表、改变姿态、目光游离等，应及时意识到是时候告别了。

观察谈话内容：当谈话内容逐渐枯竭，或者出现僵持局面时，应适时结束谈话。

把握主动权：在开始面谈时尽量表达完整，然后预定一段时间来从容结束谈话，从而掌握主动权。

听从面试官指示：当听到面试官说出"今天就谈到这吧""我们会通知你的"等话语时，应主动告辞。

（2）注意礼貌用语　在面试中，不管是被当场录用，还是被告知回去等待结果，或是直接告知你没被录用，都要用礼貌的语言和面试官告别。如被当场录用，应表示感谢并表达合作的意愿。

如未知结果，应再次表明对工作的热情，并感谢对方给予的机会。如被拒绝，也应表达感谢，并希望有机会再次见面。

（3）注意行为规范 面试结束时，求职者应保持微笑，自然站起，为占用面试官的宝贵时间而向对方致谢，并与面试官道别，例如："非常感谢各位领导给了我这次宝贵的面试机会，我为有幸参加贵单位的面试而感到自豪，衷心地感谢各位领导！再见！"不主动与面试官握手，除非对方先伸出手。整理好个人物品，从容离开面试室。在离开前，转身向面试官再次表示感谢和道别。你若最终被录用，这些工作人员都将成为你的领导或者同事，你的礼貌能为你将来的工作提供一个好的开端。

2. 等待

不要立刻打探面试成绩，面试官在结束面试后，可能需要一段时间来评估和比较所有求职者的表现。因此，面试结束后立刻询问面试成绩可能得不到满意的答复。尊重面试流程，等待面试官的通知。如果你对面试结果非常关心，可以在面试后的一两天内通过电子邮件或电话向面试官表达你的感谢，并询问他们是否有进一步的信息或安排。

3. 总结

回顾你在面试中的表现，思考有哪些地方可以改进。这有助于你在未来的面试中更好地展现自己。如果面试成功，可以提前考虑如何为新的职位做准备，包括了解公司文化、熟悉工作职责等。如果面试没有成功，可以思考下一步的求职计划，包括修改简历、寻找其他职位等。

每一次面试结束后，要注意及时总结经验教训。有些求职者去了几家招聘单位，最后都以失败告终，这时找出失败的原因是很重要的。例如，某大学女生宿舍里，大家在为其中一名应届毕业生的几次面试失败而犯愁。这个女生不想考研，选择就业。每天一大早她就赶去人才市场，到了晚上又垂头丧气地回来。平时，她学习成绩好，在校又是优秀生，为什么会在面试时屡遭失败呢？经过同寝室同学的共同分析，大家认为她需要在仪表和服饰上重新塑造自己。由于她平时不太注重个人形象，室友们便把合适的衣服拿出来，进行了服装组合又为她改变了发型。第二天早晨，她打扮一新，精神饱满地再次走进招聘现场，这一次果然有几个用人单位和她签订了意向协议，给了她复试的机会。

大多数求职者是由于面试紧张而被淘汰。例如，在一次招聘会上，招聘岗位是销售工程师，对应聘者的基本要求：勤奋工作，能长期驻外；具有团队精神和创新意识；有一定的销售经验；30岁以下，大专以上学历。在面试地点，有30名求职者排在门外等候，经理决定从这30名应聘者中选出10名作为公司的培养对象。李平是某大学物理专业的本科应届毕业生，他在校期间学习成绩优异，曾多次获得奖学金。李平走进房间后，进行了3分钟的自我介绍，但表达过程中语句不连贯、多次重复话语，显得十分紧张、缺乏自信；在回答经理提出的问题时思路不清，不知道在说些什么，结果李平的面试以失败而告终。

面试官分析李平失败的原因就是学生气太重,社交能力太差,不适合销售岗位的工作。

  **案例导入**

过分表现自己

参加招聘会时,国际贸易专业的小金"杀"入了一家国内知名企业的面试现场,据说投简历的就有200多人,最后获得面试资格的只有30多人。在3人一组回答面试官的问题时,小金觉得要脱颖而出必须表现得更积极。所以在回答时,总是抢在别人前面,多说两句。

面试官看到这一点,特意问他:"如果你跟同事发生了矛盾,怎么办?"小金不假思索地说:"最重要的是工作,有没有矛盾无所谓。"一个星期后他被告知不必参加复试了,因为公司觉得他不注重团队合作精神。

分析:自信和骄傲有时就在一线之间,骄傲的人令人生厌,没有团队合作的概念,不合群的人也很难受到青睐,用人单位不会喜欢一个单打独斗的"独行侠"。

好高骛远

"我的首选是出国,其次是上海,再不行待在杭州也可以。"在一家跨国公司的面试现场,当被问到"你打算在哪里开始你的职业生涯?"时,社会学专业的小林这样回答。考官皱着眉头问:"我们打算在一些二线城市开拓市场,你有没有兴趣?""说实话,我本来就是从小地方来的,如果还回到那里,有点无颜面对父老。还是大城市更适合我吧。"

分析:从哪里开始自己的职业生涯,并不意味着就此度过一生,关键还是看自己的能力。如果顾及"面子"问题,不愿意到一些相对困难的地方去,往往会被认为缺乏吃苦耐劳精神,这是很多用人单位的"大忌"。

思考题

1. 如何训练自己的标准姿态?
2. 如何进行面试前的准备,怎样设计自己的简历和求职信?
3. 就你而言,面试成功的关键是什么?
4. 结合实际情况分析自己参加面试时应注意哪些问题。

就业程序及权益保护

学习目标

1. 了解就业的基本程序。
2. 认识就业协议和劳动合同。
3. 了解就业权益的基本内容。
4. 提高就业侵权行为的防范意识。

学习导读

　　就业程序是毕业生自身在求职择业中所遵循的合理步骤,而就业权益保护则是毕业生迈入职场第一步的稳健基石。本章将详细解读就业程序的全过程,并帮助毕业生充分了解劳动者的权益保护,从而在求职与工作中更加得心应手。

第一节　就业程序与就业手续

案例导入

　　临近毕业,小王与某股份公司签订了就业协议,并约定了违约金为 1 万元,同年小王被派遣到该公司的上海子公司工作,后来双方签订了为期 3 年的劳动合同,次年小王提出辞职,上海子公司要求小王支付 1 万元违约金,小王将该股份公司和子公司告上法庭,小王认为就业协议是自己与该股份公司签订的,子公司无权按照协议向他收取违约金,公司认为子公司代替母公司收取违约金并无不当,要求驳回小王的诉讼请求。

　　法院审理后认为,高校大学生在签订劳动合同前不需缴纳社会保险、不纳入失业登记、不享受失业救济,因此不具有《劳动法》上劳动者的身份,毕业生就业协议书并非劳动合同,而是一般的民事协议,应适用《民法典》而非《劳动法》。法院认为,就业协议的功能在于确保一方当事人按照协议到约定地。本案中,小王在毕业后被该股份公司派遣到上海子公司工作,因此小王与该股份公司的协议已履行完毕,此后该公司要求小王依照协议支付违约金,缺乏依据,因此做出了以上判决。

类似的案例在现实生活中屡见不鲜,大学毕业生应该认识到,在踏入社会之前加强对就业协议、劳动合同、就业相关法律和法规、就业权益保障等内容的学习是十分必要的,是实现顺利就业的一个重要保障。

一、就业程序与就业手续概述

(一)就业程序基本概念

就业程序不仅是就业管理部门的一般工作程序,同时也包括毕业生就业计划的制订、执行过程,是毕业生在求职择业中所遵循的合理步骤。大学毕业生就业是一项政策性很强的工作,不同学校、不同层次、不同类别的毕业生在就业办法和就业规定方面略有差异,毕业生应了解国家主管部门、各省(区、市)等有关部门和本学校的就业程序。

(二)就业管理部门的基本工作程序

高校毕业生求职择业前应了解毕业生就业管理部门的工作程序及相关的就业政策,收集处理信息,做好资料准备和心理准备,慎对应聘和签约。目前,高校毕业生的就业管理机构主要有教育部、国务院有关部委和各省(区、市)、政府主管部门和高等院校。这些管理机构的工作程序和内容大致如下:

第一,分析形势,制定政策。教育部对年度国民经济发展和国家重点建设情况开展调查研究,制定相应的政策,从而确定年度的就业工作指导意见。各省(区、市)政府、直辖市、中央各部委按照有关文件精神制定出本地区、本部门所属高校毕业生就业工作的具体意见。各高等学校根据国家就业方针政策和规定以及学校主管部门文件要求,结合本校毕业生实际情况,制定本校毕业生就业工作细则。

第二,生源统计和资格审查。生源统计内容包括毕业生毕业专业、姓名、性别、政治面貌、家庭所在地、培养类别等。生源统计是一项十分重要和严肃的事,既不能有丝毫差错又不能弄虚作假,凡是属于国家正式派遣的毕业生都必须是招生时列入国家任务计划内招收的学生。各高校负责本校毕业生的资格审查工作,及时向主管部门和地方调配部门报送毕业生生源情况。省、自治区、直辖市主管部门负责本地区毕业生的生源统计工作,并按时报送教育部。

第三,就业指导。各高校对应届毕业生进行就业指导,包括思想教育、政策指导、形势分析、信息指导、心理辅导、技术指导等,目的是帮助毕业生根据自身特点和社会职业需求,选择最能发挥自己才能的职业,全面、迅速、有效地与工作岗位结合,实现自己的人生价值和社会价值。

第四,供需见面和双向选择。供需见面和双向选择活动是毕业生落实就业单位的重要方式。各地区、各部门和各高校的就业管理机构采取多种形式,召开校园招聘会和开办毕业生就业市场,为毕业生求职择业创造条件、提供服务。毕业生在学校的指导下可直接参加这类活动。

第五，《就业协议书》的签发。经供需见面和双向选择后，毕业生、用人单位和学校三方签订毕业生就业协议书，作为毕业生报到就业的依据。签订方式包括线上签约和线下签约。

第六，报到接收工作。毕业生按时按要求到单位报到，用人单位应根据工作需要和毕业生所学专业及时安排工作岗位和岗前培训等。

(三)就业手续的办理

在了解了基本的就业程序基础上，毕业生应梳理好毕业前该做的事项，有顺序地办理好各种离校就业手续。根据《国务院办公厅关于进一步做好高校毕业生等青年就业创业工作的通知》(国办发〔2022〕13号)文件要求，简化了毕业生就业的相关手续。

1.取消就业报到证

从2023年起，不再发放全国普通高等学校本专科毕业生就业报到证和全国毕业研究生就业报到证(以下统称就业报到证)，取消就业报到证补办、改派手续，不再将就业报到证作为办理高校毕业生招聘录用、落户、档案接收转递等手续的必需材料。

2.建立毕业去向登记制度

从2023年起，教育主管部门建立高校毕业生毕业去向登记制度，作为高校为毕业生办理离校手续的必要环节。高校要指导毕业生(含结业生，下同)及时完成毕业去向登记，核实信息后及时报省级教育部门备案。实行定向招生就业办法的高校毕业生，省级教育部门和高校要指导其严格按照定向协议就业并登记去向信息。高校毕业生到户籍和档案接收管理部门办理相关手续时，教育部门应根据有关部门需要和毕业生本人授权，提供毕业生离校时相应去向登记信息查询核验服务。具体流程如下：

(1)毕业生自主登记和确认毕业去向

①离校前，进行毕业去向登记。毕业生在离校前及时使用去向登记系统自主登记个人毕业去向信息，高校要严格审核把关登记信息，确保真实准确。毕业生通过"国家大学生就业服务平台"使用学信网账号登录全国高校毕业生毕业去向登记系统，根据提示进行去向登记。毕业生去向信息登记后有变更的，需在当年8月31日前及时进行更新。实行定向招生就业办法的高校毕业生，要严格按照定向协议就业并登记去向信息。

②离校时，进行毕业去向确认。毕业生在离校时统一使用全国登记系统对毕业去向信息进行确认。确认时毕业去向、档案转递、户口迁移等信息有变更的，须在原有登记系统更新，更新完成后再予确认。确认后，毕业生可在全国登记系统查看(或下载)本人去向登记信息表。

(2)按需提供毕业去向登记信息查询核验服务　提供毕业生离校时去向登记信息查询核验服务，是户籍和档案接收管理部门办理相关手续的重要支撑。全国登记系统依据毕业生去向信息生成毕业生去向登记信息表、转递编号和核验编号,根据有关部门需要和毕业生本人授权,提供相应查询核验服务。根据户籍或档案接收管理部门需要,毕业生可将本人去向登记信息表或核验编号、核验二维码,提供给相关部门查询核验。户籍或档案接收管理部门可使用毕业生姓名、转递编号或核验编号在全国登记系统在线核验,或使用核验二维码在学信网 App 扫码核验。

3. 提供求职就业便利

应届高校毕业生可凭普通高等教育学历证书、与用人单位签订的劳动(聘用)合同或就业协议书,在就业地办理落户手续(超大城市按现有规定执行);可凭普通高等教育学历证书,在原户籍地办理落户手续。教育部门要健全高校毕业生网上签约系统,方便用人单位与高校毕业生网上签约。对延迟离校的应届高校毕业生,相应延长报到入职、档案转递、落户办理时限。

4. 积极稳妥转递档案

高校及时将毕业生登记表、成绩单等重要材料归入学生档案,按照有关规定有序转递。到机关、国有企事业单位就业或定向招生就业的,转递至就业单位或定向单位;到非公单位就业的,转递至就业地或户籍地公共就业人才服务机构;暂未就业的,转递至户籍地公共就业人才服务机构。档案涉密的应通过机要通信或派专人转递。公共就业人才服务机构要主动加强与高校的沟通衔接,动态更新机构服务信息,积极推进档案政策宣传服务进校园,及时接收符合转递规定的学生档案。档案管理部门要及时向社会公布服务机构名录和联系方式。

5. 推进体检结果互认

指导用人单位根据工作岗位实际,合理确定入职体检项目,不得违法违规开展乙肝、孕检等检测。对外科、内科、胸透等基本健康体检项目,高校毕业生近 6 个月内已在合规医疗机构进行体检的,用人单位应当认可其结果,原则上不得要求其重复体检,法律法规另有规定的从其规定。用人单位或高校毕业生对体检结果有疑问的,经协商可提出复检、补检要求。高校可不再组织毕业体检。

(四)毕业生户籍关系、档案的转递

1. 毕业生户籍关系的办理

(1)入学时户口已迁入学校的毕业生　毕业生入学时已将本人户口迁入学校,凭毕业证到学校相关部门统一办理户口迁移证。到用人单位报到时,毕业生持户口迁移证办理户口迁入手续。人事代理的毕业生到人才中心办理户口迁入手续。

(2)入学时户口未迁入学校的毕业生　毕业生入学时,户口关系未迁入学校,仍然在原籍的,凭毕业证、就业协议书到生源地户籍管理部门办理户口迁移证。到用人单位报到时,毕业生持户口迁移证办理户口迁入手续。人事代理的毕业生到人才中心办理户口

迁入手续。

2. 毕业生档案的转递

（1）什么是档案　毕业生档案是学生毕业前家庭情况、学习成绩、身体状况等的文字记载材料，是用人单位选拔、聘用毕业生的重要依据。在校时叫学籍档案，毕业后叫人事档案。它是个人经历的记录，也是人事管理和服务的依据。

（2）档案里都有什么　档案里主要有新生入学登记表、高校毕业生登记表、学习成绩单、在校期间的一切奖惩材料、入团入党志愿书以及其他具有保存价值、应予归档的学生个人材料。

（3）档案有什么作用　档案除了供用人单位考察录用人员之外，也是维护个人权益和福利的凭证，无论是工作调动、考研、公务员招考，还是职称评审、考资格证、工龄认定、社保办理、住房补贴发放、入党、办理退休等，都要用到它，所以毕业生千万不能大意。

（4）毕业后档案怎么处理

①没找到工作，档案能在学校存多久？

可将档案转至生源地或经学校同意暂时留在学校，按照政策，学校只代为保管 2 年。超过 2 年未落实工作单位，学校会将档案发回原户籍所在地公共就业和人才服务机构保管。

②去留学，档案怎么处理？

一般存放在留学服务中心或人事代理机构，海外学历有专门的认证机构。

③到机关、事业单位、国有企业就业，档案如何处理？

高校毕业生到具有档案管理权限的机关、事业单位、国有企业（不包括劳务派遣）就业的，由单位直接接收、管理档案。

④到私企/外企就业，档案如何处理？

到无档案管理权限的单位（私营企业、外资企业等）就业的，可由各地公共就业和人才服务机构负责提供档案管理等人事代理服务。

（5）档案转递方式　学校依据有关规定将毕业生档案及时转递到相应单位。根据档案管理规定以及各级档案管理部门的要求，原则上毕业生档案只能由学校统一转递，毕业生本人不能自带档案。

（五）人事代理和劳务派遣

1. 人事代理

人事代理是毕业生择业过程中，由用人单位或毕业生本人委托各级人才流动服务机构对其人事关系实行社会化管理的一种人事管理方式。人事代理可以高效、公正、负责地为各类毕业生解决在择业、就业中遇到的人事方面的有关问题，并提供以档案管理为基础的社会化人事管理与服务。

（1）需要办理人事代理的毕业生

①凡通过双向选择，择业期间内已同外资企业、股份制企业、私营企业等非国有单位（没有直接档案接收权的单位）和实行聘用制的国有企事业单位签订就业协议书的毕业生或在以上单位工作，但尚未签订就业协议书的毕业生。

②择业期内暂未落实就业单位、自费出国留学、自主创业、自主择业等各类毕业生。

（2）人事代理的服务项目和益处

①实现落户口和档案转递。毕业生办理人事代理手续以后，妥善解决了档案及户口托管问题，不再为户口和档案问题烦恼，实现了用人单位对聘用毕业生人事关系管理和使用的分离，有利于单位实现用人自主权。对毕业生个人来说，有利于促进人才流动，实现自主择业。

②保障自身各项权益。可以享受到与国有单位工作人员相同的人事待遇，一旦毕业生正式进入国有单位，可享受转正定级、干部身份的保留、工龄的计算、档案工资调整、职称资格评定等待遇。对毕业生的资历认定、提高待遇和核定工资等具有重要意义，不会出现断档情况。

③方便改签和办理人事调动手续。在择业期内，委托代理机构为改签的毕业生办理户口迁移和档案提取手续；超过择业期后涉及工作调动的，委托代理机构凭毕业生所持正式手续，协助为其办理户口迁移和档案提取手续。

④出具相关证明。涉及考研升学、结婚生育、参加养老保险、党组织关系的毕业生，依据有关规定，委托代理机构可为其出具以档案材料为依据的相关人事证明等，并协助为其办理相关手续。

（3）人事代理重要问题解答

①人事代理毕业生见习一年期满后，转正定级如何办理？

委托人事代理的应届毕业生见习一年期满后，存档人员按国家规定可申请办理转正定级。转正定级虽然对在非国有单位工作意义不大，但是转正定级后意味着干部身份的正式确定，如果变动工作调入国有单位，转正定级将作为享受有关待遇的主要依据。

②人事代理毕业生可以初定职称吗？

可以。国家规定，全日制普通院校毕业生，见习一年期满后，经考核合格，即可在转正定级之后，申请办理初定专业技术职务手续（个别职称系列除外）。人事代理毕业生可于见习期满的当年10月，向人才交流中心申请办理相应职称（职务）初定手续。如果毕业生在择业期内不办理人事代理，将影响其有关资历的认定、待遇的提高和就业的机会。

③人事代理毕业可以调整档案工资吗？

根据国家规定，国家机关、事业单位调整工资时，凡是在人才交流中心管理人事档案并保留干部身份的人员，本人符合国家规定的升级条件，可按照国家规定的调资政策核定其增资额，记入本人档案。行政机关、事业单位招录人员核定工资，以档案工资为依据。

④人事代理毕业生党组织关系怎么办？

人事代理毕业生中的中共党员,其组织关系可以转到其所在工作单位或社区,也可以随档案转到人才交流中心,并编入所属党支部参加党员活动。毕业生在校期间入党后未转正的,可在转正期满前1个月向所在党组织提出转正申请。

⑤人事代理毕业生中的工龄如何计算？

毕业生到人才交流中心报到之日起开始计算工龄。工龄是毕业生进入国有单位享受工资晋升、职务升迁、退休、保险等待遇的依据之一。

⑥人事代理毕业生可以考研吗？

答:可以。在研究生招生报名阶段,人才交流中心可以为其出具同意报考及档案所在地证明;录取阶段,凭招生学校调档函可以在人才交流中心办理录取的政审(政审通不过的不能录取),凭录取通知书人才交流中心可办理人事关系、工资关系、党员组织关系的转移手续。

2.劳务派遣

(1)什么是劳务派遣　“劳务派遣”,又称“劳动派遣”“劳工派遣”“劳动力租赁”,是派遣单位根据用工单位(即实际用人单位)的要求,与用工单位签订派遣协议,将与之建立劳动合同关系的劳动者派往用工单位,受派劳动者在用工单位的指挥和管理下提供劳动,派遣单位从用工单位获取劳务费,并向劳动者支付劳动报酬的一种特殊劳动关系。

“劳务派遣合同”是指派遣单位与用工单位订立的由一方提供劳务而由另一方支付劳务费的合同。

一般是国有企业或事业单位没有编制但又需要用人的时候就会用劳务派遣人员,而劳务派遣人员是属于劳务派出公司的人力资源,暂时还不属于用工单位员工,等到用工单位有编制后可以转为用工单位员工。但是劳动派遣人员所享受的待遇和社会保险与用工单位的正式员工都是一样的。

(2)劳务派遣合同需要注意什么　《劳动合同法》对劳务派遣中的合同签订提出了全新的要求。一份完备的派遣合同会大大降低企业在派遣过程中的法律风险,用工单位在签订派遣合同时最关键的是注意派遣合同是否“责权明晰”,主要包括六个方面:

①明确规定派遣单位签订劳动合同的义务,防止派遣公司不签、迟签劳动合同。

②明确规定派遣单位有缴纳社会保险的法定义务并承担没有依法缴纳的法律责任,防止派遣单位不缴、漏缴社保。

③派遣单位如果拖欠克扣工资会导致员工难以安心工作,用工单位在派遣合同中应明确规定派遣单位发放工资的日期,并规定未经用工单位同意,派遣单位不得以任何名目直接扣除员工工资。

④双方可以约定派遣员工在哪些情形下可以退回劳务公司及员工退回方式。

⑤双方可以约定工伤事故、劳动纠纷如何处理,费用如何分摊。

⑥双方应当明确约定违约责任,用工单位在派遣合同中应明确规定派遣单位违约应承担所有损失并且用工单位有权解约。

二、就业协议与劳动合同

(一)就业协议

1. 什么是就业协议

就业协议是全国普通高等学校毕业生就业协议书的简称,又叫三方协议。它是明确毕业生、用人单位、学校三方在毕业生就业工作中的权利和义务的书面表现形式,能解决应届毕业生在户籍、档案、保险、公积金等一系列相关人事劳动问题。

(1)就业协议书管理办法

①毕业生与用人单位达成一致意见上后,须签订就业协议书。

②就业协议书一式三份,分别由毕业生、用人单位和高校各持一份。

③毕业生和用人单位签署意见之后,双方应全面履行协议。一方违约,另一方可依法追究其违约责任,并要求其赔偿违约金,违约金另行约定。如毕业生或用人单位未如实向对方介绍与签订本协议相关的己方情况或隐瞒不良事实,足以影响对方签约意愿的,对方可单方解除本协议,不承担违约责任。

④甲乙双方协商一致,可以变更协议中双方约定的条款或解除协议。变更或解除协议,应采用书面形式,由双方各执一份。

(2)就业协议书的主要内容

①毕业生应按国家法规就业,向用人单位如实介绍自己的情况,了解用人单位的使用意图,表明自己的就业意见,在规定的时间内到用人单位报到,若遇到特殊情况不能按时报到,需征得用人单位同意。

②用人单位要如实介绍本单位的情况,明确对毕业生的要求及使用意图,做好各项接收工作。

③学校要如实向用人单位介绍毕业生的情况,做好推荐工作,用人单位同意录用后,经学校审核列入建议就业计划,报主管部门批准,学校负责办理派遣手续。

④各方应严格履行协议,任何一方违反协议,都应承担违约责任。

⑤其他补充协议。

(3)就业协议书的样式　如图9-1所示。

郑州大学毕业生就业协议书

学号：

毕业生信息	姓名		学院		政治面貌		民族	
	性别		专业		联系电话		学制	
	毕业时间		学历		电子邮箱			
	家庭住址							
用人单位信息	单位名称				单位性质			
	单位隶属				联系人			
	通讯地址				联系电话			
	档案接收单位				档案转寄详细地址			

用人单位意见： 签　章：	用人单位上级主管部门意见： (有用人自主权的单位此栏可略) 签　章：	学校毕业生就业管理部门意见： 签　章：

用人单位和毕业生已通过"郑州大学毕业生就业创业服务网签约平台"签订了就业协议。协议内容如下：

一、用人单位如实向毕业生介绍本单位情况，以及应录(聘)工作岗位情况，现通过对毕业生的了解、考核，同意录(聘)用毕业生;毕业生如实向用人单位介绍自己的情况，现通过对用人单位的了解，愿意到用人单位 就业并在本协议约定期限内报到。

二、本协议是双方在正式确立劳动人事关系前，经双向选择，双方互为确认对方相关信息真实可靠并承诺在本议规定的期限内建立劳动人事就业关系的依据。

三、用人单位录(聘)毕业生工作岗位为＿＿＿＿，工作地点为＿＿＿＿＿，报到期限为＿＿年＿＿月前，报到地点为＿＿＿＿＿＿。毕业生被录(聘)用后。试用期为＿＿天，试用期起薪为＿＿＿元/月，转正后起薪为＿＿＿元/月。毕业生在用人单位工作期间，用人单位按国家法律、法规、政策规定为学生缴纳社会保险(包括养老、医疗、失业、工伤、生育等保险)，提供相关福利，以及符合国家规定的劳动安全卫生条件和劳动防护用品。

四、当乙方因录用为公务员、升学(留学)、参加国家及地方政府项目(选调生、选聘生、大学生志愿服务西部计划、"三支一扶"、农村特岗教师计划、入伍等)就业，而无法履行本协议的，双方另行约定。

五、双方应全面履行协议。一方违约，另一方可依法追究其违约责任，并要求其赔偿违约金，违约金另行约定。如毕业生或用人单位未如实向对方介绍与签订本协议相关的己方情况或隐瞒不良事实，足以影响对方签约意愿的，对方可单方解除本协议、不承担违约责任。

六、甲乙双方协商一致，可以变更协议中双方约定的条款或解除协议。变更或解除协议，应采用书面形式，由双方各执一份。符合下列情况之一，经书面告知对方后，本协议解除:1、用人单位被撤销或依法宣告破产;2、毕业生报到时未取得毕业资格;3、毕业生被判处拘役以上刑罚;4、法律、法规、政策规定的其它情况。

七、用人单位及毕业生双方因履行本协议发生争议，由双方协商解决，或提请有关部门协调解决，也可向人民法院提起诉讼。

八、未尽事宜，由用人单位及毕业生双方依照有关法律、法规和政策另行约定。另行约定事宜，视为本协议书的一部分。双方订立劳动合同(聘用合同)后，本协议自动终止。

学校地址：河南省郑州市科学大道100号
就业手续：0371-67730049/67730050
企业招聘：0371-67781190/67781193
E-mail：zzujob@163.com
郑州大学就业创业服务网：https://job.v.zzu.edu.cn

郑州大学就业创业指导服务中心微信公众号

图9-1　郑州大学毕业生就业协议书样式

2. 就业协议签订的原则

就业协议签订的原则是指三方在签订就业协议时必须遵循的基本原则。

(1)主体合法原则　签订就业协议的当事人必须具备合法的主体资格。

对毕业生来说，必须能够取得毕业资格，如果学生在派遣时未取得毕业资格，用人单位可以不予接收而无须承担法律责任。对用人单位来说，必须具备从事各项经营或管理活动的能力，单位应有录用毕业生计划和录用自主权，否则毕业生可解除协议而无须承担违约责任。对高校来说，应根据用人单位的要求如实介绍毕业生的在校表现，也应如实将掌握的用人单位的信息发布给毕业生。高校是毕业生就业协议的一个重要组成部分。

(2)平等协商原则　就业协议的三方在签订就业协议时的法律地位是平等的，一方不得将自己的意志强加给另一方。学校也不得采取行政手段要求毕业生到指定单位就业(不包括有特殊情况的毕业生)，用人单位亦不应在签订就业协议时要求毕业生缴纳各种非法费用。毕业生、用人单位、学校的权利和义务应该是一致的。除协议书规定内容外，三方如有其他约定事项可在协议书"备注"栏中加以补充确定。

3. 就业协议的签约流程

毕业生与用人单位在供需见面、双向选择达成一致意见后，可以进行签约，目前很多高校开通了网上签约流程，以郑州大学为例，网上签约流程如下：

(1)学生端签约流程

①登录郑州大学就业创业服务网(https://job.v.zzu.edu.cn)并点击"签约中心"，选择"学生入口"。

②修改并完善首页面签约信息(即完善生源信息，如已完善可直接进行下一步)。

③"申请签约企业"模块，如果签约单位是就业网注册企业，选择"注册企业"签约，以关键词搜索企业，确认所签约的企业，并发送申请，等待企业回应；如果签约单位是非就业网注册企业，选择"非注册企业"签约，按要求提交签约企业信息，保存提交后，等待学校审核通过即可打印就业协议书，无须企业回应。

④在"我申请的企业-接受申请的企业"中查看企业并在完整阅读理解"协议内容"之后点击"签约"，签约流程完成，与企业的就业三方协议即时成立并生效。

⑤学校后台审核签约字段的完备性并做出通过与否的判定，审核通过的签约显示"打印协议书"选项；审核一般会在签约完成之后的一个工作日内进行，无须电话告知。

⑥选择学生端或企业端打印"就业协议书"。

【注释说明】

①就业协议书：学生端及企业端均可打印；协议书需按要求先签用人单位及上级主管部门/人事部门印章，后由学校大学生就业创业指导服务中心签章；协议书是否打印、是否签章不作为就业三方协议是否成立的依据，仅作为学生办理就业手续的纸质要件，

企业亦可视情况在内部使用。

②个性约定:企业与学生的个性约定(包括但不限于薪资待遇、工作地区、解除就业协议手续等)可以书面形式,附加在"郑州大学毕业生就业协议书"背面,双方签字后具备同样效力。

(2)企业端签约流程

①登录郑州大学就业创业服务网(https://job.v.zzu.edu.cn)并点击"签约中心"—"企业入口":用户名、密码分别为招聘预约时申请的账户与密码;未注册的用人单位需要先行注册。

②完善签约信息:接收档案的单位,除了扩展项1~4之外,其他所有项非空;电话号码中只允许数字出现;组织机构代码只支持9位或18位(建议18位);单位实际所在地、档案邮寄地址等需到区县级。不接收档案的,系统默认档案回毕业生生源地。2023年1月1日起,教育部取消报到证办理,故报到证抬头单位及抬头单位所在地区均填写签约单位及签约单位所在地(注:接收档案的单位,是指户口和档案存放在就业单位或就业单位所在地的公共就业服务机构的情况)。

③在"申请签约的学生"模块查看所有申请学生信息,并选择"接受"或"拒绝"(提醒:用人单位若与学生已达成就业共识,请务必协商好"岗位名称""报到日期""工作地点""试用期工资""转正后工资""违约金"等相关签约信息)。

④学生在就业网"签约中心"的"我申请的企业–接受申请的企业"中选择企业并点击"签约",整个签约流程完成。

⑤学校后台审核签约字段的完备性并做出通过与否的判定,审核通过的签约显示"打印协议书"选项。审核一般会在签约完成之后的一个工作日内进行,无须电话告知。

⑥选择学生端或企业端打印"郑州大学毕业生就业协议书"。

4. 签约信息填写的基本规范

(1)毕业生基本情况 此部分内容要求毕业生如实通过网签系统详尽填写,不能有遗漏,更不能提供虚假信息。姓名以学籍档案为准;专业名称应为所学专业规范全称,不能简写和错写;应聘意见应简洁、明确,并签署个人姓名。

(2)用人单位基本情况 此部分内容由用人单位填写。用人单位要向毕业生如实介绍本单位的情况,包括单位名称、所有制性质、联系人、联系方式、档案转寄详细地址、户口迁移地址等。其中单位名称应与单位公章一致,不能简写、误写或写别名。

5. 签订就业协议的注意事项

签约是非常严肃的事情,也是一种法律行为,因此签约前的了解、学习、洽谈十分重要。

①认真学习就业协议书中的签约须知或说明,熟悉就业协议书中的注意事项。

②毕业生到用人单位报到后,毕业生和用人单位要签订劳动合同,试用期也要签订

试用期合同。因此,在签约前了解合同书的内容是十分必要的,尤其是合同书约定的工作年限和待遇。

③为避免到用人单位报到后发生纠纷,签约前达成一致的意见(如收入、住房和保险等福利待遇)最好在协议书备注中写明。

④毕业生必须信守协议。如果万不得已要单方面毁约,就必须在规定的时间内征得原签约单位同意,经学校毕业生就业指导与服务部门批准,并按照有关规定缴纳一定的违约金,方可列入计划另行派遣。

6.就业协议的解除和违约

(1)就业协议的解除分类 就业协议的解除分为单方解除和三方解除。

单方解除,包括单方擅自解除和单方依法或依协议解除。单方擅自解除协议,属违法行为,解约方应对另两方承担违约责任。单方依法解除或依协议解除,是指一方解除就业协议有法律上或协议上的依据,如学生未取得毕业资格,用人单位有权单方解除就业协议,或依协议规定,毕业生未通过用人单位所在地组织的公务员考试,用人单位有权解除协议,此类单方解除,解除方无须对另两方承担违约责任。

三方解除是指毕业生、用人单位、学校三方经协商一致,解除原订立的协议,使协议不发生法律效力。此类解除因是三方当事人真实意思表达一致的体现,三方均不承担违约责任。

(2)就业协议的解除流程 为了维护就业协议书的严肃性,毕业生与用人单位签订了就业协议书后,双方都应认真履行协议。倘若因特殊原因单方要求违约,应承担违约责任,办理相应的解约手续。

郑州大学毕业生就业网上解约说明

解约手续办理全部在线上办理,具体流程如下:

①学生:我签约的企业—申请解约—上传解约函等证明文件—提交申请;等待企业同意。

②企业:已签约的学生—解约—上传解约函等证明文件—提交申请;等待学生同意。(注:企业与学生任一方都可以作为发起方提交申请。)

③申请提交至院系管理后台,院系审核—学校审核—完成解约。

(二)劳动合同

1.什么是劳动合同

劳动合同,指劳动者与用工单位之间确立劳动关系,明确双方权利和义务的协议。订立和变更劳动合同,应当遵循平等自愿、协商一致的原则,不得违反法律、行政法规的规定。劳动合同依法订立,具有法律约束力,当事人必须履行劳动合同规定的义务。

2.劳动合同有哪些基本内容

劳动合同的内容有两个部分:一个是必备条款的内容,另一个是协商约定条款的内容。

(1)必备条款　根据《劳动法》规定,劳动合同应当以书面形式订立,并具备以下条款:

①劳动合同期限。合同期限分为三种:一是固定期限,是指用人单位与劳动者约定合同终止时间。如1年期限、5年期限等。二是无固定期限,是指用人单位与劳动者约定无确定终止时间。三是以完成一定的工作为期限,是指用人单位与劳动者约定以某项工作的完成为合同期限。用人单位与劳动者在协商选择合同期限时,应根据双方的实际情况和需要来约定。

②工作内容。包括用人单位与劳动者双方约定的工作数量、质量以及劳动者的工作岗位等。

③劳动保护和劳动条件。用人单位与劳动者双方约定的工作时间和休息休假的规定,各项劳动安全与卫生措施,对女工的劳动保护措施与制度,以及用人单位为不同岗位劳动者提供的特殊劳动工作条件等。

④劳动报酬。劳动者的标准工资、加班加点工资、奖金、补贴等的数额及支付时间、支付方式等。

⑤劳动纪律。用人单位制定的规章制度。

⑥劳动合同终止的条件。该条款一般是在无固定期限的劳动合同中约定,但其他期限种类的合同也可以约定。应当注意的是,双方当事人不得将法律规定的可以解除合同的条件约定为终止合同的条件。

⑦违反劳动合同的责任。该条款规定了签约双方的任何一方违反了合同中的规定,致使劳动合同无法继续履行,违约方应当承担的违约责任,包括赔偿损失的方式和违约金的数量等。

《劳动合同法》第十七条规定劳动合同还应当具备以下条款:用人单位的名称、住所和法定代表人或者主要负责人;劳动者的姓名、住址和居民身份证或者其他有效身份证件号码;工作地点;工作时间和休息休假;社会保险;职业危害防护;法律、法规规定应当纳入劳动合同的其他事项。

(2)协商约定条款　《劳动合同法》规定,用人单位与劳动者订立劳动合同时除上述必备条款外,还可以协商约定其他的内容,即协商约定条款。这部分条款的内容,是在国家法律规定不明确,或者国家尚无法律规定的情况下,用人单位与劳动者根据双方的实际情况协商约定的一些随机性的条款。如可以约定试用期、保守用人单位商业秘密的事项等内容。随着劳动合同制的实施,人们的法律意识、合同观念会越来越强,劳动合同中约定条款的内容会越来越多。这是改变劳动合同千篇一律状况,提高合同质量的一个重要体现。

3.如何签订劳动合同

（1）合法原则　劳动合同必须依法以书面形式订立，做到主体合法、内容合法、形式合法、程序合法。只有合法的劳动合同才能产生相应的法律效力。任何一方面不合法的劳动合同，都是无效合同，不受法律承认和保护。

（2）协商一致原则　在合法的前提下，劳动合同的订立必须是劳动者与用人单位双方协商一致的结果，是双方"合意"的表现，不能是单方意思表示的结果。

（3）地位平等原则　在劳动合同的订立过程中，当事人双方的法律地位是平等的。劳动者与用人单位不因各自性质的不同而处于不平等地位，任何一方不得对他方进行胁迫或强制命令，严禁用人单位对劳动者横加限制或强迫命令的情况。只有真正做到地位平等，才能使所订立的劳动合同具有公正性。

（4）等价有偿原则　劳动合同明确双方在劳动关系中的地位作用，劳动合同是一种双向有偿合同，劳动者承担和完成用人单位分配的劳动任务，用人单位付给劳动者一定的报酬，并负责劳动者的保险金额。

4.签订劳动合同要注意什么

毕业生与用人单位订立劳动合同是一件非常严肃认真的事情，不能有丝毫马虎，一份完善的劳动合同不仅可以保障工作顺利、安全地进行，更能够在发生纠纷时及时、妥善地解决双方纠纷，把损失减少到最小程度。

（1）劳动合同签订的时间　《劳动合同法》规定，已建立劳动关系，未同时订立书面劳动合同的，应当自用工之日起一个月内订立书面劳动合同。否则用人单位须向劳动者支付双倍工资。自用工之日起超过一年未与劳动者签订书面劳动合同的，视为双方已经形成无固定期限劳动合同。

（2）劳动合同的期限　劳动合同的期限有三种：有固定期限的劳动合同、无固定期限的劳动合同和以完成一定的工作为期限的劳动合同。所以用人单位与劳动者在签订劳动合同时要根据双方的需求来协商确定劳动合同的期限。同时，如果有约定试用期，试用期是包含在劳动合同期限内的，若劳动合同仅约定试用期的，试用期不成立，该期限为劳动合同期限。并且以完成一定的工作为期限的劳动合同或者劳动合同期限不满3个月的，依照劳动合同法规定该情形不得约定试用期。

（3）劳动合同的内容　劳动合同的内容要全面，包括劳动合同中的必备条款和协商约定条款，尤其是必备条款的内容不要有疏漏。合同字句要准确、清楚、完整、明白易懂，不能用缩写或含糊不清的文字表达。每项条款的表述应明确，以没有歧义为标准，否则就有可能在劳动执行过程中产生误解或曲解，甚至带来不必要的争议，给订立双方造成损失，也为合同争议的处理带来困难。

（4）审慎对待自己的签字　在签订劳动合同时，毕业生应注意认真审查合同的条款，明显对自己不利的条款应及时向用人单位提出,并且不能匆忙签字,更不能因为基于自己的弱势地位而委曲求全地在合同上签字。因为从法律角度来看,劳动者在劳动合同上签字,是表示自己对该合同的认可,并愿意遵守和履行合同。如果拿不出用人单位在签订合同时采用了胁迫或欺诈的证据,就只能被认定为是自己真实意愿所为,不能认定该合同无效。

(5)试用期内也要签劳动合同 这一点往往被毕业生忽略。有些用人单位为了逃避责任,在试用期内,往往不与毕业生签订劳动合同。一旦试用期满,就找种种借口将毕业生辞退。因此毕业生在试用期内一定要与用人单位订立书面合同。这样,一旦发生劳动纠纷、争议,就有了法律依据。

(6)对非全日制用工要特别注意 非全日制劳动者在同一用人单位一般平均每日工作时间不超过 4 小时。每周工作时间累计不超过 24 小时。非全日制用工不得约定试用期。非全日制用工小时计酬标准不得低于最低小时工资标准。非全日制用工劳动报酬结算支付周期最长不得超过 15 日。用人单位必须为劳动者缴纳工伤保险,否则发生工伤事故时要承担相关责任。

5. 就业协议与劳动合同的区别

劳动合同是劳动者与用人单位确立劳动关系,明确双方权利和义务关系的协议。《劳动法》规定,建立劳动关系应当订立劳动合同。就业协议是高校毕业生与用人单位确立劳动关系,明确双方在毕业生就业工作中权利和义务的协议。二者的区别主要体现在:

一是适用的法律、法规不同。劳动合同适用《劳动法》《劳动合同法》及劳动人事部门颁布的有关劳动人事方面的规章。而就业协议适用教育部颁发的《普通高等学校毕业生就业工作暂行规定》和有关政策。

二是适用主体不同。劳动合同是劳动者与用人单位之间确立劳动关系的协议,只要双方当事人协商一致,符合国家的法律、行政法规,无欺诈、胁迫等行为,经双方签字盖章,合同即生效。而就业协议由毕业生、用人单位及毕业生所在高校三方主体共同签订。

三是签订时间不同。就业协议是在毕业生派遣之前签订的,而劳动合同则是在毕业生到用人单位报到后签订的。

四是内容不同。在就业协议当中,毕业生的义务是向用人单位如实地介绍自己的情况,并按时到用人单位进行报到。用人单位的义务是如实向毕业生介绍自己的情况,负责办理毕业生有关手续。学校的义务则是负责完成有关的派遣工作。劳动合同是劳动者与用人单位确立的劳动关系,明确双方的权利和义务的合同,内容更细致翔实。

实践活动

签约模拟训练

请同学们按以下程序进行签约模拟训练：

1. 每10名同学一个小组进行分组，两名同学为用人单位代表，其他同学为应聘者。

2. 每一组提前准备一张空白的就业协议和劳动合同。

3. 协商签约条件。

4. 用人单位与应聘学生就相关事宜进行谈判，最终签订就业协议和劳动合同。

5. 小组之间交流过程体验，寻找活动过程中存在的问题。

总结自己在就业协议和劳动合同签订过程中的感受。

第二节 就业权益保护

 **案例导入**

预付500元"保过笔试"？春招警惕黑中介陷阱

正值"金三银四"求职高峰期，航空公司招聘也迎来高峰。不少"黑中介"在招聘现场打着笔试面试保过、招聘交流的幌子欺骗应聘者以牟取暴利。

2018年，王某某通过南方航空乘务（安全员）招聘面试、体检后，看到某"空姐招聘网"有中介机构宣称预付500元，即可安排"笔试保过"，通过后再付中介机构1.7万元。因担心无法通过笔试，王某某随即支付了500元并将个人信息告知了中介。然而付款后，中介再未与她联系，她才察觉被骗。

此后，王某某通过笔试正式成为南航乘务培训学员，在培训期间她发现经常被所谓中介机构跟踪，并遭到其威胁、索要钱财。南航工作人员告诉北京青年报记者，由于王某某警惕意识较强，及时察觉，发现被跟踪后及时向公司报告，所幸没有造成严重后果。

除了网络发帖，在春招部分站点，部分社会人员在候考场地、洗手间、走廊等地张贴或私下传播所谓"招聘交流群"微信二维码，在微信群中散布可以内部操作面试保过，笔试、体检保过等不实信息，甚至还有"黑中介"自称是负责招聘的终审人员，伪造有南航域名的虚假网页及不实消息，骗取应聘者信任以牟取暴利。

权益是一种法定的利益。大学毕业生又是一个特殊的社会群体，随着我国教育事业的发展，各高等院校的招生人数不断增多，各高校的毕业生人数也逐年增加，企业用人自主权不断扩大,加之大学生法律意识的淡薄,侵犯大学生合法权益的现象也逐渐增多。因此,当今就业制度趋向市场化和法治化,毕业生须明确自己所享有的权益,才能更好地维护自己的权益。

一、就业权益概述

权益指公民受法律保护的权利和利益。毕业生就业权利指的是大学毕业生依据有关法律规定应当拥有的从事有报酬或预期收益的社会劳动的基本人身权利,也可概括为抓住机会把自身的生产技术和社会生产资料相结合以获利的权利。根据我国相关择业就业法律政策规定,毕业生在求职过程中依法享有的基本权益主要有:获得招聘信息的权利,享有就业指导权,被学校推荐的权利,自主选择职业权,平等、公平就业权,知情权,违约求偿权。此外,根据相关法律规定与不同地区现实情况差异,毕业生还依法享有例如户口档案保存权等各类基本就业权益。

(一)获得招聘信息的权利

就业信息是毕业生成功就业的前提和必要条件,只有掌握充分的就业招聘信息,才能结合自身情况选择适合自身发展的职业和用人单位。大学生获取信息的渠道有很多,如网络、学校招聘会、媒体、亲戚朋友介绍、单位公告等。信息权利主要包括三个方面:①信息公开,所有用人信息向全体毕业生公开。任何单位和个人不得隐瞒和截留。②信息及时,毕业生获取的信息必须及时有效,而不能将过时无利用价值的信息传递给学生。③信息全面,毕业生有权获得准确、全面的就业信息,以便对用人单位有全面的了解,从而做出符合自身要求的选择。

(二)享有就业指导权

《中华人民共和国高等教育法》规定:"高等学校应当为毕业生、结业生提供就业指导和服务。"学校应成立专门机构,安排专门人员对毕业生进行指导,包括:①向毕业生宣传国家的有关就业方针、政策;②宣传毕业生就业的有关原则、规定和程序;③对毕业生进行择业技巧的指导,引导毕业生根据国家需要、社会需要,结合个人实际情况进行择业。

(三)被学校推荐的权利

学校是否推荐经常会在较大程度上影响用人单位对毕业生的录用或淘汰,毕业生在就业中有权得到学校按真实情况进行推荐。高校在就业工作中的一个重要职责就是向用人单位推荐毕业生。毕业生享有的被推荐权应包含这样几方面内容:如实推荐、公正推荐、择优推荐。

(四)自主选择职业权

《劳动法》第三条规定,劳动者享有选择职业的权利。因此,作为求职毕业生,在就业市场上享有自主选择职业的权利,可以按照自己的兴趣、爱好和能力去选择自己喜欢和擅长的职业。家长、学校和用人单位,可以为初出校门、缺乏工作经验的毕业生,提供择业意向方面的建议、参考、推荐和引导,但不能强迫或限制他们选择职业。

(五)平等、公平就业权

毕业生享有平等、公平就业的权利。《劳动法》规定,"劳动者享有平等就业和选择职业的权利","劳动者就业不因民族、种族、性别、宗教信仰不同而受到歧视"。

(六)知情权

毕业生有获取知悉用人单位信息,了解用人单位的工作环境、福利待遇、工资水平、发展前景等情况的权利。用人单位有义务向毕业生和学校如实介绍本单位的真实情况。任何发布虚假招聘信息、对毕业生隐瞒本单位实际情况的做法,都是对毕业生就业权利的侵犯。

(七)违约求偿权

毕业生的就业协议一经签订,毕业生、用人单位、学校任何一方不得擅自毁约,如有违约都必须严格履行相应责任。任何一方提出变更或解除协议,均须得到另外两方的同意,并应承担违约责任。

二、就业权益的保护

(一)常见的侵权行为类型

毕业生求职中常遇到的就业陷阱有虚假招聘、高薪诱惑、协议欺诈、合同违法和试用期陷阱等。

1.虚假招聘

虚假招聘是指某些用人单位实际并无招聘意向,而是为达到其他的目的而进行的招聘。之所以虚假招聘,有的是借招聘为名做免费宣传,有的是为骗取毕业生的钱财或智力成果,有的是为骗取毕业生个人信息从事不法活动,有的甚至是直接诱骗毕业生从事非法活动。它们的共同特征是大多没有经过工商部门登记注册,所提供"职位"的应聘条件过于宽松,名称好听但职能含糊,所提供的薪酬待遇明显高于正常平均水平。

2.高薪诱惑

能够获得高薪当然是件好事,但有些用人单位只开具空头支票,实际根本无法兑现;或是薪酬名义上非常高,但是在被层层克扣之后,实际薪酬已经所剩无几;有些不法单位甚至以高薪为诱饵,诱骗大学毕业生去从事非法活动。毕业生应提高警惕。

3.协议欺诈

如前所述,就业协议虽不是劳动合同,但也是具有法律效力的民事协议,它在订立后将对供需双方产生拘束力。在就业形势日趋严峻的情形下,有些用人单位在与毕业生签约时,利用协议中某些条款欺诈毕业生。例如,在协议中强迫毕业生签下高额的违约金条款,又以种种苛刻条件迫使毕业生辞职,然后以违约为由要求毕业生支付违约金;或者事先不和毕业生约定违约金数额,待毕业生提出解约时则漫天要价。

4.合同违法

在当前毕业生就业市场供大于求的形势下,有些用人单位利用毕业生急于求职的心理,利用劳动合同故意设置很多陷阱。例如,在合同中罗列许多强迫大学毕业生放弃合法权利的霸王条款,或者强迫从事危险工作的毕业生与其签订带有"死伤自负"等字样的"生死合同",或者以交纳违约金或扣押人事档案为要挟不合理地限制毕业生跳槽,或者为逃避劳动部门的监督检查另外准备一份假合同等。

5.试用期陷阱

试用期是用人单位和劳动者为相互考察、了解对方当事人而约定的期限。《劳动法》规定了试用期的大原则,即试用期不能超过 6 个月。如果试用期过长,则是侵犯劳动者权益的行为。值得一提的还有,有些用人单位将试用期与大学毕业生的见习期(时间为1 年)混淆,将见习期的有关规定生搬硬套到试用期上,导致对毕业生权益的侵害。还有些用人单位利用试用期有意规避劳动合同的各种行为。有的用人单位抓住"试用期"的"试用"二字做文章,支付超低工资,甚至不支付工资,从而构成对大学生基本权益的侵害。还有些用人单位存在"只试用,不录用"的恶意侵权行为。《劳动法》规定:"在试用期内被证明不符合录用条件的,用人单位可以解除劳动合同。"所以,有些不良的用人单位在大学毕业生试用期满之后,找出各种理由,辞退毕业生。

生涯小贴士

试用期前还有"试工期"? 一字之差却是"坑"

"金三银四",又是一年求职季,每年的三四月都是求职高峰期。近日,在重庆多家招聘会现场发现,一个求职的新词悄然出现在部分用单位的招聘信息里:"试工期"。这个和试用期相似的新词背后,却是你不得不提防的"坑"。

概念"坑"——《员工手册》现新词"试工期":

近日,华龙网–新重庆客户端记者走访了多场招聘,从现场应聘者与 HR 的谈话中,数次听到"试工期"。

为了弄清"试工期"的概念,华龙网–新重庆客户端记者以求职者身份应聘江北某广告有限公司前台文员一职,面试环节里该企业 HR 告诉记者:"员工通过 5 天试工期,才能正式办理入职手续,入职时间为试用期的第一天,试用期原则上为 3 个月。"

记者看到,《员工手册》上明确提出:"员工顺利通过 5 天试工期,正式办理入职手续,入职时间为试工期第一天。"但该 HR 同时表示，试工期如果没通过就无工资。令人奇怪的是，和记者一起应聘的其他两名求职者对此却毫无异议。

"试工期好通过吗？"对记者的问题，HR 表示主要是看领导的意见。求职者陈女士表示，一般服务行业都有试工期："反正我走的几个私人企业都是服务性的，都会设置一个试工期。"

走访多场招聘会后，华龙网-新重庆客户端记者发现，招聘中要求"试工期"通常是一些基层岗位和服务业，一般为 3~7 天不等。

干活"坑"——"试工期"不通过就没工资拿：

"试工期"留下的可能性很大？目前正在江北一公司任职的彭先生就被"坑"过。

"我是跆拳道教练，一般只要学生喜欢我的课，就不存在不适应岗位。"彭先生说，今年 1 月，他在渝北区某跆拳道馆找了一份跆拳道教练的全职工作，对方表示试用期 1 个月，入职当天，他才得知还有 3 天的试工期。"3 天时间不长，我就一口答应了。"谁知，3 天试工期过去，HR 却告诉彭先生，他没有通过试工期，试工期不通过没有工资。

"开始谈的价格是跆拳道教练 80 元一节课，3 天 240 元，说没有就没有了。"彭先生事后才从该跆拳道馆里另外一名教师处了解到，这家拳馆辞退他的真实原因其实是跆拳道馆学生人数不理想，原计划开的新班无法开起来。

随后记者以合作商身份来到该跆拳道馆，以"开发跆拳道女童防御班"为由与负责人陈某周旋半小时后谈到用人问题，他说："我们可以先招一名老师，能招够学生就开，招不够就算了。""如果招不够，那老师怎么办？"面对记者的问题，陈某回答："先定 7 天试工期，一周完全可以看出招生情况了，学生报名势头不好的话就给老师说不合适就行，不过现在刚开学，生源应该不是问题。""不是试用期吗？""不是，试用是试用，试工是试工，我们这留用的才有试工期工资。"陈某坦言，由于新课程生源不确定，他们从去年开始就采用了"试工期"的方法了。

正在求职的重庆师范大学对外汉语专业学生陈倩也告诉记者，近两个月连续遇到两家这样的公司："试工期结束后，说我性格不好就把我开了。"和彭先生的遭遇一样，陈倩也没能拿到试工期的工资。

玩法"坑"——短期用"白工"，HR 不亦乐乎：

一位曾在行业工作十年的资深人力资源经理陈女士告诉华龙网-新重庆客户端记者，试工期一词是去年开始在用人单位之间慢慢流行起来的。"一开始，试工期只是小公司或者超市等临时基础岗位才有，随着外包业务越来越多，短期项目越来越分散，有的大型公司也面临用人时无人，不用人时有闲人的尴尬。"

陈女士表示，在 HR 的交流群里，也曾提到过"试工期"的用人策略，这种不用开工资，不必签合同又能完成短期项目的用人概念，受到部分人力资源工作者的青睐。"说白了，就是短期的白使唤员工。"陈女士给记者算了一笔账，假设某单位准备团建，预计花 1

周准备一台节目,需要一名舞蹈老师全程跟课。如果派试用教师前往,工资为80元/时,7天最低560元。类似业务陈女士所在公司一年至少能接30多单。"仅舞蹈这一项,按试用期的工资算,公司一年至少要支付16800元。而一名正式舞蹈教师的工资是180元/节课,她们还要带学生,无论是经济成本还是时间成本,公司的开销更大。"陈女士说。

弄清楚!专业人士教你如何避"坑":

面试成功一家公司,试用期3个月,试工期7天(无工资),到底是不是"要流氓"?我们来看看相关人士怎么说?

知识点一:"试工期"概念法律不支持,必须支付工资。

重庆市人力资源专家郝健表示,很多有"试工期"的企业会以"考察职工稳定性和适应性"的理由来搪塞对方。"员工稳定性"成为公司设置试工期看起来合理的理由。

郝健说,《劳动法》已经拟定了让企业以试用期考察新员工的能力,因为对一份工作能否胜任并非一时兴趣而需要长期坚持,"短短几天并不能考察出员工的稳定性,所以试工期考察员工能否稳定和适应只是借口,不排除部分企业是为了节约成本才动了这样的歪脑筋在短期项目上雇佣白工"。

大连斐然律师事务所(重庆)朱丹律师表示,《劳动合同法》第二十条对试用期有明确规定,试工期并不在《劳动合同法》里。按照相关法律,用人单位应该从员工上班的第一天开始,按照法律规定的比例计算工资。朱丹说:"这就表示,即便用人单位规定了所谓的试工期,也必须支付工资,试工期这个概念,法律是不支持的。"

知识点二:支付工资不低于用人单位所在地的最低工资标准。

重庆市人社局相关工作人员也告诉华龙网-新重庆客户端记者,《劳动合同法》内不含试工期概念,该概念也不应被当作用人条件。用人单位须按照《劳动合同法》中试用期的有关规定,支付新员工工资,劳动者在试用期的工资不得低于本单位相同岗位最低档工资的80%或劳动合同约定工资的80%,并不得低于用人单位所在地的最低工资标准。目前,重庆市最低工资标准实行两档制,分别为1800元/月和1700元/月。

知识点三:如果被"试工"可申请劳动仲裁讨要工资。

如果企业一意孤行用所谓的试工期限制入职该怎么办呢?对此,重庆市人社局这位工作人员表示,首先可以考虑不去该企业就职。倘若已经入职,并被"试工期无薪"概念辞退,可以向公司所在区县的劳动监察部门申请劳动仲裁,但在此之前,申请人要注意收集在该单位工作过的证据,包括电子聊天记录、工作录音、工作群记录、会议记录等任何能体现工作痕迹的内容,便于仲裁机构取证和判决。

(资料来源,国家大学生就业服务平台,《试用期前还有"试工期"?一字之差却是"坑"》)

（二）侵权行为的防范对策

1.加强就业安全教育，对毕业生就业实施有效监管

高校应加强大学生就业安全教育工作，指导学生对就业招聘信息做必要的安全分析，对应聘单位做深入了解，教会学生在求职就业中用法律维护自己的正当权益，切实提高大学生防骗意识和人身安全保护意识。在实际工作中，通过多种途径宣传教育，利用经典事例进行警示教育，使广大毕业生充分认识不法分子利用大学生求职进行非法活动的欺诈性、隐蔽性和危害性，提高大学生在择业过程中的自我保护意识。

高校应实时动态掌握毕业生的思想状况和择业过程。高校毕业生因求职心切，缺乏丰富的社会经验和识别诱骗陷阱的能力，容易上当受骗。学校应对毕业生全员实行有效的监控，对遇到困难的同学提供及时有用的帮助。毕业班班主任与辅导员要实时掌握每一位同学的去向和现状，要求学生通过电话、手机短信或电子邮件等方式与老师保持不间断联系，确保发生就业安全突发事件时的信息畅通。

2.严把信息审核关，确保就业信息安全

高校应重视和加强毕业生就业市场和信息服务体制建设，促进就业市场的信息安全化。对于在校园内发布的就业信息，学校要保证其真实规范。在校内举办的招聘会，学校要严格审查招聘单位的资质，以便保障学生的权益。要坚决拒绝发布一些夸大单位现状、高薪引诱、收取上岗培训费和服务押金的招聘信息。

3.保护个人信息，谨慎求职面试

在招聘会上，经常可以看到一些求职者的简历被随意丢弃在地上，这些简历上面有着详细的个人信息，一旦被不法分子恶意获取，可能会给求职者带来许多意想不到的麻烦。大学生在择业过程中，注意以下几点：在招聘现场，不要随意发放自己的简历，特别是招聘方式不合规范的单位不要投递简历；在个人求职材料上最好不要留家庭电话，只提供手机号码和电子邮件；在网上登记注册个人信息时，应选择一些信息监管较规范、知名度较高的大型人才招聘网站；要注意留下用人单位的固定电话，必要时拨打查询电话进行核实；与联系人会面应选择用人单位的办公场所，提高异地求职的防范意识。

（三）就业相关法律法规

法律是大学毕业生就业维权最强有力的手段。毕业生就业权益之所以受到侵犯，大多与他们法律意识和防范意识欠缺有关。依法维权的前提是了解相关法律常识和纠纷解决程序。

1.民法典

民法典是为了保护民事主体的合法权益，调整民事关系，维护社会和经济秩序，适应中国特色社会主义发展要求，弘扬社会主义核心价值观的法律。平等、自愿、公平与诚信

等是民法典的基本原则,这些对维护毕业生合法的就业权益都具有重要意义。例如,毕业生和用人单位在签约过程中,双方始终都处于平等的法律地位,谁都不能强迫对方与自己签约;毕业生与用人单位在介绍各自情况时,都必须如实反映自己的有关情况,谁都不能够欺诈对方。债权(通俗地说就是合同)也是民法典的重要内容,它的重要意义主要体现在就业协议签订中,签订就业协议是维护毕业生就业权益的主要手段。就业协议在本质上并非劳动合同而是民事合同,它是供需双方在平等自愿基础上签订,据以确定双方民事权利与义务的协议。具体地说,它只确认供需双方之间的约束关系,即毕业生应依约到用人单位工作,而用人单位也应依约接收毕业生。毕业生在用人单位报到上班后,还应与用人单位另行订立劳动合同,以确定双方之间的劳动权利义务关系。就业协议既然是民事合同,就可附加其他各种条件。就业协议中通常有"备注"这一栏,用人单位和毕业生都可在其中约定其他条件,但前提必须是合理、合法。民事责任制度也是民法典的重要内容。民事责任是指违反法定或约定义务而产生的法律后果,是对民事违法行为人所采取的以恢复被损害权利为目的,并与民事制裁措施相联系的国家强制形式。在毕业生就业过程中,因违法或违约而产生民事责任的情况时有发生。例如,用人单位在毕业生报到前后违约拒绝接收毕业生,用人单位在接收毕业生后没有依约兑现承诺的待遇;毕业生随意与原用人单位解约而与新用人单位签约。民事责任的产生以行为具有违法性、已造成损害事实、行为与事实有因果关系和行为主观上有过错为要件。当然在某些情况下民事责任也可免除。例如,企业因破产解散而无法接收毕业生,毕业生因发生意外而无法到企业正常工作。此外,民法典中的其他内容也有许多与劳动就业有关,在此不再赘述,毕业生需主动学习法律常识,利用法律武器保护自我合法权益。

2.《劳动法》和《劳动合同法》

《劳动法》是调整劳动关系以及与劳动关系有密切联系的其他关系的法律规范的总称,在广义上我国现行的《劳动法》《劳动合同法》《劳动争议调解仲裁法》,甚至包括《就业促进法》都属于劳动法的范畴。我国《劳动法》规定了劳动者享有平等就业和选择职业权、取得劳动报酬权、休息休假权、获得劳动安全卫生保障权、接受职业技能培训权、享受社会保险和福利权、提请劳动争议处理权利、参与民主管理权,以及法律规定的其他劳动权利。《劳动合同法》在用工必须签订书面劳动合同、纠正滥用试用期的行为、纠正劳动合同短期化现象、制定企业规章制度应遵循的规范,以及合同到期前终止时要支付经济补偿金等方面对《劳动法》进行了完善。《就业促进法》则以促进就业政策法律化为主旨,着重对促进公平就业、提供就业服务、进行就业管理、职业教育培训以及提供就业援助等方面做出了具体规定。《劳动争议调解仲裁法》,是在原《企业劳动争议处理条例》基础上制定的,并对其做出了重大完善。

《劳动合同法》是为了完善劳动合同制度,明确劳动合同双方当事人的权利和义务,保护劳动者的合法权益,构建和发展和谐稳定的劳动关系而制定的法律。这部法律在维护用人单位合法权益的同时,侧重于维护处于弱势的劳动者的合法权益,以实现双方力量与利益的平衡,促进劳动关系和谐稳定。在尊重用人单位用工自主权的基础上,《劳动合同法》要求用人单位必须与劳动者订立劳动合同,规定用人单位必须全面履行劳动合同,引导用人单位合理约定劳动合同期限,规范用人单位解除和终止劳动合同行为,要求用人单位在解除和终止劳动合同时必须依法支付经济补偿,从而在劳动者十分关心的问题上,有效地保护了劳动者的合法权益。同时,法律也根据实际需要,增加了维护用人单位合法权益的内容。比如,为保护用人单位商业秘密和知识产权,促进创新和公平竞争,新规定了竞业限制制度等。

《就业促进法》是为促进就业,促进经济发展与扩大就业相协调,促进社会和谐稳定而制定的法律。《就业促进法》为我国实施积极的就业政策提供了法律保障。党中央、国务院高度重视就业问题,针对我国的具体情况,借鉴世界各国成功经验,制定和实施了积极的就业政策,通过小额担保贷款、财政贴息、减免税费等措施,积极扶持劳动者自主创业、自谋职业;通过定额税收减免、优惠贷款等措施,鼓励企业吸纳下岗失业人员就业;通过开发公益性岗位和社会保险补贴等措施,建立健全就业援助制度,帮助困难人员实现就业。其中,公平就业被作为第三章出现在法律条文中。总则中明确规定:"劳动者享有平等就业和自主择业的权利。劳动者就业,不因民族、种族、性别、宗教信仰等不同而受歧视。"针对妇女、少数民族、残疾人、传染病病原携带者,以及农村劳动者这些人群的公平就业问题做了有针对性的规定,"国家保障妇女享有与男子平等的劳动权利","用人单位招用人员时,除国家规定的不适合妇女的工种或者岗位外,不得以性别为由拒绝录用妇女或者提高对妇女的录用标准","用人单位招用人员时,不得歧视残疾人"等。为了加大保障公平就业力度,就业促进法还在法律责任一章中明确规定,劳动者受到就业歧视后,可以向人民法院提起诉讼。

为了公正及时解决劳动争议,保护当事人合法权益,促进劳动关系和谐稳定,中华人民共和国第十届全国人民代表大会常务委员会第三十一次会议于 2007 年 12 月 29 日通过制定《劳动争议调解仲裁法》,自 2008 年 5 月 1 日起施行。《劳动争议调解仲裁法》规定,申请劳动争议仲裁全部免费、部分案件实行"一裁终局"等,将大大降低劳动者的维权成本,更加有效地维护劳动者的合法权益。这部法律突出了调解功能、劳动仲裁不收费、审限不得超 60 天、部分案件一裁终局等。

 拓展阅读

高校毕业生,就业需防备这些招聘培训陷阱

"视频制作,软件编程,包教包会""兼职招聘,内推实习,直达名企"……

《法治日报》记者近日在某大学校园群里看到,不时有人发布网络培训和招聘的广告

信息,涉及考取证书、技能培训、兼职副业、实习就业等诸多内容。不少大学生被广告内容吸引、进行咨询,殊不知这些广告很多是不法分子放的"鱼饵",一不小心便会上当。

机构设置层层套路,诱导办理培训贷款

2022年3月,来自江西南昌的大学毕业生李杨在某App中看到一则广告,宣称"提供线上培训视频制作等课程""包教包会,学完变大神"。李杨添加了该机构负责人的联系方式,对方耐心细致地为李杨介绍了全部课程,并称培训结束后机构还提供派单服务,学员可以接单赚钱。

培训费5999元,这让李杨犯了难:自己只是一名即将毕业的大学生,哪能一下掏出这么多钱?得知这一情况,这位负责人"贴心"地向李杨介绍配套服务:如果无法全额支付培训费,可以办理机构提供的"助学贷款",学成之后靠接单还贷,到时候不仅还贷不成问题,还能大赚一笔。

于是李杨便下载了对方指定的一款消费金融App,办理了贷款,5999元的培训费被分成12期偿还。可在办理贷款时,机构负责人发来的提示让他备感疑惑。该负责人提醒:"申请过程中选择'不是学生'一项,职业选择'无业',你是来兼职的,不然要审核很久,这样操作方便快速受理通过。"

在办理贷款界面,李杨上传身份证照片、填写个人信息、点击申请选项时,弹出一则提示消息:"本贷款仅对社会人士开放,在校学生请退出申请流程",文字下面显示两个选项,分别为"我是学生"和"不是学生"。李杨想起上述负责人的"叮嘱",选择了"不是学生"选项并完成贷款办理。

办了贷款交完钱,机构负责人立马给李杨发来培训视频。一个月后,培训结束,机构负责人称为他安排了接单测试,只要通过测试就可以接单赚钱还贷了。测试内容很简单,李杨顺利通过,但之后却迟迟没有接到机构给他派的单。

多次追问之下,上述负责人称:"机构只负责教会你们视频制作,能不能赚到钱接到单就看你们自己,单子要你们自己寻找,机构不提供派单。"

李杨将该负责人此前承诺派单的截图发给对方,对方称未签订相关合同,无法提供派单服务,也拒绝退款。此后,李杨再也联系不上这位负责人了。

在天津从事多年教育培训工作的张先生告诉记者,近年来,许多网络培训机构打着培训的幌子,诱导大学生报名办理"培训贷""助学金"等各种名目的贷款,让许多涉世未深的大学生背负高额债务,有些大学生甚至遭遇过暴力催收。

"当下网络培训机构质量参差不齐,师资力量名不副实,内部课程许多都是网上公开的基本知识,大学生从报名开始到完成培训,每一个环节都有机构设置好的陷阱,稍有不慎就深陷其中。"张先生说。

网络招聘暗坑连连，求职内推竟要付费

记者调查发现，除了网络培训外，网络招聘也是大学生权益受损的重灾区。不少高校毕业生缺少社会经验，又急于得到一份工作，这种心理被一些不良公司抓住，他们打着"招聘岗位""实习岗转正"等旗号在网络平台发布招聘信息，吸引即将毕业的大学生报名。

多位接受记者采访的高校毕业生说，他们在这些网络平台报名后，还没开始实习，甚至连公司在哪都不知道，就被要求交纳各种费用，一旦交了费就再也联系不上该公司了。

即将从北京某大学毕业的高苏在网络招聘平台投递了多份简历，希望找到一份心仪的工作。一家声称招聘"××企业导购员"的第三方公司向她抛来了"橄榄枝"。高苏按照对方的要求填写了报名表，很快便收到了面试时间和地点。

高苏告诉记者，面试地点在北京市朝阳区北苑路北附近一座写字楼内，出电梯没几步就是一间没有公司名称的玻璃墙办公室，办公室里有四五名员工在忙碌。

面试前，高苏忐忑不安：自己没有相关工作经验，而且也只是想找份工作过渡下。没想到，面试结束后，该公司的面试官当场宣布她被录用，回去等待排班即可，但需要现场交纳300元用作员工服押金。

起初高苏有所怀疑，可旁边一位"刚刚结束面试"的学生向她出示了自己的付款截图，并称也是来应聘导购员的。高苏就稀里糊涂交了押金。

后来，高苏多次询问对方何时能上班，均被对方以各种说辞推延。高苏感觉被骗，要求退还押金，对方答应季度结束后结算，可没过几天，高苏发现已被对方拉黑。她向网络招聘平台举报投诉，也迟迟没有得到回复。

在网络招聘中，"付费内推"也是一种常见的套路。一位长期致力于揭露"付费内推"套路的博主告诉记者，"付费内推"分为两种操作模式：一种是机构将大学生的简历以"广撒网"形式投递出去，一旦学生获得面试、实习机会，机构便宣称是"内推"的功劳；另一种是要求学生花钱买"内推"，往往学生交钱后才发现得到的岗位是不签订任何协议合同、不发放任何薪酬的"小黑工"。

来自四川成都的大学生刘敏就中了计。刘敏通过社交平台得知某网络培训机构提供"考证+实习+工作"服务，便向客服人员咨询具体事宜。客服反复向刘敏兜售"考证课+付费内推"打包套餐，总计4万余元，并保证刘敏有无限次内推机会，至少一次被保送面试，并且实习机构涵盖市面上所有金融机构。

为了尽快找到工作，刘敏没多想便交了报名费。购买完课程后，培训机构根据刘敏的职业规划，为其提供了几个内推实习的机会。可刘敏发现，这些实习单位都是小型券商业务部，根本不符合自己的职业规划，并且实习内容主要是打印、递送文件，无法接触专业内容，于是拒绝了这些实习安排。

对于原本的实习、内推承诺,培训机构一而再、再而三地推脱,让刘敏耐心等待。前不久,刘敏再次上门讨要说法时发现,线下授课点已人去楼空,对方再也联系不上了。

走上维权路后,刘敏才发现,被这家培训机构坑了的有六七十人。记者在一第三方投诉平台看到,平台30天内共收到112条针对该培训机构的投诉,这些投诉的主体多为在校大学生,涉诉金额从4万元到12万元不等,投诉状态均是"处理中"。

"企业或职业中介机构不得提供虚假招聘信息,发布虚假招聘广告,违反者将受到行政处罚。并且职业中介机构必须取得行政许可,否则提供职业中介服务的行为属于违法行为。"某律师事务所高级合伙人说。

轻则侵权重则犯罪,加强监管实名登记

身陷网络招聘陷阱、损失钱财的大学生,或许还算是"幸运"的,一些大学生在网络招聘中,本想轻轻松松日入千元,殊不知,他们正一步步被不法分子利用,走上违法犯罪的道路。

据公开报道,即将毕业的江苏扬州大学生王同学前段时间找到一份清闲的"高薪工作"——只需每天工作几小时,月入超万元。按照对方要求,王同学办理了多张银行卡,每次工作就是通过手机转账、ATM机取钱。3天时间,他的银行流水金额就达100多万元,同时也获得了近3000元的报酬。

直到江苏扬州广陵警方找上门,王同学才意识到自己已触碰法律的红线。目前,相关涉案人员因涉嫌掩饰隐瞒犯罪所得罪被移送检察机关。

无独有偶,就读于安徽某职业学校的张同学,被高报酬所吸引,加入"跑分赚钱"的队伍——提供其名下银行卡,配合对方进行资金流转,提供的银行卡数量越多,获得的报酬越多。一番操作,张同学就得到3600元"劳务费"。最终,鉴于张同学系院校在读生、初犯、偶犯,认罪认罚,法院以帮助信息网络犯罪活动罪判处其有期徒刑十一个月,缓刑一年六个月,并处罚金1.1万元。

对于上述种种招聘培训陷阱,大学生权益受到了侵害,招聘机构、培训机构至少没有履行合同,违反《民法典》,应当做出赔偿。若机构以非法占有为目的,谎称提供培训、考证、介绍工作、接收实习等,实际上并没有提供相应服务,而骗取大学生钱财,则涉嫌诈骗,触犯了刑法。

要净化网络招聘、培训市场,保障高校毕业生权益,首先要整治虚假广告,建议平台的运营商严格审查广告发布者的主体资格,涉及招聘、培训的必须实名登记;对培训类、招聘类机构纳入信用体系,让失信者寸步难行;市场监管部门要加强监管,对违法者加大行政处罚力度。"此外,大学生出校门前,学校应组织开展法治宣传,强化学生的反诈意识。"

大学生求职时要提高警惕,在应聘环节就开始收钱的大多是诈骗行为,要注重保留

证据,发现问题及时向行政主管部门投诉或向公安机关报案。

(《就业风险提示平台,@高校毕业生,就业需防备这些招聘培训陷阱》)

实践活动

活动1:收集2、3例大学生就业权益受到侵害的真实案例,并写一篇案例分析及防范心得。

活动2:以小组为单位,排演一出关于大学生就业权益受侵害的情景剧。

第十章
就业心理调适与职业适应

学习目标

1. 了解常见的就业心理问题。
2. 掌握就业心理调适的方法。
3. 了解学生角色与职业角色的区别,做好职业适应准备。

学习导读

全球面临的百年未有之大变局正在加速演进,经济格局和产业结构发生巨大变化,就业环境和就业形势也发生了根本性变化。教育部数据显示,2024年高校毕业生数量达到1179万人,较上年增加21万人,就业人数再创历年新高。大学生求职是一个艰难的过程,不仅要面对激烈的竞争,还要承受各种压力。在这个过程中,很多大学生会出现不同程度的心理问题和适应问题,影响了自己的求职效果和心理健康。那么大学生求职就业中常见的心理问题有哪些? 如何进行心理调适? 就业后该如何调整自己的状态快速适应职场生活? 本章就带你学习以上内容。

第一节　常见的就业心理问题

案例导入

小白是一名学生干部,大学四年成绩优异、能力突出。在毕业求职时,小白非常自信,认为以自己多年学生干部的工作经历,找到一份理想工作是信手拈来的小事。所以他在求职时,只把目光盯着那些上市公司、大型企业,应聘的都是总经理助理一类的非基层职位,希望有一份光鲜、体面的工作。结果,找工作一段时间后,原本看好小白的几家企业都不敢和他签订协议了。

小赵毕业求职,几次面试都以失败告终,心情十分低落,回到家后,向父母诉说心中委屈。后来在父母持续劝说下，又继续海投了十几份简历，也都以杳无音信而告终。小赵就认为是自己所学专业不够热门，招聘的专业对口岗位太少所致，干脆直接在家躺平，不再外出求职，也不与人交流，父母对她的状态十分担忧。

思考：案例中的小白是过度骄傲表现出自负心理的典型，小赵则是过度自卑心理表现的典型。由于学生自我评价能力的不完善和缺乏自我评价的客观反馈，往往导致自我评价不准确。自我评价过高或者过低均不可取，不但影响就业，长此以往，甚至还会影响个人身心健康。因此，大学生应该树立正确的就业观，了解自己，客观评价。

大学时期，由于学生获取信息渠道、内容的多样化和便捷化，大学生群体的价值观越来越多元，受内外因素的影响，这一时机下，大学生心理发展频繁变化。尤其是大学生要经历从大一入校后对生活充满幻想，到大四就业面对现实问题的巨大心态转变，容易出现心理落差，导致心理失衡，究其根源在于大学生面对理想与现实、希望与失望、目标与挫折之间发生的冲突。大学生常在认知心理、情绪心理和社会心理等方面出现问题，如不及时调适，可能会造成严重后果。

一、认知心理问题

（一）自我认知不准确

由于大学生大部分时间在"象牙塔"中生活，过着温馨、自由、平静、纯粹的校园生活，极少参加职场锻炼，对就业中的残酷竞争不了解，对企业和市场的用人需求关注较少，对自己在同届毕业生中的就业竞争力定位不准确，往往容易出现过分夸大社会竞争，或者过分低估社会竞争的狭隘想法，导致自我评价过低或者过高，出现一些就业心理问题。

1. 自卑

自卑心理是由于个体自我评价不当而产生的一类消极的情绪体验，是一种弱化的个性，是缺乏自尊心和自信心的表现。在大学时期，由于大学生生理和心理的特殊性，对各方面比较敏感，在求职就业过程中存在不同程度的恐慌和害怕，一旦遇到任何挫折或困难，就对自己进行全方面的否定，自卑心理表现得格外突出，且有日趋严重趋势。

究其原因，一方面，处于此阶段的大学生即将面临人生三大问题：社会任务、爱情婚姻和职业活动。此时，在以上三个方面，他们容易和他人产生比较，认为自己各方面不如别人，尤其会将自己的弱势和别人的优势相对比，丧失自信，进而在就业过程中，因为自卑丢掉宝贵的面试机会或者面试中表现不佳。另外，由于部分企业招聘中，过于强调工作经验和对行业的熟悉度，而大部分大学生在择业时工作经验不足，并不具备以上条件，因此，就会在求职择业过程中畏首畏尾，生怕出现任何错误和问题，过于看低自己，导致错过一些好的工作机会。

具有自卑心理的大学生一般在就业过程中缺乏勇气、唯唯诺诺,不敢直面竞争,更不会积极争取机会,没有勇气面对用人单位,更不会主动展示个人才华和能力。就业过程中,他们往往采取退缩的自我防御的心态,表面上追求的目标并不高,求职表现上并不是"显眼包",但实际上对自我要求严格、期许较高。高预期和低现实之间的矛盾,让学生产生巨大心理压力,严重地影响着他们的就业、择业乃至生活。

2. 自负

自负与自卑心理恰恰相反。自负心理是指一个人过于相信自己的能力,认为没有自己完不成的事,不能客观地认识自己。这种现象一般出现在综合素质较好、高学历或者所学专业紧缺的学生群体中,具体表现为:求职中自视清高、底气十足;认为自己比别人都优秀,处处流露出因学历、家境、学识、长相等带来的优越感,在求职中自大,认为企业不录取自己,是企业的损失。求职中,自负的人看不到自己的缺点和不足,摆不正自己的位置。在选择就业单位时,盲目追求名利双收的好单位,对于一般单位不屑一顾、千挑万选,造成的后果经常是求职行为严重脱离实际,"好单位看不上他,一般单位他又看不上",出现"高不成、低不就"现象。

究其原因,就是此类学生抱着"皇帝的女儿不愁嫁"的心理,盲目高估了自己,低估了就业中可能会出现的困难和危机,对严峻的就业形势没有清晰的认识,一旦求职受挫,或者看到身边同学频频求职成功时,既急躁又不屑,会产生负面情绪,长久以往,错失就业良机,最终因没有找到理想工作而闷闷不乐,沉浸在怀才不遇的悲愤情绪中,无法正视事实。

(二) 对外在环境认知不准确

外在环境认知主要是指对就业环境、就业形势、就业单位、工作要求、工作待遇等各方面的认知。随着我国经济社会发展,产业结构不断升级,市场对人才的需求发生了变化。知识经济时代,市场和科技对人才需求的变化速度也在加快,同时,大学毕业生人数也在逐年增多,社会就业压力增大,就业结构矛盾日益突出。如果大学生仍旧停留在过去的观念中,不与时俱进、主动更新、紧跟时代步伐,必然会被时代所淘汰。

所以大学生想要顺利就业,必须对外在环境有清晰正确的认知,但实际情况往往是事与愿违。

大学生拥有专业知识和学历,就业过程中经常将自己视为精英阶层,出现高高在上的心理状态,求职时对就业单位和就业环境等大多凭借主观臆断,较少进行深入了解和认识。大多数学生希望能够从事一些高端、有面子的工作,如到知名上市公司、知名跨国公司、重要政府职能部门担任重要职位,对于一些普通单位和一些单位中的普通工作、苦差事、基层岗位嗤之以鼻。在择业过程中往往紧盯一些热门岗位,只看名称,不顾实际工作内容。择业时只看沿海发达地区和一些大城市,对中西部和欠发达地区,往往不屑一顾,对行业、部门缺乏深入了解,对社会发展需求没有进行深入分析。一些人宁愿没工作,也不愿意委曲求全,导致就业结构性矛盾格外突出。而千辛万苦成功拿到"体面"职位的部分学生,由于对真实工作情景不了解、不适应,导致离职率高,随意违约,就业稳定性差,浪费人力资源成本。

二、情绪心理问题

大学生就业情绪心理是指大学生就业之前产生的一些情绪问题或者在就业过程中的情绪波动。情绪是大学生心理健康的晴雨表。大学生正处于人生的转型期,逐渐从稚嫩迈向成熟但却并没有足够成熟,因此出现情绪波动现象是正常的,但是如果长期处于负面情绪中,就会对学生的身心发展造成不良影响,需要我们格外警惕。具体从以下几个方面分析:

1. 焦虑紧张

焦虑是由于担心不能达到预期目标或因自卑、自负和怕吃苦等原因遭遇求职失败而形成的一种紧张不安的心理状态。适度的焦虑可以使人产生一种压力,增强积极向上、主动参与竞争的能力;过度的焦虑则会干扰人的正常活动,严重者甚至会产生心理障碍或疾病。

在就业形势空前严峻的大背景下,对于刚大学毕业,没有工作经验的大学生们,产生焦虑心理是正常现象。面对飞速发展的市场经济和空前巨大的竞争压力,以及各种不合理信念的刺激,许多大学生在就业过程中会产生担忧、迷茫甚至恐惧。综合素质高的学生想找理想中的单位,但又担心现实大环境,自己的专业理想不能实现,面临着理想与现实的冲突;找经济效益好的单位,又担心自己不能从诸多竞争对手中脱颖而出,面临想竞争与害怕失败的冲突;不去寻找工作或者随便找一份工作,又害怕自己读书数十载,之前的努力付之东流,在择业时犹豫徘徊进而产生各种焦虑情绪,进退两难。普通学生或者一些冷门专业学生或者成绩不理想的学生,在就业时担心自己找不到工作,毕业即失业,更加焦虑。虽然大学生追求独立,但在面临就业的各种重大选择矛盾时,由于长期以来依赖老师、家人等的帮助,他们会在各种前途和利益面前纠结,难以抉择,导致焦虑过度,长此以往,心情低落、意志消沉,对生活和身心健康都产生不利影响。

2. 抑郁

抑郁是指在长期持续的精神刺激因素作用下产生的一种以情绪低沉、忧郁、沮丧、自责、压抑为主要表现的精神状态。当前大学生就业压力大,就业竞争空前激烈,大学生在求职过程中不可避免会出现碰壁现象,求职失败、内心受挫。如果大学生求职就业能力不强,承受挫折能力弱,接连受此打击,便会导致情绪低落、心情压抑、郁郁寡欢、愁眉不展,影响正常的学习和生活,严重者甚至会出现饮食失调、身体消瘦等状况,彻底失去就业择业的信心和勇气,由慢就业彻底变为不就业,长期笼罩在求职就业失败的阴影下。

三、社会心理问题

社会心理问题是指大学生就业过程中因受社会、他人的影响而产生的心理问题。

1. 攀比

攀比是大学生在择业过程中盲目与他人对比的心理，不从自身实际出发，忽视自己与他人的条件差异，只看择业结果。当看见或者听说别人找到了条件优越、效益较好的单位时，内心马上不平衡，担心自己落后于他人，希望自己立刻能找到一个条件更好的单位，一较高下。大学生群体较为年轻，好胜心强，容易出现攀比心理。在攀比心理影响下，他们看不到自己的长处和短处，无法对自己进行客观公正的评价和分析，具体表现为，求职中很多学生在考虑是否与用人单位签约时，不考虑自身的专长和兴趣，不考虑未来的职业发展，而是往往拿自己身边同学的择业标准来定位自己的标准，会对比其他人签约的情况，尤其对比签约单位之间的差距，想和其他同学一样，在大城市找一份好的工作，不然就差人一等。这种攀比心理是盲目的，只和身边人对比择业结果，不对比自身条件的差距，容易使一部分大学生在求职就业时迟迟不愿意签订合同，错失良机，或者导致大学生眼光过高，实力配不上野心而找不到满意的工作，严重时，大学生整日沉浸在怀才不遇的不良情绪中，影响身心健康。

2. 从众

从众心理是大学生群体中较为普遍的就业心理现象。从众心理是指个体在社会群体的压力下，放弃个人意愿而采取和群体多数人保持一致的心理。

大学生毕业时处于 22 岁左右的年龄，是人生的黄金阶段，也是一个人人生价值观形成的关键时期。大学毕业生初涉社会，由于缺乏对自身的客观清晰认识，缺乏对职业环境的深入了解，容易受到各种思想观念的影响，尤其在面临就业择业的大事时，面对诸多纷繁复杂的就业信息，无从下手，易受暗示、受他人干扰，失去个人判断，没有个人主见，导致从众行为，如群体跟风考研、跟风报考公务员等。

这种从众行为对社会和个人都会产生不利影响。对社会而言，容易加剧就业结构性矛盾突出。大学生就业时不考虑个人专业背景、优势特长、职业理想等，而是一窝蜂冲向当时社会热门城市、热门就业领域、热门企业、热门岗位等，造成该城市、领域等就业人才显著供过于求，竞争压力增大，人力资源浪费，同时也容易限制其他非热门城市、行业等的发展，导致人才匮乏，加剧就业形势恶化。比如部分大学生一味追求个人舒适、体面、高薪、稳定，只愿意在大城市坐办公室，而不愿意考虑国家、社会发展需求，到西部、到基层、到祖国需要的地方建功立业。对个人而言，容易造成职业发展不稳定。从众心理导致就业时忽视个人兴趣、专业背景、发展需求，对职业了解较少，所以工作后容易产生落差感，职业发展中未过多结合个人情况，可能会遇到预想不到的挫折；也有可能新的更热门领域出现，大学生也再次出现从众心理，更换现有工作。

3. 嫉妒

嫉妒就是面对他人的成就、成功、优越之处感到心理不平衡的状态,一方面内心羡慕别人的优越,另一方面又对别人的优越和成功抱有敌视态度,甚至会产生毁灭、报复别人的成功和优越感的想法,这是一种变态的心理满足方式。强烈而持久的嫉妒心往往会对本人及对方产生严重的后果,过度嫉妒可能还会引发恶性事件。

大学生在就业过程中的嫉妒心理主要表现在对别人所找工作或者求职过程心存嫉妒,特别是平时不如自己的人,或者找到的工作比自己的工作更优越的人或者找工作比较顺利的人。大学生的心理可能先是羡慕,后是痛苦,继而不甘心:"凭什么他的工作比我好?"为了满足自己的"酸葡萄"心理,故意对别人冷嘲热讽、挖苦、说风凉话,甚至会背后拆台,在用人单位面前恶意造谣中伤别人。更有甚者,因为自身心胸狭窄,会把自己在求职中的失败原因归结到他人身上。这种行为会导致人际关系恶化、朋友关系冷漠,进一步加剧大学生内心的痛苦感。

4. 过度依赖

依赖是大学生怯懦的表现。新时代大学生家庭条件大多比较优越,从小就在父母的庇佑下成长,没有遇到太多困难和挫折,部分大学生在就业时,会对父母亲人等产生过度依赖心理,希望通过父母的社会资源获取就业机会或者就业上的优待。更有甚者,演变为"啃老族",毕业后,不外出找工作或者以找工作为名义,衣食住行仍旧依赖父母。这部分学生往往独立性差,缺乏对自己的客观认识,没有主见,能力上有所欠缺,心智不够成熟,没有勇气独自面对竞争和就业压力,在就业过程中十分被动,对未来没有规划。部分大学生从小养尊处优,没有竞争意识,依赖心很重,缺乏责任感,没有独立解决问题的能力;在面对激烈的就业角逐时,不知道该如何争取就业机会,索性退回到"舒适区",继续像小孩子一样,站在父母身后,等待父母的帮助。随着网络技术的发展,也有部分大学毕业生沉迷于网络,远离现实世界,采取回避、消极的处世态度,这类学生对生活丧失了激情,失去斗志,依赖父母生活,成为名副其实的"啃老族"。

实践活动

吴同学,某高校计算机科学与技术专业大四学生,在找工作之初,多次碰壁,心情低落。后来她终于忍不住向就业指导中心的老师求助。老师让她回忆前几次面试中有何失误。她想了一会儿后,说在第一个建设银行的面试中,看到同学们都在向这家银行投递简历,于是,她也匆匆忙忙在时间截止前发送了邮件。虽然去参加了面试,但是对建设银行并不了解,面试过程她特别紧张,说话就自然磕磕巴巴。在农业银行的面试中,面试官问她的职业理想是什么,她对这个问题毫无准备,现场编撰一段内容,漏洞百出。面试某家国企的信息技术中心时,去之前她很害怕,害怕自己再次像之前的面试一样遇到不会的问题,觉得自己在面试上特别薄弱。当考官问到该岗位该具备什么样的职业道德时,她大脑一片空白,苦苦思索后,将社会主义核心价值观说了出来。在考官进行追问,结合本岗位进一步谈一谈时,她满脸通红,不知道该说什么,主动结束面试,走了出来。

请同学们思考:

(1)指出吴同学前几次面试中存在的就业心理问题。

(2)针对吴同学的问题,作为就业指导中心的志愿者,向她提出针对性建议。

拓展阅读

求职"被拒3000次"之后……

6岁到16岁这十年,牛传磊每年都会经历骨折。上学时,每个学年,都有一半的时间躺在病床上。牛传磊患有先天性的成骨发育不全,骨骼脆弱"易碎",被称为"瓷娃娃"。经过努力,牛传磊考取了一所专科院校,毕业后,他求职了几千家企业都被婉拒。为了生活,他到市集上,摆摊出售自己爱好的动漫周边徽章,终于找到了谋生手段。"我习惯了人生的'困难模式',总要想办法自食其力。"

"困难模式"开局

熙熙攘攘的文创市集上,牛传磊瘦小的身影被隐藏在摊位里,桌面上的金属徽章反射着灯光,不起眼的小摊便不再黯淡。牛传磊样貌看上去比实际年龄要年轻一些,他坐在摊位上,时不时热情招呼顾客,只有依赖拐杖站起来时,人们才能看到他异于常人的双腿。牛传磊来自山东济南,6岁前,他跟普通小孩差不多。接下来,他的生活便进入"困难模式"。第一次发病,牛传磊只是摔了一跤,却导致左腿股骨骨折。之后10年里,牛传磊每年都会由于大大小小的磕碰而骨折,双腿因治疗留下的牵引洞,都已经发白了。到后来,医生说他骨质太差,不要经常做手术,牛传磊开始接受中医治疗,接骨、捆绑、贴药……"很痛苦,我妈不忍心看每次都跑出去哭。"因为生病,牛传磊比同龄人晚三年入学,幸运的是,老师和同学对他非常关照,小学时,他每年大约有半学年没法上课,老师就到他家帮他补习功课。中学时期,牛传磊的病情逐渐稳定,磕磕绊绊读完了初中和高中,付出了"十二分的努力",考取了一所专科院校的法律专业。儿时关于病痛的记忆,久远又深刻,牛传磊觉得自己还挺幸运。"我只承受了身体上的痛,心情并不沉重,大概是因为身边的人营造了特别温暖的环境。"牛传磊笑着说,自己的心理素质强,忍痛能力、防御能力,还有抗打击能力都高于普通人。

求职,"被拒3000次"

2019年,牛传磊毕业,投简历、刷招聘软件、找熟人内推……他尝试了各种途径找工作。牛传磊说:"我线上求职了差不多3000家,线下也面试了快100家。"但整整8个月,没有一家公司愿意聘用牛传磊。牛传磊明白企业对他身体的顾虑，也做好了心理准备，但屡试屡败，还是让他有些受挫。有一次，他好不容易进了二面，老板看到他之后，问了一个令人哭笑不得的问题："如果拒绝了你，你会不会想不开？"牛传磊很无奈，再三保证不会发生任何危险的事，最终落寞离开。

挫败感像一把钝刀，即使是习惯了"困难模式"的牛传磊，也依然不容易消解。独处发呆成了他纾解痛苦的出口，牛传磊曾一上午面试三家公司，结束后，他坐在公交车站发呆，一坐就是6个小时。"当时真的不想回家，觉得太难了，为什么这么难？"

爱好带来勇气和自立

找工作受挫后，母亲劝他先缓一缓，2020年11月，在家人鼓励下，牛传磊去济南一家社区的商场摆摊。终于，他在那个冬天，赚取了第一份收入。最开始，他卖应季的帽子、围巾，来年春天生意不行了，他换了别的种类，开始卖项链、装饰徽章等小物件，生意意外地不错。作为资深动漫迷，牛传磊发现，动漫IP的周边徽章十分受欢迎。于是，小摊选品逐渐向兴趣靠拢。

"市场上的版型特别多，形象也比较同质化，需要花大量时间去淘。"摆摊三年多，牛传磊结识了许多同好，让他收获了非凡的喜悦和成就感。"之前有个顾客从香港来济南旅游，特别喜欢我淘到的一对徽章，俩人聊得很投机，然后加了联系方式，她又找我买了700多元的徽章。"提到拥有共同爱好的顾客，牛传磊的眼神亮晶晶的。除了"大路货"，牛传磊还帮顾客寻找定制徽章。要定制一枚徽章，需要先找画手约稿，然后拿着二创的画稿去跟工厂交流，确定徽章的尺寸、材料、工艺等，不同工艺价格也不一样。"从约稿、制作到成品，差不多要等4到6个月，慢的话要等1年左右。"现在，牛传磊每周摆摊的流水，能达到1000元左右，大概能赚600多元。再加上残疾人补贴，每个月的收入基本能维持生活。

现实世界没有"爽文"，牛传磊偶尔还会跟人聊起找工作。只是不再像以前那样惶恐和焦虑。"有个通过摆摊认识的朋友，今年要开一间杂货铺，愿意让我去帮忙，我觉得挺好的，会越来越好。"

（选自《人民日报》微信公众号文章）

第二节　心理调适的作用与方法

 **案例导入**

相传古时有位秀才，第三次进京赶考，住在一个常住的店里。在考前某晚做了三个梦，似有深意，秀才梦醒后立刻去找算命先生解读：第一个梦是梦到自己在墙上种白菜；

第二个梦是下雨了自己打着伞,头戴斗笠;第三个梦是自己和心爱的女子擦肩而过。算命先生一听,眉头紧皱,连连摆手,说:"你还是回家吧,今年又不行了。高墙上种白菜,不是白费劲吗?下雨天打伞戴斗笠,不是多此一举吗?跟心爱的姑娘擦肩而过不是没缘分吗?"

秀才一听,像霜打的茄子一样,灰头土脸,回到旅店里收拾行囊准备回家。店老板问明缘由后,不由得哈哈大笑,双手作揖,恭喜秀才。他说:"我也会解梦,我觉得你这次一定会高中,你自己想想,墙上种菜,不是高中吗?戴斗笠还打伞,这是双保险,不说明你这次考试有备无患嘛?跟心爱的姑娘擦肩而过,不是说你一转身就可以和她相遇吗?"

秀才一听,顿时开心,两眼放光,认认真真去准备考试去了。考场上他信心满满、文思泉涌,最后果真金榜题名,高中状元!

这个故事告诉我们心理调适的重要性。积极的人像太阳,照到哪里哪里亮;消极的人像月亮,初一十五不一样。积极的心态是走向成功、实现人生目标的灵丹妙药。事物都有两面性,相同的事情,站在不同的角度,就会不一样。每个人在成长的过程中,都会遇到各种各样的选择,我们要辩证看待,积极调整心态,向条件向好的方向努力,也做好坏的打算,尽最大的努力,使事情最终向有利的方向转变。

面对当前严峻的就业形势和大学生常见的就业心理问题,高校就业指导工作如果仅仅停留在大学生职业生涯规划与就业指导上是不够的,还要加强大学生的就业心理健康教育,引导学生保持良好的就业心态,树立正确的就业观。帮助学生疏通就业心理障碍,让学生了解常见的就业心理问题、明白心理调适的作用,并掌握一些常见的心理调适方法,能够根据自身情况,做出判断和处理,以理性平和、积极向上的心态应对就业。

一、心理调适的作用

"人有悲欢离合,月有阴晴圆缺,此事古难全。"大学生在就业中,也不可能总是一帆风顺的,不可避免地会遇到一些挫折。这些挫折常常会引起各种心理障碍或心理疾病,所以必须予以重视。

心理调适是指改变或者扩大原有的认知结构,以适应新情况或者新历程,通过正确地认识和评价个人所处的环境,尽力消除那些不愉快的心理刺激和生活事件,理智接受非个人能力能改变的事实,从而去良好地适应,并使情绪积极而稳定。这样,通过保持自我意识良好,达到保持身心健康的目的。对于求职者而言,求职过程中充满着来自各方的压力,心理容易出现问题,对此,我们要正确认识心理调适的作用。

(一)端正自我认知,树立正确的就业观

求职路漫漫,自我定位是关键。良好的自我认知可以帮助大学生分析自己的专业素质情况及面临的就业环境,让个体对自我认识更加清晰,树立更加合理的就业期望。当

前就业市场大量大学生找不到合适工作,大量工作无人问津找不到合适的人员,原因之一就是大学生没有一个清晰的自我认知,过高或过低地估计自己。正确的心理调适可以帮助大学生建立合适的心理预期,既能正确了解自己,又能不妄自菲薄,盲目自信,避免自卑或者自负心理,引导大学生做好角色转变,正确处理个人利益与社会需要的关系,帮助大学生树立正确的就业观。

(二)树立自信心,培养竞争意识

心中有方向,脚下有力量。大学生在就业求职时,必须要有屡败屡战、愈挫愈勇的精神,需要勇于推销自己,大胆、自信地展示自己的才华,同时具备竞争意识,在就业求职中接受优胜劣汰的洗礼,体验竞争的残酷性和挑战性。心理调适可以帮助大学生及时调整失败的状态,缓解求职过程中的焦虑,在面对未知时,鼓足勇气,树立自信,以良好的状态迎接求职就业中的每一个挑战。

(三)调整就业心态,合理对待挫折

就业路上苦中有乐,美好未来手中把握。大学生在就业过程中面临竞争压力,有竞争就难免会遇到挫折。挫折是把双刃剑,可能会导致学生一蹶不振,也可能在良好的心理调适下,帮助学生调整好就业心态,正确对待挫折,以此次挫折为磨炼和起点,经过努力,提升自己。没有人会随随便便成功,同样,也不是所有的大学生都可以一次就找到合适、满意的工作,有的学生甚至会经历两次、三次,甚至十多次的选择,才最终找到自己理想的岗位。就业路并非一帆风顺,所以,心理调适可以帮助大学生调整就业心态,排除不良情绪的干扰,合理对待挫折。

(四)促进沟通交流,引导全面发展

职海茫茫,沟通领航。就业是每位大学生的"最后一课",也是步入社会前的"检测"。在就业过程中,大学生都会或多或少地遇到各种就业问题,产生各种心理压力。良好的心理调适可以帮助大学生主动与家人、朋友、老师等进行沟通,释放紧张情绪,缓解压力。同时,也可以通过沟通交流,增进大学生与应聘单位之间的互相了解,促进就业。因此,良好的心理调适可以促进学生的沟通与交流,帮助学生成功就业,引导学生的全面发展。

二、心理调适的方法

求职心理调适的方法,与一般心理调适的方法基本相同。但考虑到大学生就业中大量紧张状态、压力状态是在求职过程中出现的,所以其心理调适方法更注重长期心理调适与短期心理调适相结合,调试主体更加强调本人主观调适。

(一)合理情绪疗法

合理情绪疗法是美国心理学家艾利斯所创立的一种理论,他以 ABC 理论为基础。艾

利斯认为人一生下来便具有用理性信念对抗非理性信念的潜能,但是人经常被非理性信念所干扰,比如一些焦虑、抑郁、敌对等情绪都是因非理性信念所致。

ABC 理论认为人的情绪或者行为反应不是由某一诱发事件本身所引起的,而是由个体对这一事件的评价所导致。即诱发性事件 A 只是引起情绪和行为反应 C 的间接原因,直接原因是人们对诱发事件 A 所持的信念、看法、解释 B,即 B 是引起人们情绪和行为反应的直接原因。

所以,人们的情绪反应和人们对事物的看法、想法、信念有关,合理的信念会引起人们对事物恰当的情绪反应;非理性的信念则会导致不适当的情绪和行为。大学生在求职时如果将自己求职失败的原因归结于外在环境,则容易产生不满、愤懑、敌意,影响自己的求职就业之路;反之,如果大学生习惯于将自己的求职失败归结为自身原因,长此以往,则会导致低成就感,陷入自卑、焦虑、抑郁情绪,甚至会产生消极想法。所以,对待求职就业,大学生要学会正确归因,合理对待求职就业中的成功与失败,既不对社会和他人过分抱怨,也不完全否定自己,客观分析自己的得与失,学会利用合理情绪疗法不断激励自己,调整状态,直至成功就业。

(二)主动宣泄法

就业形势日益严峻,大学生就业面临着越来越大的压力。求职过程中,压力与日俱增,如果过分压抑,只增加压力而不排解,就会像吹气球一样,不断地向内吹气,早晚有一天气球会"嘭"的一声爆掉,出现心理障碍或者心理危机。因此,大学生应当学会给气球"放气",适当宣泄压力,自我释放、自我调节,及时让负面情绪得到排解,保持心理平衡。常见的宣泄法有向他人倾诉、到空旷处呐喊、户外运动等,比如通过向朋友倾诉、自己跑步、踩气球小游戏等发泄个人压力。

(三)情绪放松法

大学生就业压力大多来自求职面试前的焦虑和面试时的紧张。这种心理严重时甚至会影响学生的正常学习和生活,如说话结巴、颤抖、流泪、激动等。面对就业压力,可采取放松法进行调节:一是呼吸放松法,将常用的胸呼吸变成腹呼吸,向内尽可能多地缓慢匀速吸入空气,再尽可能多地缓慢匀速呼出空气,让紧张的心理得到缓解。二是冥想放松法,瑜伽或者体育运动后常用。这种心理调适方法一般会先使身体寻找一个舒服的坐姿或躺姿,然后再集中精力去想象一些舒适松弛的场景,逐级放松肌肉,来达到心理调适的结果。

(四)注意转移法

注意转移是指个体主动将自己的注意力、情绪情感等从引起不良刺激的情境中转移到其他事务或者活动上去,让之前的消极情绪得到干扰,不再继续发展,以其他情绪代替。当面对压力情景时,不是反复提醒自己"我不能紧张,我不能紧张",想要将紧张情绪压抑下去,而是采用转移注意的方法将注意力转移到其他情境中去,比如听音乐、看电影、逛街、打篮球等让自己离开原本的压力环境,通过新事物、新刺激来产生新情绪,从而驱散原有的阴霾。比如大学生求职面试前紧张焦虑时,可以通过听自己喜欢的音乐来转移注意力,达到心理调适的效果。

(五)提高承压能力

成长的方向,不止于向上生长,更需要向下扎根,根深才可叶茂,本固方能枝荣。所以,在面临较大就业压力时,除了将压力进行排解之外,也可以通过提高个人承压能力、丰富个人知识和能力储备进行心理调适。打铁还需自身硬,我们作为大学生,需要不断内增素质,外树形象,扎实基础,为未来顺利求职,实现厚积薄发。

(六)主动吃苦,责任担当

"沧海横流,方显英雄本色。"在就业新征程上,大学生要坚持"敢"字当头,以初生牛犊不怕虎、越艰难越向前的勇气,扛起新一代儿女如山的青春责任担当。习近平总书记强调:"无数人生成功的事实表明,青年时代,选择吃苦也就选择了收获,选择奉献也就选择了高尚。"当代大学生就业中应当考虑社会需求,立足于祖国建设和民族发展,着眼于中华民族伟大复兴战略全局,主动吃苦,勇于担当,在吃苦中收获,在奉献中成长,让青春在西部、在基层、在祖国需要的地方,绽放绚丽之花!

实践活动

踩气球

活动目的:宣泄压力,通过活动释放压力,以健康心态面对求职就业。

活动过程:找一个安静舒适、不受打扰的地方。准备四五个气球。在大脑里把最近内心的压力罗列出来,并从大到小排序。把这些压力依次写在气球上,在写的过程中想想压力是如何产生的,再把气球逐个踩破。踩完后,认真回忆一下全过程,对比一下踩气球前后的内心感受。

拓展阅读

大学毕业几年后同学们去拜访老师。问及近况,大家纷纷诉说着生活的不如意:工作压力大、生活烦恼多……一时间,成了比惨现场。

老师默默听着没说话,去房间拿出了许多杯子让大家挑选,说:"都是我的学生,我就不把你们当客人看待了。你们要是渴了,自己倒水喝吧。"同学们早已经说得口干舌燥了,便纷纷拿了自己中意的杯子倒水喝。等我们手里都端了一杯水时,老师讲话了,他指着茶几上剩下的杯子说:"大家有没有发现,你们挑选的杯子都是最好看最别致的杯子,而像这些塑料杯就没有人选中它。"

大家都互相看了看,下意识挑选的杯子,当然都希望自己的杯子好看一些、别致一些。

老师说:"看,这就是你们烦恼的根源。大家需要的是水,而不是杯子,但大家还是有意无意地会去选用好的杯子。如果生活是水,那么工作、金钱、地位这些东西就是杯子。杯子的好坏,并不能影响水的质量,如果将心思都花在杯子上,你哪有心情去品尝水的苦甜,这不是自寻烦恼吗?"

大学生求职就业中也是如此,只有清晰自己的主要需求时,才可以精准定位,对自己进行心理调适,减少不必要的烦恼与痛苦。

第三节 角色转换与职业适应

 案例导入

小李,25 岁,女,某高校数学专业本科毕业生,某中学教师,参加工作不到三个月,无重大躯体疾病历史,家族无精神病史。作为家中老大的她,还有一个弟弟在读高中,父母对有文化、体制内就业的她,抱有很高的期望,她在成长过程中没有遇到过较大的挫折和困难。

在毕业之初,她经过个人努力,抵抗住身边人都已签约找到工作的压力,精心备考半年,终于通过了教师选拔考试。工作之初,她对工作很有信心,相信一定可以教好数学课,和领导、同事友好相处,搞好人际关系。但是不久她就发现,数学教师和自己想象中的不太一样。她以为中学数学教师在上完课以后就可以离开学校,自由支配自己的时间,但是实际上该校有坐班制度;她以为自己只要讲完课,学生就可以听明白、会做题、考出好成绩,但是实际上有些时候,她自己所讲的知识,学生并不能完全接受,个别学生不能如期完成作业,班级的数学成绩在年级众多班级中排名较靠后;她以为领导同事都可以给自己提供帮助、无条件指导自己,对人际关系期许很高,但是实际上每位领导、同事都很忙,大家各司其职,遇到问题帮小李提出解决思路后,需要小李举一反三自己尝试解决问题,小李觉得大家很冷漠。工作三个月后,小李认为领导、同事都不是很待见自己,经常焦虑、慌乱,也讨厌学校的管理制度,产生了辞职的念头。但是考虑到实际情况,当今大学生就业比较困难,家人对目前的工作又非常满意,这个念头就会被打消。

但是一旦学校的工作压力加大,工作任务繁重时,或者遇到工作上的一些不顺心事时,小李就很苦恼,免不了向自己的男朋友诉说委屈,久而久之,男朋友也对她工作中的小事失去倾听的耐心,小李借机和男友发生争吵,发泄压力。

小李内心十分痛苦,找到心理咨询老师进行求助。经过咨询与诊断,小李主要是由于环境的转换,不能很好地适应职业生活,人际关系紧张而造成的心理问题和就业适应问题,在心理咨询师的帮助下,小李的情况逐渐恢复正常。

从大学的校门走向社会,变身成为一名职业人,需要同学们正确认知自我和他人,准确定位,做好心理调适,能够了解职场的基本规则和生存之道,与周围人处理好人际关系,学会提升自己的执行力,学会处理各种纷繁复杂的工作任务,化解各种压力,尽快做好职业适应,开启职业生涯。

一、从校园到职场的角色转换

(一)学生与职业人的差别

1.角色的差别

大学生是学校的主体,大学生在校是在接受学校的服务,享受学校提供的各种教育资源,如到图书馆看书、到操场上踢球等。在校园环境下,学生们的行事风格比较简单直接,随心所欲,往往以自己的直观感受作为行事依据,学生之间也较为直接,没有明显的利益联系。所以,学生群体之间的合作,是一种以情感为导向的合作,是基于团队内成员的某一共同情感而展开的合作,这种合作模式,较为松散。而职业人则是职场的客体,是职场中的一员,他们要努力工作,完成任务以此来赚取报酬,属于为职场提供服务的角色。在职场环境下,为追求个人利益,他们的行事风格往往会比较有规矩,按照规则做事,以结果为导向,不利于实现目标的行为一律不做,不利于获取利益的事情坚决不干。成员间也会以共同利益为导向,进行团结协作。所以,大学生要学会转换角色,用职场人的思维来看待问题。

2.环境的差别

大学生所处的环境较为宽松,形成的大学文化也比较松散。学生在大学期间有较多的弹性时间,每学期的学周数也较为固定。教师教学有教学大纲作为指导,学生学习有清晰的任务和目标。同学们会围绕分数成绩展开个人竞争,在学期末,针对学生本学期的学习情况,学校还会有规律性的、针对性的反馈,对于表现好的学生,学校会给予奖励,而且衡量标准清晰、客观。

相较于大学文化,工作文化显得更加严格。首先,工作更加有计划、有安排,工作时间更加固定,不能随心所欲,作为工作文化主体的员工,也不可以随意旷工、迟到或者早退,更没有上学时的寒暑假,节假日休息较少。在工作中,具体工作任务常常比较模糊、不清晰,要解决的问题也通常很少有标准答案,需要员工创造性地解决问题。同事之间会有合作,但更多的是按照团队业绩进行评估,在对员工进行奖励时,界定和判断有时会比较主观,所以,大学生要提前了解职场环境并做出适应。

3.教师和老板的差别

在学校,学生的"领导"是教师。教师带领学生在知识的世界中遨游探索。在教学中,教师以知识为导向,鼓励学生进行讨论,发表不同见解,倾听不同声音;对于完成任务不及时的学生,教师也一般是宽容态度,给予教育和引导。通常情况下,教师会公平公正地对待所有同学,一视同仁。而在职业世界中的老板就不是这么友好了,他们对讨论不感兴趣,相比于过程,更在意结果,以利益为导向。学校环境下的老师和工作中的老板不同,学生要学会适应并调整。

4.学习过程的差别

大学时期的学习过程更加抽象、规范,大学生通过制度化的教学安排来学习本专业的精深知识,学习过程中理论色彩更加厚重。而职场人的学习过程更加真实,多以工作中发生的临时事件和具体生活为基础,来学习具体问题的解决和决策的制定,并没有系统化的教学,更多则是依靠员工本人或团队分享。所以在角色转变中大学生要更学会主动学习。

(二)角色转换中的障碍

大学生告别校园,踏上工作岗位,意味着学习、工作、生活环境的转换,意味着一个正式社会成员的产生,同时也意味着更多更具体的社会期待在等待着大学生。这些变化和期待陡然间出现在大学生面前,意味着大学生拥有了一个全新的角色,但这也势必给大学毕业生带来许许多多的困惑和苦恼。

1.对学生角色的依恋心理

在职业生涯开始之初,许多人容易出现怀旧心理,仍旧会不自觉地置身到学生角色中,认为学生角色是在所有地方普遍存在的,依赖于学生角色所带来的便利。比如,仍旧以为在工作中出现错误,上司会像老师一样,不计后果地原谅学生;公司的前辈会像老师、学长学姐一样,不求回报、义不容辞地帮助自己。

2.观望等待的依赖心理

在就业过程中,部分学生会出现观望等待的心理,对某项负责工作或分内工作,不断往后拖延,能拖尽拖,不去主动完成。就像交作业、考试时,老师不催,绝不主动上交,总是要观望身边同学的动态后再做出行动,对身边人的依赖性比较强。工作的主动性较差,不去主动了解工作职位、工作内容、工作要求等。工作依靠领导安排,绝不主动思考。

3.消极退缩的自卑心理

工作之初,面对陌生的工作环境和工作内容,很多大学生变得畏畏缩缩,尤其是在遇到工作经验比自己丰富、工作能力比自己强的前辈时,更会觉得自己一无是处、差距巨大,从而对工作消极、退缩,担心会在工作中因为自己的能力不足出现差错,形成自卑心理。与学校中的知识学习不同,工作中的经验形成没有固定的学习方式,经验内容也更加灵活,大学生的学习方法在工作中也会受到挑战和质疑,从而加剧学生的自卑心理。

部分大学生还会出现因为工作中不被重视而导致的退缩心理。工作中大学生往往是以新员工的身份出现,在职场中处于底层,属于最不惹人注目的一个,此时想要有巨大的工作业绩来吸引大家的关注,机会较少,较为困难。久而久之,大学生就会产生沮丧情绪,对工作不再抱有信心,形成消极心理。

4. 苦闷压抑的孤独心理

从大学校园到工作职场,大学生从群体生活突然过渡到独立生活,会出现孤独心理。大学生的角色发生变化,个人的人际关系网也在进行重组,在新的环境中由于人际关系还未建立,孤独感较强。另外,职场工作中,上下级关系较为明显,工作任务的紧急性和工作沟通方式的命令性等也会给大学生带来苦闷压抑的孤独心理。

5. 眼高手低的自傲心理

初入职场,大学生作为新生力量为职场注入了活力。由于年轻,大学生的思想较为开放,思维更为活跃,认为自己已经大学毕业,是一名高学历知识分子,和一般人员不同,更加高人一等。但由于大学生实践经验少,工作起来反倒不如一名普通工作人员,学生往往会出现眼高手低的情况,产生自傲心理。

6. 见异思迁的浮躁心理

部分大学生就业时出于各种原因,从事的工作不是自己最理想的,所以就会在工作中出现"身在曹营心在汉""这山望着那山高"的情况,工作不务实、不踏实,没有一个长期稳定的工作目标。

(三)角色转换方法

即将步入职场的大学生最关注的问题就是怎样顺利切换角色,实现身份的转变。在社交平台上,我们会见到很多诸如"职场小白生存法则""如何摆脱学生气?""职场新人大忌"等高赞高收藏文章,这说明当今大学生已充分认识到角色转换的重要性,那么究竟该如何转换,我们需要把握毕业前的准备和求职试用期两个阶段。

1. 毕业前的准备

在这一时期,毕业生要充分认识自我,分析自己在同一批求职竞争者中的优势和劣势,如个人性格、人脉关系、社会支持力量等,以此来确定自己在集体中的位置和作用。在此基础上,准确定位自我。求职择业时,明确自己的需求,设置合理的就业目标,不要过高或者过低,避免出现高不成低不就的现象。最后,及时进行自我调适。求职就业中不可避免会出现各种问题。针对遇到的困难,毕业生要及时进行心理建设。面对工作机会,努力争取,面对工作难题,学会团结协作,共同克服,避免出现一味钻牛角尖,思虑万千,没有行动而错失良机的情况。

2. 试用期

工作之初,一般都会有一个见习或者实习试用的机会,这对于大学生快速适应职场生活尤为关键。大学生要抓住这一时期,做好大学生活与职场生活的衔接与过度,顺利转变职业角色。首先要摒弃原本的学生思维,承担起职场人的责任与担当,对工作负责。其次,借助试用期,快速熟悉职场环境,掌握职场办公技能,将大学所学理论知识与实际工作需要结合起来,注意积累社会实践经验。最后,在试用期中,做好身份的转变,注意自己的穿着、形象、言谈举止,学习适应一些商务礼仪,规范自己的言行。

二、职业适应

很多大学生在初入职场时会紧张、忐忑,担心职场如电视剧中那样处处充满陷阱。事实上,只要大家做好基础的适应工作,职场新人也可以成长为职场新秀,出类拔萃,变身行业佼佼者。

(一)注重第一印象,建立良好的人际关系

第一印象是客观事物首次作用于人的感官,在人的头脑中产生对事物的整体反映,包括事物的外观、行为特点、价值评价等。第一印象在人际交往中非常重要,会对今后的交往产生影响,造成"先入为主"的效果。这在心理学中被称为首因效应。如果一个人在初入职场时给领导、同事留下良好印象,那么人们就愿意和他接近、共同合作,并会"扩大自己的优点",影响对他以后一系列表现的印象,为以后的交流打下基础。哪怕工作中出现一些小差错,也往往容易得到谅解。相反,如果一个人初次见面、初次接触就引起对方的反感,那么后续的相处与合作中,对方也很难对这个人产生好感。

所以,大学生作为职场新人,初来乍到,应当注意个人言行、仪态等,将自己的专业知识、才华和良好品行综合表现出来,建立良好的人际关系。卡耐基在《如何赢得朋友及影响他人》中总结了六条给人留下良好印象的途径,即:真诚地对别人感兴趣;微笑;多提别人的名字;做一个耐心的倾听者,鼓励别人谈他们自己;谈符合别人兴趣的话题;以真诚的方式让别人感到他自己很重要。结合我们的职场工作,大学生要注意以下几点:

1. 注意仪容仪表

初入职场,注意自己的仪容仪表,此时自己不再是一名大学生,而是一名职场人,言行举止要与职业身份相一致。因此,大学生要穿着整洁、干净、得体,必要时可以准备一套职业装。干净、干练的职场形象无形中会为自己的职业发展增光添彩。

2. 言谈举止得体

言谈举止要亲切、礼貌,切忌冒冒失失、扭扭捏捏。在工作中要举止文明、落落大方,经常面带微笑,与同事沟通时更要诚恳、自信,切忌不懂装懂、过于谦卑、过于随便,在点滴小事中展现自己的良好形象。

3. 熟悉每位同事

进入陌生工作环境,第一件事就是快速熟悉周围同事,至少快速记住他们的名字。

在沟通交流时,多提别人的名字,真诚对别人感兴趣,同时做一个耐心的倾听者,平等待人,不厚此薄彼,热心待人,不见利忘义,诚实守信,不贪图虚名,主动随和,不孤陋寡闻,服从领导,不无礼抗上。

4. 遵守规章制度

想要在职场环境中快速适应且脱颖而出,必须先熟悉职场各项规章制度,认真学习,严格遵守。比如上班不迟到、不早退、不旷工,积极主动做好力所能及之事,有时间观念,有诚信意识,上班时间不办理个人私事等。也许办公室内没有人指责你上班迟到,但是领导和同事都在注视着你,因为这种小事影响同事对自己的评价,得不偿失。工作中,要认真、高效,积极主动做好分内事务,以专业专注、认真负责赢得领导和同事的欣赏与尊重。

(二)树立自信心,相信天生我材必有用

大学生初入职场,尽管拥有专业知识,对工作和未来也充满热情,但是毕竟欠缺实践经验,面对新环境、新任务,遇到困难、出现挫败感是正常现象。所以要坚持"初生牛犊不怕虎"的勇气,树立信心,坚信这是每一个职场新人都会遇到的问题,也相信天生我材必有用,调整自己的心态。面对问题,首先冷静下来,分析具体问题所在,既不能把问题完全归结于外界原因,也不能完全认为是个人所致,可以将问题分析总结,求助于同事和领导,向他们学习解决问题的办法,借鉴他们的经验,将自己所学的理论知识转变为实际工作能力。无论遇到何种挫折,都要对自己充满自信。

(三)克服完美心理,做好自身职业规划

凡事预则立,不预则废。对于每位大学生,职业定位准确与否、职业目标清晰与否,都会直接关系到人生事业的成败。每位大学生在初入职场时都对未来充满憧憬和想象,甚至想象得过于完美而不切实际,不接地气。所以,为更好地适应职场发展,大学生要客观地认识自己,结合现实条件和自身特点,制定清晰的职业规划,克服完美心理,从现实条件出发,分别制定自己的短期职业目标、中期职业目标和长期职业目标,为未来职业成功打下基础。

(四)脚踏实地,做好吃苦耐劳的准备

每个刚参加工作的大学生都雄心勃勃,立志干一番事业。但是进入职场后机遇与威胁并存,会遇到各种意想不到的挫折和困难,甚至不得不去做一些学生时期不屑一顾的小事,远大的理想抱负与现实的琐碎工作之间产生巨大对比,大学生内心也会产生落差。于是,迷茫、困惑、无奈,甚至开始动摇,怀疑之前的理想是否正确,出现辞职的念头。其实,日常工作无小事,在刚步入社会工作时,每个人都是从基层小事做起,一步一个脚印,一屋不扫,何以扫天下?如果不从小事做起,积累经验,何时才能成就大事业?如果大学生一开始就抱着脚踏实地的态度,做好吃苦耐劳的准备,认真对待每件工作,总结经验,

不断提高,尽快实现从量变到质变的飞跃,那么,一定可以在职场中如鱼得水,有所收获。正所谓"不积跬步,无以至千里,不积小流,无以成江河",勤勤恳恳做好每件事,为今后的职业发展奠定基础。

(五)更新思想,树立创新意识

"苟日新,日日新,又日新",创新是引领社会发展的第一动力,在经济社会高速发展的今天,唯创新者进,唯创新者强,唯创新者胜。大学生应该培养创新意识,步入职场时,树立创新思维,在工作中勇于开拓创新、勇于冒险,敢于尝试新思路、新方法。在坚持正确原则前提下,想前人之不敢想,做前人之不敢做,具备强烈的创新和竞争意识,创造自身竞争优势,关注把握本行业的最新消息和动态,保证自己在激烈竞争中迎难而上。

(六)终身学习,养成职场习惯

职业发展不是一成不变的,职业生涯也是一个循序渐进的过程。在职业发展中,要想进步,就必须不断学习,为实现职业发展创造条件。大学生在职业发展过程中要具备"活到老,学到老"的观念,培养终身学习的好习惯,制订不同阶段的学习计划,为自己的职业发展持续充电。

实践活动

小王的烦恼

小王和小刘同年大学毕业,同年进入公司,都是营销部的普通职员,做市场营销业务。两个人的能力不相上下,是公司里的销售明星。有时候,小王的工作做得甚至比小刘更出彩,但平时很少见到小王笑的模样,一直比较严肃。在公司里,小王工作遇到不顺利的地方,就会情绪暴躁,大发牢骚,不管不顾,甚至还会冲同事莫名发脾气。

而小刘则为人乐观、和善,有一种知足常乐的态度;他热情好客,仿佛身上有用不完的劲,有时遇到难缠的客户,也尽可能自己应付,实在解决不了了,才向同事寻求帮助。请同事帮完忙以后,真诚感谢同事。同事中谁遇到不顺心的事儿,他也是个很不错的倾诉对象。

在年末营销部经理的民主选举中,小刘成为理所当然的人选。

思考:

1. 评价两人的职场表现,你更倾向于让谁晋升?

2. 作为就业指导中心的志愿者,请你帮小王的分析他没有晋升的原因,并向他提出建议。

拓展阅读

《〈杜拉拉升职记〉对职场新人的启示》

《杜拉拉升职记》是一部备受关注的职场小说和电影,它以生动的情节和鲜明的人物形象展现了职场的种种挑战与机遇。对于职场新人来说,杜拉拉的经历在职业适应和职业角色转变方面提供了许多宝贵的启示。

一、职业适应的挑战

职场新人在初入职场时,往往会面临一系列的适应挑战。首先是工作环境的变化,从相对自由的校园生活进入到有明确规章制度和工作流程的职场环境,需要迅速适应新的作息时间、工作强度和工作节奏。其次是工作内容的复杂性和专业性。新人可能会发现学校所学的知识与实际工作需求存在差距,需要在实践中不断学习和积累。比如在《杜拉拉升职记》中,杜拉拉最初对公司的行政工作流程并不熟悉,经常感到手忙脚乱。再者,人际关系也是职场新人需要适应的重要方面。与不同性格、不同背景的同事和上级相处,需要学会沟通、协调和合作。处理不好人际关系可能会影响工作的开展和个人的职业发展。

二、杜拉拉的职业适应策略

1. 积极学习

杜拉拉在面对新的工作任务和挑战时,总是保持积极的学习态度。她主动向同事请教,查阅相关资料,不断提升自己的专业知识和技能。例如,在负责办公室装修项目时,她通过学习相关的装修知识和流程,成功完成了任务。

2. 高效沟通

杜拉拉注重与同事和上级的沟通,及时、准确地汇报工作进展和问题。她能够清晰地表达自己的想法和观点,同时也善于倾听他人的意见和建议。这种良好的沟通能力使她在工作中能够得到更多的支持和帮助。

3. 承担责任

杜拉拉从不推诿工作责任,而是勇敢地面对问题,积极寻找解决办法。这种敢于担当的精神使她在领导和同事眼中树立了良好的形象,为自己的职业发展打下了坚实的基础。

三、杜拉拉的职业角色转变历程

1. 从普通员工到主管

杜拉拉通过出色的工作表现和不断积累的经验,逐渐从一名普通员工晋升为行政主管。在这个过程中,她不仅要完成自己的工作任务,还要学会管理团队,分配工作,激励下属。

2.从主管到经理

随着公司的发展和个人的成长,杜拉拉进一步晋升为经理。此时,她需要更多地关注公司的战略规划、资源整合和跨部门协作。她不断提升自己的领导力和战略眼光,成功实现了职业角色的重大转变。

四、职场新人实现职业角色转变的关键

1.自我提升

不断学习新的知识和技能,提升自己的综合素质。包括管理能力、沟通能力、领导力等。可以通过阅读相关书籍、参加培训课程、向优秀的前辈请教等方式来实现自我提升。

2.拓宽视野

关注行业动态和公司的发展战略,了解市场趋势和竞争对手的情况。通过参与公司的战略规划和项目决策,培养自己的宏观思维和战略眼光。

3.建立人脉

在职场中积极建立良好的人际关系网络,与不同部门、不同层级的人员保持良好的沟通和合作。人脉资源可以为职业发展提供更多的机会和支持。

《杜拉拉升职记》为职场新人展现了一个真实而又充满挑战的职场世界。在职业适应和职业角色转变的过程中,新人会遇到各种困难和挫折,但只要像杜拉拉一样,保持积极的心态,不断学习和进步,勇于承担责任,就能够顺利实现从新人到职场精英的华丽转身。

对于职场新人来说,要明确自己的职业目标,制定合理的职业规划,并根据实际情况不断调整和完善。同时,要学会在工作中积累经验,提升能力,逐步适应职场的变化和需求。只有这样,才能在职场中站稳脚跟,实现自己的职业梦想。

总之,职场新人要以杜拉拉为榜样,勇敢地面对职业适应和角色转变的挑战,用智慧和努力书写属于自己的精彩职场篇章。

📖 拓展阅读

1.《国民经济行业分类(GB/T 4754—2017)》

2.《战略性新兴产业分类(2023)》

3.新闻:《"十四五"12个重点领域,这些方面你注意到了吗?》

4.国家大学生就业服务平台-重点领域的招聘信息

5.视频:吴晓波2024年跨年演讲——《吴晓波工厂年终秀:定力至上》中,面对2024年,吴晓波的8个预见。

6.视频:电影《吾爱敦煌》

思考题

1. 如何更好地适应职场环境？
2. 你准备从哪些方面提升自己的职业素养？
3. 以小组为单位，讨论求职就业中可能会出现的心理问题，并探讨解决办法。
4. 如何减轻压力？尝试探索几个适合自己的减压方式。

参考文献

[1]曹鸣岐.职业生涯规划[M].3版.北京:高等教育出版社,2019.

[2]王尧,叶莹.大学生职业生涯规划[M].北京:首都师范大学出版社,2022.

[3]王建国,王献玲.大学生职业规划与就业指导教程[M].郑州:郑州大学出版社,2012.

[4]周文霞,谢宝国.职业生涯研究与实践必备的41个理论[M].北京:北京大学出版社,2022.

[5]高志婕,帅晓静.生涯混沌理论视域下的大学生生涯适应力提升路径探析[J].教育教学论坛,2016(07):44-45.

[6]赵军合.大学生职业生涯规划与就业创业指导[M].石家庄:河北人民出版社,2016.

[7]王献玲.职业生涯教育学[M].郑州:郑州大学出版社,2019.

[8]宋争辉.大学生职业生涯发展与就业指导[M].成都:四川教育出版社,2021.

[9]丛立,陈伟.大学生就业指导[M].北京:北京理工大学出版社,2021.